主 编 ○ 蒲西安 陈正江 姜 岚

副主编 ○ 罗 熊 蒋佳峰 李梦希 宋博文

大学体育与健康

第2版

重庆大学出版社

图书在版编目（CIP）数据

大学体育与健康/蒲西安,陈正江,姜岚主编.
2 版. -- 重庆:重庆大学出版社,2024.8. -- ISBN
978-7-5689-4644-5

Ⅰ. G807.4;G647.9

中国国家版本馆 CIP 数据核字第 2024CA3855 号

大学体育与健康(第2版)

DAXUE TIYU YU JIANKANG

主 编 蒲西安 陈正江 姜 岚
副主编 罗 熊 蒋佳峰 李梦希 宋博文
策划编辑:唐启秀

责任编辑:黄菊香   版式设计:唐启秀
责任校对:刘志刚   责任印制:张 策

*

重庆大学出版社出版发行
出版人:陈晓阳
社址:重庆市沙坪坝区大学城西路 21 号
邮编:401331
电话:(023) 88617190   88617185(中小学)
传真:(023) 88617186   88617166
网址:http://www.cqup.com.cn
邮箱:fxk@ cqup. com. cn(营销中心)
全国新华书店经销
重庆长虹印务有限公司印刷

*

开本:787mm×1092mm   1/16   印张:18   字数:362 千
2024 年 8 月第 2 版   2024 年 8 月第 2 次印刷
ISBN 978-7-5689-4644-5   定价:52.00 元

前　言
QIANYAN

　　大学生正处于身体发育的旺盛阶段，因此，树立"健康第一"的思想，培养良好的体育锻炼习惯，掌握科学的体育锻炼方法，对提高大学生的身体素质，进一步促进其终身体育意识的形成，具有非常重要的意义。《中共中央　国务院关于深化教育改革全面推进素质教育的决定》明确指出："健康体魄是青少年为祖国和人民服务的基本前提，是中华民族旺盛生命力的体现。　学校教育要树立健康第一的指导思想，切实加强体育工作，使学生掌握基本的运动技能，养成坚持锻炼身体的良好习惯。"

　　体育与健康教育是密不可分的完整教育过程。　该课程的教学活动不仅要使大学生了解体育的本质与功能，明确体育的目的和身心健康的系统知识，构建自身全面发展的合理机制，还要使大学生懂得现代人才理念中"学会健康"是"学会生存、学会学习、学会做人、学会生活、学会创造"的基础，最终培养大学生的终身体育意识，使体育运动成为人们生活中不可分割的部分。

　　为了加强大学体育与健康教育课程建设，提高教学质量，我们组织一线教师认真学习领会学校体育卫生工作应树立"健康第一"的指导思想的内涵，根据《全国普通高等学校体育课程教学指导纲要》的基本要求，结合新时代大学生的特点和教学实际，编写了本书。

　　本书详细介绍了大学生应了解和掌握的体育与健康教育的基本知识和基本技能，内容丰富、通俗易懂。　在编写指导思想上，本书着重强调了内容的实用性，以突出课程的实践性。

　　近年来，互联网教学模式逐渐走进高校课堂，我们也在这方面进行了一些尝试，希望以此提升教师的教学水平，提高大学生的学习效率。因此，我们针对教学实践中部分项目的重点、难点，拍摄了示范短视频，并以二维码的形式附在教材中，让大学生可以随时随地通过手机扫描二维码来浏览视频以进行学习。视频不仅能通过更加生动、形象的方式剖析重点、难点，也真正做到了学习不受空间和时间的限制。

本书是遂宁工程职业学院体育课程教学改革项目"民办高职院校公共体育课程教学模式改革研究"的主要成果，由蒲西安、陈正江（四川民族学院）、姜岚担任主编；罗熊、蒋佳峰、李梦希、宋博文担任副主编。本书编写分工如下：蒲西安编写第一章、第二章、第三章、第四章；陈正江编写第六章、第七章、第八章、第九章；姜岚编写第五章、第十六章；罗熊编写第十二章和第十五章；蒋佳峰编写第十章、第十一章；李梦希编写第十三章；宋博文编写第十四章。全书由蒲西安、陈正江统稿。

在编写过程中，我们参阅了大量的文献资料，借鉴了许多著作的精华，在此，向各位专家及相关作者表示衷心的感谢。由于编者理论水平有限，书中难免存在疏漏之处，敬请广大师生和教育界的同行批评指正。

编　者

2024 年 2 月

目　录
MULU

上篇　基础理论

第一章　体育与健康概述 … 2
第一节　体育的发展史 … 2
第二节　体育的功能 … 4
第三节　体育与健康 … 8

第二章　高等学校体育 … 11
第一节　高等学校体育的概念、地位与作用 … 11
第二节　高等学校体育的目的与任务 … 14
第三节　高等学校体育的基本形式 … 18
第四节　高等学校体育的发展趋势 … 23

第三章　大学生健康测量与评价 … 26
第一节　身体健康的测量与评价 … 26
第二节　心理健康的测量与评价 … 41
第三节　行为健康的测量与评价 … 46
第四节　社会适应能力的测量与评价 … 50

第四章　体育锻炼的方法 … 53
第一节　体育锻炼的原则 … 53
第二节　体育锻炼的计划 … 56
第三节　体育锻炼与提高身体素质的方法 … 58

第五章　运动损伤预防与康复　　　66

第一节　运动损伤的概述　　　66

第二节　常见运动损伤　　　70

第三节　运动损伤的康复训练　　　76

下篇　体育实践

第六章　田径　　　82

第一节　短跑　　　82

第二节　接力跑　　　90

第三节　中长跑　　　94

第四节　跳高　　　99

第五节　跳远　　　107

第六节　推铅球　　　113

第七章　篮球　　　119

第一节　篮球运动的锻炼价值与作用　　　119

第二节　篮球的基本技术与练习方法　　　120

第三节　篮球竞赛规则简介　　　130

第八章　排球　　　134

第一节　排球运动的锻炼价值与作用　　　134

第二节　排球的基本技术与练习方法　　　135

第三节　排球运动的基本战术　　　145

第九章　足球　　　147

第一节　足球运动的锻炼价值与作用　　　147

第二节　足球的基本技术与练习方法　　　149

第三节　足球运动的基本战术　　　160

第十章　羽毛球　　　164

第一节　羽毛球运动的锻炼价值与作用　　　164

第二节　羽毛球的基本技术与练习方法　　　165

第三节　羽毛球竞赛规则简介　　　170

第十一章　乒乓球　　173
　　第一节　乒乓球运动概述　　173
　　第二节　乒乓球的基本技术与练习方法　　174
　　第三节　乒乓球的基本战术　　186
　　第四节　乒乓球竞赛规则简介　　190

第十二章　网球　　193
　　第一节　网球运动概述　　193
　　第二节　网球的基本技术　　194
　　第三节　网球的基本战术　　201
　　第四节　网球竞赛规则简介　　203

第十三章　武术　　206
　　第一节　武术的锻炼价值与作用　　206
　　第二节　武术的基本技术与练习方法　　207
　　第三节　24式简化太极拳　　219

第十四章　游泳　　229
　　第一节　游泳运动的锻炼价值与作用　　229
　　第二节　游泳的基本技术与练习方法　　230
　　第三节　游泳比赛欣赏与规则简介　　243

第十五章　团操　　246
　　第一节　健美操　　246
　　第二节　体育舞蹈　　258
　　第三节　艺术体操　　262

第十六章　休闲运动　　267
　　第一节　极限飞盘运动　　267
　　第二节　毽球　　271

参考文献　　278

上篇　基础理论

第一章　体育与健康概述

第一节　体育的发展史

一、体育的起源

人类的走、跑、跳、投掷、攀登、游泳及其他各种技能等身体活动,都是原始人的生产和生活技能,也是现代人的体育活动,其区别在于原始人主要用于谋生,现代人主要用于锻炼身体。体育作为一个专门的学科领域,是在人类社会长期的实践中,随着社会生活和生产的不断发展而逐步建立与发展起来的,它受一定的社会政治、经济的影响与制约,也为一定的社会政治、经济服务。

(一)体育产生的动因

人的本能的需要是体育产生的源泉,也是体育赖以发展的根本前提。任何一种社会现象,其生命力都离不开社会的需要,即人的需要;否则,犹如再好的商品也会失去它的价值一样,体育也不例外。劳动是人类谋生最基本的实践活动,因而劳动是满足人类需要的一种方式,当然也是最主要的方式。原始人不仅需要劳动,而且需要生活。他们有喜怒哀乐等思想感情,集群而居,因而也有交往的需求。在他们水平还很低的社会需要结构中,单就体育产生的动因而言,除了劳动的需要,还有适应环境的需要、对付同类袭扰的防卫需要、同疾病作斗争的生存需要,以及表述和抒发内心各种情感的需要,如进行教育、军事、娱乐、医疗卫生、宗教祭祀等社会活动的需要。这些需要归纳起来,就是需要人类有健康的身体,需要人类进行能够强健自身的活动,由此也就构成了体育产生的动因。

(二)体育产生的社会根源

体育是在原始社会条件下萌芽和产生的,与原始人的其他社会活动,如劳动、教育、军事、娱乐、医疗卫生、宗教祭祀等有着密切的联系。原始体育在生活和劳动过程中萌生,生活和劳动是原始社会教育活动的主要手段和内容。在战争中,为了提高战斗技能,体育成为人们进行军事训练和身体训练的手段。原始人所处的生活环境非常严酷,自然灾害和各个部落相互间的侵扰,使人们的生命和健康都没有保障。阴康氏的"消肿舞"、《黄帝内经》中的"导引按跷"等都是为了治疗环境所造成的身体疾病而进行的身体活动。这些活动既是医疗手段,又是健身活动,后来逐渐发展成各种成套的保健体操,使健身的目的更加明确,体育的因素也进一步得到加强。

二、体育的概念

体育虽然有悠久的历史,然而"体育"一词却出现得较晚。在"体育"一词出现前,世界各国对体育这一活动过程的称谓都不相同。"体育"一词,其英文是 physical education,指的是以身体活动为手段的教育,直译为"身体的教育",简称"体育"。在古希腊,游戏、角力、体操等曾被列为教育内容。17—18 世纪,西方的教育中又增加了打猎、游泳、爬山、赛跑、跳跃等活动,只是尚无统一的名称。18 世纪末,德国的 J.C.F.古茨穆茨(J.C.F.GutsMuths)曾把这些活动分类、综合,统称为"体操"。进入 19 世纪,一方面,德国形成了新的体操体系,并广泛传播于欧美各国;另一方面,相继出现了多种新的运动项目,学校也逐渐开展了超出原来体操范围的更多的运动项目,建立起"体育是以身体活动为手段的教育"这一新概念。于是,在相当长的一段时间里,"体操"和"体育"两个词并存,相互混用,直到 20 世纪初才逐渐在世界范围内统一称为"体育"。

体育的概念有广义与狭义两种:当用于广义时,一般指体育运动,包括体育教育、竞技运动和身体锻炼三个方面;当用于狭义时,一般指体育教育。但是,体育的概念并非一成不变,随着社会的发展和进步,其概念也在发展和进步。

体育是人类针对自身,以其身体运动为基本手段,以获得并保持终身健、美、乐为目标的一种社会文化现象。体育是属于人类社会中每一个人的,且以教育的形式出现,理当作用于人的一生。而在人的一生中,与其生理、心理和社会的需要最贴近的体育追求(即目标)是健、美、乐。这个目标的实现,除自身努力外,还要凭借父母、体育教师和社区体育指导员的帮助来实现,从而也显示了体育的阶段性、教育性、终身性。因此,对于体育的划分,既可依据年龄划分为胎婴儿体育、少儿体育、青年体育、中老年体育;又可按人一生中主要活动场所(范围)划分为家庭体育、学校体育和社会体育。无论哪种体育,都是以人自身的身体运动为基本手段,其目的都是健、美、乐。这才抓住了体育的本质,真实地反映了体育在人类生活中的作用和地位。它既是现实的,又是终身的,因而必然成为每个人一生中不可缺少的重要组成部分。

第二节　体育的功能

体育是一个开放、复杂的系统,它具有清晰的结构特征,这种特征是体育作为系统出现、存在的前提和主要条件。体育的功能是指体育以其自身特点作用于人和社会所能产生的良好影响和效益。体育如果不具备自身固有的特点,就不可能产生任何功能。但是,如果体育功能不被人们和社会所接受、利用,则它的功能也不可能得到发挥并产生效益。千百年来,体育之所以能得到不断发展,而且越来越受到世界各国和人们的重视,正是因为人们对体育的功能的认识和利用的结果。随着社会发展与人们对体育功能认识的进一步深入和提高,体育的功能将会越来越多地被发现和发挥,并更好地为人类的物质文明和精神文明建设服务。

体育的功能可以分为本质功能和非本质功能。体育的本质功能有健身娱乐功能和教育功能。体育的非本质功能有政治功能、经济功能、交往功能等。例如,在我国,武术已经成为中华民族气节和道德规范的标志。

一、健身娱乐功能

体育的健身娱乐功能已为大家所公认。人们通过体育锻炼来增强体质、促进健康、防病治病、调节生活,以享受自然界的乐趣。现代社会人们的工作和生活节奏加快,对人体的健康有了更高的要求,不能认为没有疾病就是健康,事实上在健康与疾病之间存在着一大批不健康的人,他们肥胖、酗酒、过度紧张等,需要通过体育锻炼来改变自己、增进健康。

体育是一种利用身体锻炼去完善自身的活动过程，其重要目标是教会人们合理有效地利用、保护和促进身体发展。人体的发展遵循着"用进废退"的生物学规律。合理而科学的身体锻炼，是保障人体发挥其极限效能的有效途径。身体锻炼引起神经肌肉的活动。而神经肌肉的有效活动，既可保证人体的运动器官和其他有关器官的良好功能，又会引起多重反应。健康快乐的一生，除了求助于身体锻炼，还需有热心于身体娱乐活动的兴趣和情绪。现代文明社会在时间、财力和营养方面，为人类的身体娱乐活动提供了越来越优越的条件。体育的健康娱乐功能在未来社会将越来越受重视。

二、教育功能

教育功能是体育最本质的功能。从原始社会出现体育的萌芽时期起，体育就一直作为一种教育手段流传下来，至今现代竞技体育中的跑、跳、投等项目仍留下了原始社会教育的痕迹。现代体育教育不仅促进人体生长发育、增强体质，让人们掌握运动技能，还能培养人们终身体育的兴趣和习惯，改善生活方式，提高生活质量，以适应现代社会的需要。体育所具有的教育功能，有两个方面的含义：一种是具有典型意义的学校基本教育；另一种是具有泛指意义的社会教育。在竞技体育中，运动员在"更高、更快、更强"的奥林匹克口号下表现出来的追求卓越、顽强拼搏的精神，深深地打动着观众的心，这也是一种教育。在群众锻炼中，无论是完善身体机能、改善身心健康，还是促进人际交往、培养顽强精神等，都含有教育的作用。如果把上述功能置于人的社会化培养体系之中，体育的实质就是个体为求社会生存的教育，是为谋取社会生计的教育，是为适应现代社会生活的教育，是为创造未来生命体验的教育。基于这一普遍意义的客观存在，学校体育教育必须以"终身教育"为其主要的奋斗方向。具体地说，即在体育的施教过程中，通过身体锻炼及适应能力的培养，激发学生的运动兴趣，使其养成运动习惯，以便为学生的就业谋生及适应现代生活节奏做好准备。只有这样，人类才能保存自己、创造文化、延续文明和延续生命。竞技体育和群众体育中也无不显示出体育的教育功能。

三、政治功能

为国增光，提高民族、国家威望和地位。随着竞技体育的发展，竞技场被称为没有炮火的争夺金牌的战场。当今，金牌在某种意义上是国家的力量、地位、政治、经济、精神状态的标志。例如，中国在第11届柏林奥林匹克运动会上获得的奖牌数为零，国家的威望由此大受贬损。中华人民共和国成立后,在亚运会上连续10届金牌数第一,成为亚洲第一体育强国;在第27届奥林匹克运动会上,中国体育健儿一举夺得28枚金牌,金牌总数名列第三,跃身跨入世界体育强国之列。这就大大增强了民族意识,振奋了民族精神,提高了中国的威望和国际地位。

加强爱国主义教育,增强民族凝聚力。在当代,一次国际体育大赛,会像巨石击水,在国民心中产生巨大的冲击波,使千百万人甚至整个民族、国家沸腾起来,使民族精神得到升华、爱国激情得到激发,万众一心,为国家的腾飞、民族的昌盛提供了难以比拟的精神力量。例如,1984年洛杉矶奥林匹克运动会上中国队突破奖牌零的纪录、中国女排获得"五连冠"等,它们在国内引起的轰动都是空前的。

改善和促进国家间的关系,增进友谊。体育可以促进各国人民相互了解,尤其是现代体育运动的国际化,使体育成为国家间的重要交往手段。通过比赛,互相学习和交流,加强国家间的相互理解和联系,缓和协调国际关系与冲突,对维护世界和平起着十分重要的作用。运动员被称为"穿着运动衣的外交家""和平的使者"和"外交先行官"。例如,我国运动员运用"乒乓外交"与美国建立了友好关系,从而进行互访,为中美建交创造了条件,被人们称为"小球转动大球"。

巩固国防,保障国家安全。古代的战争是面对面的战争,为了在战争中获胜,人类就利用体育手段来训练武士。而当今时代,由于尖端武器的发展,更需要人们在短期内掌握复杂的军事技能,这就要求最大限度地动员人的精神和身体能力。为此,要对士兵进行全面而严格的体能训练,提高其自身身体素质和作战能力。这就体现了体育对巩固国防、保障国家安全的军事作用。

四、经济功能

经济学界以为,劳动生产力的提高是社会经济发展的重要标志。特别在对生产力进行价值评估时,人的素质又成为最主要的衡量标准。一般来说,人的素质分为身体素质、文化素质、道德素质3个方面。但从某种意义上来讲,身体素质作为诸素质的物质基础,对生产力的提高起着至关重要的作用。

由此可见,体育发展社会经济的功能,是由体育的健身功能决定的。因为它在提高身体素质、提升劳动者健康水平方面取得了明显效果,保持和增强了劳动者的劳动能力。因此,体育在体力投资方面所作的贡献,有力地促进了社会经济的发展。

在商品经济社会里,作为第三产业,体育以劳动的形式向社会提供服务消费品。当前一些经济发达国家，非常重视发挥体育的经济功能，采取多种途径追求体育的经济效益。对于体育界来说，首先，要改变体育仅是福利事业的思想，树立体育也是产业的观念。长期以来，我国体育事业基本是靠国家拨款支持，缺乏自我造血功能。例如，群众体育和竞技体育的发展，一个关系着群众的健康，一个关系着国家、民族的荣辱，都很重要，本应都发展，但因资金不足，两者很难真正达到协调发展。若是将体育事业纳入产业运作，则群众体育和竞技体育的发展就有了广泛的前景。作为产业，它可以为社会提供健身、观赏、娱乐等综合性特殊消费品，如在大型比赛中出售比赛的电视转播权、发行纪念币、发行体育彩票、组织门票收入、广告费、印刷宣传品等。在日常体育活动中提高体育场馆设施利用率，如举办热门体育项目的比赛和娱乐体育、发展体育旅游、举办各种类型的体育训练班、开设体育咨询站等，都可以从中得到相当可观的经济效益。

体育正逐渐与市场接轨，近几年出现了过渡的形式，如"体育搭台、经济唱戏"，由企业赞助、举办运动队等。在过渡中已出现了劳务市场、体育健康娱乐市场、体育培训咨询市场等。这表明体育转入市场不仅有必要，而且是可能的。这几年我国举办的足球超级联赛、篮球职业联赛、排球超级联赛，在挖掘体育经济功能的潜力方面积累了一定的成功经验，为中国体育走向国际市场开辟了道路。

五、交往功能

依据社会学观点，受传统的教育、宣传舆论及民族习惯等影响，人们的社会心理总要和他们生活的环节取得一致与平衡，但某种特殊原因导致心理失调的现象也会经常发生。从体育独具的活动性与竞争性特点来分析，由可变因素产生的感性刺激，既可使人失去心理平衡，又能积极调节各种不同心理状态。一场激烈的体育比赛可以牵动亿万人的心，观众出于民族、国家、地区的尊严与自信，往往把胜负看得非常重要。在瞬息万变的竞赛过程中，人们的感情变化为其他任何社会活动所不及。例如，在我国女排参加世界大赛连续取得"五连冠"，全国人民无不为她们的胜利而热情洋溢，国家号召要大力传承和弘扬以女排精神为重要代表的中华体育精神，加快建设体育强国。可见，优秀运动员为祖国荣誉而拼搏的感人精神，已经成为一个民族的精神财富。当然，体育运动也会破坏人的心理平衡，而引起人逆向的情感冲动。因此，为了避免社会感情副作用的发生，体育运动竞赛过程中的组织管理和宣传教育是十分重要的。

体育本身具有的动态特点，决定了人们需要冲破"闭关自守"的生活方式。在体育活动中，只有通过体育交往才能达到人与人、群体与群体之间物质的、精神的、能量的互相影响，实现人际关系中的认识、信任、支持等。实践证明,个体在社会群体中共同产生的运动情感就会成为改善人们相互关系的纽带。在国内群众性体育活动中(尤其是在全国性体育盛会上),更能增进运动员和各民族之间的联系,加强团结,激发各族人民对祖国炽热的爱。体育具有超越世界上语言和社会障碍的特点,可以把不同社会、不同人种、不同民族的人们聚集在一起,通过运动竞赛和体育交往发展国际友好关系,发挥其独特的政治功能。在某些时候,体育已经成为外交活动的先行手段,在促进国际交往方面发挥着重要作用。

第三节　体育与健康

一、健康的内涵

健康是人类生存发展的要素。以往人们普遍认为"健康就是没有病的,有病就不是健康"。随着科学的发展和时代的变迁,现代健康观告诉我们,健康已不再只是指四肢健全,无病或不虚弱,除身体健康外,还需要精神上有良好的状态。人的精神、心理状态和行为对自己、他人和社会都有影响,更深层次的健康观还应包括人的心理、行为的正常和符合社会道德规范,以及环境因素的完美。现代健康观的含义是多元、广泛的,健康也是人类永恒的主题。

(一)健康的定义

1948 年,世界卫生组织在其章程中给健康做了如下的定义:"健康乃是一种生理、心理和社会适应都日臻完满的状态,而不仅仅是没有疾病和虚弱的状态。"1989 年,世界卫生组织又将健康的定义修改为:"健康不仅仅是身体没缺陷和疾病,而是身体上、精神上和社会适应上的完好状态。"而后,在健康的定义发展中又加入了道德健康的概念,使健康的定义更加全面,更加具有社会性。对这几个方面的健康可做如下解释:

(1)身体健康,一般指人体的生理健康。

(2)心理健康,有三个方面的标志:第一,人格的完整;第二,在所处的环境中有充分的安全感,保持适度的焦虑;第三,对未来有明确的目标,能切合实际、不断地进取,有理想和对事业的追求。

（3）社会适应良好，指个体的社会行为，能适应复杂的环境变化，能保持正常的人际关系，能受到别人的欢迎。

（4）道德健康，指不以损害他人利益来满足自己的需要，有辨别真伪、善恶、美丑等是非观念，能按社会普遍认同的准则约束、支配自己的行为，能为人民的幸福作贡献。

（二）健康标准

1978年，世界卫生组织发布的衡量是否健康的十项标准包括：

（1）精力充沛，能从容地应对日常生活和工作的压力而不感到过分紧张。

（2）处事乐观，态度积极，乐于承担责任，事无巨细，不挑剔。

（3）善于休息，睡眠良好。

（4）应变能力强，能适应外界环境的各种变化。

（5）能够抵抗一般性感冒和传染病。

（6）体重得当，身材匀称，站立时头、肩、臂位置协调。

（7）眼睛明亮，反应敏捷，无眼疾。

（8）牙齿清洁，无龋齿，无痛感；牙龈颜色正常，无出血现象。

（9）头发有光泽，无头屑。

（10）肌肉丰满、皮肤富有弹性，走路轻松有力。

（三）青年的健康要点

（1）吃得正确。在青春期保持饮食平衡和有规律，有助于使青年现在健美、将来健康。

（2）喝得正确。干净的水和果汁是有利于健康的，不要饮酒，喝醉是不明智的。

（3）不吸烟。如果你想健美、有吸引力，请别吸烟。

（4）适当放松。运动、音乐、艺术、阅读、与他人交流，不仅可帮助你适当放松，还可帮助你成为兴趣广泛的人。

（5）积极自信。要积极自信和富有创造性，要珍惜青春。

（6）知道自制。遇事能三思而后行，大多数的事故是可以避免的。

（7）负责的性行为。了解自己的性行为并对此负责。

（8）运动有好处。运动可以使青年保持健美和感觉良好；参加运动的每个人都可以赢得健康。

（9）散步。散步是一种轻缓的运动，能使你感到舒适。

二、警惕亚健康

亚健康是一种自感不爽、检查无病、介于疾病与健康之间的身心状态,也称为第三健康状态、灰色健康、亚临床期等。亚健康是国际医学界在 20 世纪 80 年代提出的医学新思想,是医学的一大进步。亚健康状态的症状有食欲不振、疲乏无力、失眠多梦、烦躁、健忘、胸闷、头晕、头疼、感觉迟钝、注意力不集中等。

亚健康是一个动态的状态,它不会停留在原有的状态中,或者向疾病状态转化,这是自发的;或者向健康状态转化,这是需要自觉的,是需要付出代价和努力的。健身运动、消遣娱乐恰恰是治疗亚健康的一种积极、有效、廉价的手段。

三、体育锻炼对人的健康各方面的影响和作用

随着科学技术的发展,人们的生活水平不断提高,机械化、智能化、信息化的飞速发展改变了人们的生活与工作方式。同时,在生活和工作中,体力活动和体力支出日趋减少,坐式生活方式给人们的健康带来了负面影响。随着生活水平的提高,人们的饮食结构发生了较大的改变,人们在享受高热量食物、富足有余的生活的同时,也给自身的健康带来了巨大的威胁。越来越多的人认识到健康的重要性,进而积极、有意识地选择有规律的体育锻炼来促进身体与心理健康。

体育锻炼是通过科学的身体活动方式对人体各器官、系统进行一种良性刺激,促进身体的形态结构、生理机能等方面发生一系列适应性反应,从而增强体质、增进健康。科学的体育锻炼不仅有利于人体骨骼、肌肉生长,还能改善血液循环系统、呼吸系统、神经系统、消化系统、内分泌系统、免疫系统等的机能,有利于人体的生长发育,提高抗病能力,增强机体的适应能力。

研究人员多年研究证明,不锻炼的人从 30 岁起身体机能就开始下降,到 50 岁时,身体机能相当于他最健康时的2/3,而经常锻炼的人到 40~50 岁时,身体机能还相当稳定,当他60 岁时,心血管系统功能相当于 20~30 岁不锻炼的人。

第二章 高等学校体育

第一节 高等学校体育的概念、地位与作用

高等学校肩负着培养高级专门人才和发展科学技术的重大任务。翻开21世纪的历史画卷,展现在我们面前的是一幅更加绚丽多姿的宏伟蓝图。全面建设社会主义现代化国家、实现中华民族伟大复兴的中国梦,都迫切需要一大批德、智、体、美、劳全面发展,富有创新意识和拼搏精神的高素质建设者和接班人。

一、高等学校体育的概念

高等学校体育也称为大学体育,是学校体育的下位概念。它是由高等学校的体育学院或者体育教研室(公共教学部、体育部)组织和领导的,是一个发展身体,增强体质,传授锻炼身体的知识、技能,培养道德和意志品质的过程,是国民教育的重要组成部分。单纯地认为高等学校体育是一门学科,是对高等学校体育狭义的理解。在如今经济快速发展的背景下,高等学校体育所包含的内容远不止这些,它是社会文化的一部分,受到政治、经济、文化等各方面因素的影响和制约。广义上来说,从高等学校体育的功能性角度来分析,教育功能是高等学校体育最基本的功能,在保证大学生身体健康和人格塑造方面,高等学校体育发挥着重要作用。社会服务功能是高等学校体育横向发展的重要渠道,维护了社会公众体育权利和机会的公平性,实现了教育资源的公益性,保障了公民依法享有体育教育的权利,推进了社

会公平和教育公平。在社会服务过程中,高等学校体育在非教学时间,将体育场馆对社会公众开放,一方面,缓解了国家体育公共资源不足与公民需求之间的矛盾,减少了国家对体育场馆的再投资;另一方面,体育场馆的有偿开放也可以解决高等学校体育经费不足的难题,充分体现高等学校体育的经济功能。高等学校体育是一个很宽泛的概念,高等学校体育所衍生的与体育有关的产业都属于高等学校体育的范畴。

二、高等学校体育的地位

高等学校体育是我们培养身心健康发展的高级专门人才的需要,是发展我国体育事业的需要,是高等学校丰富课余文化生活、建设社会主义精神文明的需要。因此,高等学校体育是我国高等教育的重要组成部分,也是我国社会主义建设中的一项重要事业。

(一) 高等学校体育是我国培养身心全面发展的高级专门人才的需要

高等学校的根本任务是培养身心全面发展的人才,以适应社会发展的需要。无论是培养高级专门人才,还是发展科学技术文化,都集中反映在对人才规格的要求上只有德、智、体全面发展而不是片面发展的人才,才能担负这个重大使命。因此,高等学校应在中小学教育的基础上,正确认识并处理德、智、体三育的辩证关系,确立体育在高等学校教育中的地位,纠正忽视体育的种种倾向,把高等学校体育与培养合格的高级专门人才的目标紧紧相连,采取有力措施全面完成高等学校体育与健康的各项工作,在培养21世纪合格人才中作出积极的贡献。

(二) 高等学校体育是国民体育的基础,是发展我国体育事业的需要

学校体育是国民体育的基础,搞好学校体育不仅是学校教育的需要,也是我国体育事业发展的需要。大学生与中小学学生相比,身心发展已日趋成熟,但从生长发展全过程来讲,大学生身心仍处在不断发展与不断完善之中。因此,高等学校体育对大学生身心自我完善,乃至提高全民族身体素质都有深远的意义。为此,在加强中小学体育与健康、打好基础的同时,必须十分重视高等学校体育与健康,努力改善高等学校体育条件,进一步搞好高等学校体育工作,促使高等学校体育的各项任务的全面完成,这是我国高等学校一项十分紧迫的任务。

高等学校体育是培养我国体育后备人才,提高竞技水平的重要途径。尤其是当代竞技体育,其发展要求贯彻科学训练与比赛的原则,运动员必须具有良好的体力和智力,才能不

断提高运动技术水平。大学生在体能与智能上都有较大的适应性和优势,有条件、有可能为我国竞技体育的发展作出贡献。

(三)高等学校体育是丰富大学生课余文化生活,建设校园社会主义精神文明的需要

大学生在紧张的学习生活中,需要健康、文明、娱乐、和谐的课余文化生活,以适应大学生身心健康发展的要求。体育活动能使大学校园充满活力与生机,并以其丰富多彩、形式多样的内容吸引广大学生参与和观赏。体育活动不仅可以丰富大学生的课余文化生活,而且可以促进校园社会主义精神文明建设。

体育作为社会主义精神文明建设的重要手段,它既是文化建设的一项重要内容,也是思想建设的重要手段。大学生对体育活动的参与和观赏,可以发展大学生的体能,促进其智能发展,可以培养大学生勇敢、顽强、坚毅等思想品质,以及团结奋斗的集体主义精神和进取精神,可以培养大学生爱国主义思想,以及树立正确的审美观。因此,开展大学校园的体育活动,是占领课余思想阵地,引导大学生健康、文明生活,防止和纠正不良行为的重要手段。对此,我们必须明确认识,并予以足够的重视。

综上所述,我们可以看到体育在高等教育中至关重要的地位,它关系着大学生的体能、智能发展和整体素质水平的提高,关系着大学生的大学阶段学习和大学后的工作和生活,关系着我国全民健身计划的实施和全民族身体素质的提高,关系着我国社会主义物质文明和精神文明建设,是高等学校不容忽视的一项重要工作。

三、高等学校体育的作用

教育是国家和民族发展的基石,是提高国民素质、培养人才、传承文化和推动社会进步的重要途径。我国要在 21 世纪激烈的国际竞争中处于主动地位,就必须重视人才综合素质的培养。这些人才不仅要有坚定的社会主义信念、良好的思想道德素质,而且要掌握和运用现代科学知识,拥有强健的体魄和良好的心理素质。

具体来说,高等学校体育对人才培养的作用有以下几个方面:

(1)科学有序的体育锻炼,可以逐步改善人体的生理机能,提高身体的各方面素质,使身体形态、机能、心理健康水平等得到全面、均衡的协调发展,从而强健体魄、振奋精神。大学生有了健康的保证,才能以充沛的精力投入学习和工作,才能在激烈的社会竞争甚至艰难的逆境中求得奋进和发展。

（2）大学生参加各种体育活动，加强了与大自然的接触和与人的交往，这样可以开阔心胸、扩展视野、调剂精神、增长知识、增进友谊和交流，并能提高对环境的适应能力和社交能力。

（3）在体育锻炼中，大学生为了达到某一目标，往往要克服生理、心理和环境的一些障碍与困难，从而不断地挑战自我、战胜自我。比如攀登险峻的山峰、在寒冷的季节里游泳，或者长距离越野障碍跑等，都会使大学生产生一种畏难情绪，对自己的生理和心理产生压力。但是，战胜这些困难的过程，就是磨炼意志、培养信心、完善人格的过程，从而培养大学生吃苦耐劳、自强不息和受挫不馁、遇难不怯、敢于拼搏的精神品质，为今后担负更加繁重的工作任务打下基础。

（4）体育教育使大学生了解和掌握体育的基本知识、科学的体育锻炼方法，培养大学生的体育意识和健身意识，从而提高活动兴趣，养成自觉锻炼和养护身体的习惯，使体育成为日常生活的重要组成部分，养成良好的生活方式，成为具有科学的体育素养的人。

第二节　高等学校体育的目的与任务

我国大学体育的培养目的是：使学生了解和掌握体育与健康的基本知识；培养学生终身体育意识和体育能力；养成体育锻炼的良好习惯，增进身心健康；形成体育生活方式和科学的体育素养，使之成为国家和社会所需要的全面发展的高级专门人才。

一、高等学校体育的目的

（一）增强体质、提高学生身心健康水平

高等学校体育的首要任务，就是要增强学生体质、提高全体学生的身心健康水平。这是我国社会主义现代化建设事业对大学生身心发展的基本要求，也是时代赋予学校体育的重要使命。《体育强国建设纲要》指出"将促进青少年提高身体素养和养成健康生活方式作为学校体育教育的重要内容，把学生体质健康水平纳入政府、教育行政部门、学校的考核体系，全面实施青少年体育活动促进计划"。学校教育要树立健康第一的指导思想，切实加强体育

工作,使大学生掌握基本的运动技能,养成锻炼身体的良好习惯。这是党和政府在新的历史条件下为学校提出的极其重要的指导思想,对我国的教育改革具有重大的现实意义和深远的历史意义,其根本目的在于提高全民族的综合素质,增强我国的综合国力和国际竞争力。因此,千方百计地增强大学生体质、努力提高全体大学生的身心健康水平,是历史赋予高等学校体育的一项重要任务。

(二)培养终身体育意识和体育能力

高等学校体育要培养大学生的体育意识,使其形成终身体育思想,增强大学生的体育兴趣,提高大学生的体育能力。因此,大学体育不仅是在校期间的阶段性教育活动,而且要使大学生在学校所受的体育教育受益终身,成为生活的一部分。然而,我国当前的学校体育教育的效果不容乐观。有关调查资料表明,目前在校大学生的体育意识和健康意识总体比较淡薄,能自觉参加体育锻炼的人数比例很低,年级越高的大学生越不锻炼身体。体育与健康意识尚未形成,体育还未能成为其生活的一部分内容。另外,大学生毕业走上工作岗位后,大多数人都因工作、环境、生活等,逐渐与体育"绝缘",使社会上知识分子的体质健康水平下降,死亡的平均年龄大大降低,给国家、社会和家庭造成了无可弥补的损失。虽然这里有诸多原因,但是与知识分子的体育意识淡薄、健康与保健意识差有较大的关系。

因此,要重视大学生体育与健身意识的培养,提高体育兴趣和健身习惯,并在体育教材的内容、形式、手段和要求上与体育教育的目标保持高度一致。同时,还要使大学生掌握体育与健康的基本知识、技术和技能,掌握科学锻炼身体和保养身体的方法,科学地进行锻炼,提高体育能力,为终身体育奠定良好的基础。

(三)培养良好的思想道德和意志品质

大学的培养目标,归根结底,就是培养和造就一大批政治素质过硬、品质优良,具有扎实的科学文化知识和能力,具备强健体魄的全面建设人才。总之,应始终把育人放在首位。高等学校体育通过体育课、课外活动、运动训练、竞赛交流等教育形式,在培养大学生的健康意识,塑造大学生的强健体魄的同时,对大学生进行爱国主义、集体主义、社会主义理想信念教育,中华优秀文化传统教育,革命传统及遵纪守法、社会公德教育。在体育实践中培养大学生吃苦耐劳、艰苦奋斗、拼搏进取、自强不息的精神,以及尊师爱友、团结协作、礼贤互让、豁达大度的道德品质。

体育在培养人的思想道德与意志品质方面,具有鲜明的特点和显著的作用。大学生在体育运动过程中,既能感受到大自然清新的空气、阳光和美景,也要经受风吹、日晒、雨淋等考验。大学生参与各项体育运动,既能体验运动给身心带来的愉悦,也要承受一定的生理和心理负荷,出现肌肉酸痛、身心疲乏等反应。为了提高运动水平,大学生要进行艰苦的体能与技战术训练,并克服种种困难;参加比赛时,又要全力以赴,协同配合,最大限度地发挥自身的各种能力,使智、艺、技、勇在激烈的对抗中得到发挥和锻炼。因此,体育教育能培养大学生良好的思想道德作风和顽强的意志品质,使他们在知、情、意、行诸方面都有更高层次的追求,从而自觉确立文明、科学、健康的生活方式,促使自己在德、智、体、美、劳诸方面都得到全面发展。

(四)提高运动技术水平、培养高水平体育人才

高等学校是培养人才的基地,其中,也包括体育人才的培养。高等学校大力发展体育,反过来体育又促进和提高学校的办学效率。许多有识之士认为,高等学校是培养"智能型"体育人才的肥沃土壤。高等学校应该有自己的高水平运动队(员),并努力提高运动技术水平,为国家培养能参与世界竞技体育的高水平体育人才。

大力发展和提高学生的运动水平乃是学校整体教育的一个重要组成部分。因此,在广泛开展群众性体育活动的基础上,依靠高等学校特有的人才优势和科技优势建设好运动队,为国家培养高素质高水平的体育人才,是我国高等学校体育的任务之一。

二、实现高等学校体育目的的基本要求

我国高等学校体育在培养德、智、体、美、劳等全面发展的社会主义现代化事业的建设者和接班人的工作中已作出了巨大贡献。在改革开放的历史新时期,为了使高等学校体育更好地为经济建设服务,深化高等学校体育改革已势在必行。中共中央明确指出,健康体魄是青少年为祖国和人民服务的基本前提,是中华民族旺盛生命力的体现。学校教育要树立健康第一的指导思想,切实加强体育工作,使大学生掌握基本的运动技能,养成坚持锻炼身体的良好习惯。确保大学生体育课程和课外体育活动时间,不准挤占体育活动时间和场所。举办各种各样的群众性体育活动,培养大学生的竞争意识、合作精神和坚强毅力。这标志着我国高等学校体育工作已经进入新的时期,并促使高等学校体育更加规范化、制度化,为了全面完成高等学校体育的各项任务、实现高等学校体育的目的,高等学校应该结合本校实际,认真贯彻,不断深化高等学校体育改革,努力达到以下5点基本要求。

(一)全面贯彻党的教育方针,摆正高等学校体育的位置

体育是党的教育方针的重要组成部分,也是高等教育的重要方面之一,必须给予足够的

重视,摆正它应有的位置。实践证明:只要高等学校体育工作指导思想端正、位置摆对,体育活动就能广泛开展,校园就能生机勃勃,大学生就能身心健康地学习和生活。受部分陈旧落后的传统观念等因素的影响,高等学校还存在忽视体育的种种倾向,致使目前有的高等学校还未把体育与健康摆在应有的位置,措施不力,效果不好,严重地影响了高等学校教育的质量。为此,必须转变观念,进一步端正办学思想,加强领导,采取得力的措施,保证全面贯彻党的教育方针,切实开展和做好高等学校体育与健康工作,促进大学生德、智、体、美等全面发展。

(二)面向全体大学生,全面开展高等学校体育工作

为了实现高等学校体育的目的,高等学校应面向全体大学生,动员和组织大学生自觉地参加体育课及各种体育活动,并建立相应的规章制度,借以提供各种保障。体育与健康课教学是基本组织形式,必须按规定开课,改革教材教法,努力提高教学质量。由于高等学校体育工作的复杂性,必须课内课外结合,普及与提高结合,训练与竞赛结合,开展多种多样的体育活动,以保证大学生每天1小时的体育活动时间。

影响大学生身心健康发展的因素是多方面的,为此,高等学校体育与健康课要与大学生正当的社会活动、合理的作息制度、适宜的学习负担和营养、卫生条件等方面有机地结合,使高等学校体育与健康工作和其他工作协调地发展。

要加强体育与健康宣传,以及在体育实践中传播体育与保健知识,使大学生不断增强体育意识,把身体好与学习好、工作好统一起来,自觉、积极地参加体育活动。

(三)加强科学研究,不断改革高等学校体育

高等学校体育必须坚持改革,在改革中发展和提高质量。要重视体育科学研究,充分利用高等学校自身的优势与条件,有目的、有计划、有组织地开展体育科学研究。目前要特别重视研究改革中的新动向、新问题,使科研成果直接与改革中的问题相联系,并为深化改革高等学校体育服务。在内容上,要与高等学校教育改革挂钩,加强体育过程中教育思想、教育内容、教育方法的研究,不断探索我国高等学校体育与健康规律,按照我国社会主义特色来发展高等学校体育工作,使之为培养更多更好的高级专门人才服务。

(四)加强教师队伍建设,不断提高教师素质

体育教师是高等学校体育工作的组织者和执行者,体育教师队伍的健全与否,教师素质的好与差,直接关系到高等学校体育工作能否开展与质量能否提高。为了适应高等学校教育改革的发展,在充实高等学校体育与健康教师数量的同时,必须着重提高质量,要在新形

势下,对体育教师的师德、知识、能力等全面提高要求。有关部门应在政治上、业务上、工作上、生活上全面关心体育教师,帮助他们解决各种实际困难,为他们的政治思想和业务提高及开展工作创造条件。要让广大体育教师热爱本职工作,教书育人,洁身自爱,艰苦奋斗,坚持改革,勇于创新,发扬献身精神,从而形成一支团结战斗、奋发向上、生机勃勃的体育教师队伍,使高等学校体育与健康工作更上一层楼。

（五）加强领导,实施科学管理

高等学校体育是高等学校整体工作的一部分,必须健全组织领导机构,形成自上而下的组织管理指挥系统,实施科学管理。在校内,必须在主管体育校长的领导下,体育部(室)积极参与,各级行政部门、群众团体密切配合,统一认识、统一步调,才能做好高等学校体育工作。在具体管理工作中,要对高等学校体育加强计划,及时检查和总结,不断改进;要从实际出发,建立高等学校体育的规章制度和体育工作的评价标准,包括对大学生体质、健康测试和评估等规定;要统筹安排,创造条件。

第三节　高等学校体育的基本形式

《学校体育工作条例》规定,学校体育工作是指体育课教学、课外体育活动、课余体育训练和体育竞赛。这是学校体育工作的组成形式,它构成了学校体育工作的整体,是为实现学校体育目标而服务的。

一、体育课程

体育课程是我国高等学校教学计划中的基本课程之一,也是高等学校体育工作的重要环节。它是实现学校体育目标的重要渠道,也是把宏观的体育教育思想、观念、理论与实践联系起来的重要途径。高等学校体育课程设置的目的是通过合理的体育教学过程和科学的体育锻炼过程,使学生增强体育意识,提高体育能力,养成体育锻炼的习惯,受到良好的思想品德教育,成为体魄强健的社会主义事业的建设者和接班人。该条例还规定,体育课是学生毕业、升学考试科目。这些规定充分表明了体育课程在高等学校体育工作中的地位及其重要意义。根据学校体育教育目标和任务,体育课程主要分为理论课程和实践课程两大类。

(一)理论课程

大学体育理论课程主要是向大学生传授体育与健康的基本知识,科学锻炼身体的原则与方法;介绍我国体育的目的、任务、方针、政策,我国体育运动发展成就,有关体育运动项目的一般方法及运动生理、心理知识等。由于大学生具有较高的文化素养,对体育知识的需求越来越高,因此有必要增加体育基本理论教材的比重,广泛介绍体育的有关知识。高等学校要通过理论课的传授,增强大学生的体育意识,养成自觉锻炼身体的好习惯。

(二)实践课程

体育实践课程主要在运动场馆进行,向大学生传授体育运动的方法,指导大学生从事各种身体练习。体育实践课程可以使大学生掌握运动的方法,提高运动技能,提升运动兴趣,从而提高身体素质和健康水平。实践课程又分为以下几种形式。

1.体育普通课

体育普通课主要是围绕学生全面的身体锻炼进行,使大学生的形态、机能、素质协调发展,以增强学生体质为目的,并使大学生掌握体育锻炼的基本技术和技能,提高运动能力。体育普通课既是巩固和提高大学生中学时期已掌握的体育知识,也是为下一阶段的体育选项课学习打下基础。体育普通课教材内容以田径、球类、体操、武术、游泳为主,再结合《国家学生体质健康标准》的素质项目练习。

2.体育选项课

体育选项课是学校根据师资、场地、器材及大学生的需求情况,供大学生自己选择项目上课的一种形式,也是必修课程。选项课教材分为一般身体练习教材和专项教材两部分。一般身体练习教材内容包括全面发展大学生身体素质的项目,专项教材内容有足球、篮球、排球、网球、乒乓球、武术、体操、游泳等。通过体育选项课学习,大学生加强了学习的系统性与连续性,有利于大学生运动技术、技能的形成、巩固和提高,也有利于发挥大学生的运动特长和积极性,培养运动兴趣和锻炼习惯,为今后参加体育锻炼奠定基础。

3.体育选修课

体育选修课面对高年级大学生,以教授各运动单项的技战术和提供专项理论教学指导为主,结合提高身体素质的练习及其他辅助练习,使大学生在大学期间继续接受体育教育,为终身体育打下基础。

4.体育保健课

体育保健课是专门为体弱病残的大学生开设的一种必修课或选修课，它具有医疗和保健意义，可以使这部分大学生在大学期间能够得到相应的体育指导和锻炼，掌握必要的运动方法和卫生保健知识，从而改善身体的健康状况。体育保健课教材内容及运动负荷，是根据大学生健康状况制订的。有的学校还采用"运动处方"的形式对大学生因人施教，主要教授体育健康知识、太极拳、剑术、气功、健身操等。

二、课外体育活动

课外体育活动是实现高等学校体育目标的一个重要组织形式，同时也是体育课程的延续和补充。这对发展大学生体能，增强大学生体质，培养大学生锻炼习惯，发展大学生个性是非常重要的。大学生正处于青春发育后期，是增长知识和体质的关键时期。在这个时期只靠每周两节体育课来锻炼身体是远远不够的，因此，国家规定，把早操和课间操纳入大学生一天的锻炼内容，保证每天至少有 1 小时进行体育锻炼，以利于大学生身心的全面发展。

（一）早操

早操也称早锻炼，是每天起床后坚持的室外体育活动，是大学生合理的作息制度中的重要组成部分。早操要坚持，一般安排 20 分钟左右的时间。应根据大学生的个体需要、兴趣爱好及地理与气候条件等因素，选择多种多样的内容，如广播体操、健身跑、健美操、武术、气功及各种提升身体素质的内容等。早操一般可采用分操与合操两种方式，可以是集体召集、个人自觉活动，由体育教师或体育骨干组织辅导；也可以是兴趣小组或项目俱乐部的班（组、队）集体活动；还可以是较大规模甚至是全校（院）的集体合操。很多学校把定期集体合操与升旗仪式结合进行，取得了良好的效果。大学生坚持做早操，不仅是合理的作息制度，是锻炼意志、养成良好的锻炼和卫生习惯、锻炼身体的有效途径，也是每天学习的准备工作。做早操可以兴奋神经，活跃生理机能，促进人体以良好的状态进入学习过程，同时，对校风、学风建设及精神文明建设也都有积极作用。

（二）课间活动

课间活动是课间休息时所进行的有益于身心健康的体育活动，一般为个人活动，以走步、肢体活动操、功能性体操（如防治脊柱弯曲操）和提高身体素质的简单练习等为主。在上午、下午的第 1、2 节课和第 3、4 节课之间的 20 分钟休息时，也可以班级为单位集体做广播体操。充分利用课间休息时间活动身体,进行积极休息,对消除大学生大脑的疲劳,适时地转移大脑的优势兴奋过程,调节情绪,促使大学生能更加精神饱满地进行学习等,都是很有好处的。

(三)课余体育锻炼

课余体育锻炼是大学生一天课程学习结束之后进行的有目的、有计划、有组织的体育活动。一般在每天下午进行,每次活动时间约1小时,每周进行2~3次。课余体育锻炼通常以教学班为单位组织进行,但由于大学生心理、生理发展程度不一,兴趣爱好和个性发展也各有差异。随着各方面条件的改善,体育俱乐部、单项运动协会等体育组织越来越受到大学生的欢迎,只要条件允许,它们同样可以作为课余体育锻炼的主要组织形式。在组织活动的过程中,要充分调动大学生参加体育锻炼的主动性和积极性;要充分发挥体育教师和学生体育骨干的组织作用,制订切实可行的活动计划,建立各项规章制度,合理安排和使用场地器材;要重视体育锻炼安全,防止运动伤害事故的发生。此外,还需要特别注意的是,课余体育锻炼作为课程教学的延续和补充,它实际上是体育课程教学的课外作业,必须有严格的计划和检查与评估制度,同时还必须保证其体育健身的实际效果。实践证明,搞好高等学校课余体育锻炼,可以使大学生增强体质、增进健康、锻炼意志、陶冶情操、丰富知识、拓宽视野、发展能力,促进大学生身心的健康发展。因此,课余体育锻炼是大学生生活的重要内容,它不仅是高等学校体育过程的重要方面,也是占领课余思想阵地、丰富校园文化生活、建设精神文明的重要手段。

三、课余体育训练

课余体育训练是指高等学校利用课余时间,对部分身体素质较好、有一定体育专长的学生进行系统训练的一种专门教育过程。它是实现高等学校体育目的的重要组织形式。

高等学校课余体育训练是学校贯彻普及与提高相结合的一项重要措施。搞好高等学校课余体育训练工作对全面贯彻党的教育方针和发展我国体育事业,都具有重要意义。一方面,它有助于培养一支学生体育骨干队伍,加强体育的组织和指导力量,推动学校体育活动广泛持久地蓬勃开展;另一方面,它可以把有体育才能的大学生组织起来进行全面系统的训练,不断提高运动技术水平,在校际和国际交往中为校为国争光,并可为国家培养优秀运动员和优秀的体育后备人才,为我国体育事业的发展作出贡献。为搞好高校课余体育训练,应切实做好以下4个方面的工作:

(1)高等学校开展课余体育训练的设项、组队要从国家、地区和本校实际出发,既要考虑传统性、代表性,又不能贪多求全,以确保训练质量。特别是高水平运动队训练,更要注意从本校人、财、物等各方面的条件出发,突出重点,提高质量。

(2)高等学校开展课余体育训练要从培养身心健康的高运动水平的全面发展的人才出发,要坚持业余,正确处理文化学习和体育训练的关系,科学地安排教学和训练;要坚持基础训练,正确处理训练和比赛的关系,科学地安排训练计划,系统训练,打好基础,不断提高运动技术水平;要坚持严格教育、严格管理,把思想教育贯穿教学和训练的全过程。

(3)高等学校开展课余体育训练要充分利用高等学校的智力优势和高等教育的有利条件,调动大学生在智能和体能方面的优势,坚持科学训练,逐步培养一支有理论知识、有实践经验的高水平教师(教练)队伍,并结合训练实践开展科学研究,不断提高科学训练水平。

(4)高等学校开展课余体育训练要改革创新,加强科学管理,建立健全各项规章制度,充分发挥参加体育训练的学生的骨干作用,调动广大师生参加体育锻炼的积极性,推动高等学校体育活动的蓬勃开展,并在训练和比赛的过程中,扩大体育传播,丰富校园文化生活,促进学校精神文明建设。

四、体育竞赛

体育竞赛是推动高等学校体育活动广泛开展,促进运动技术水平提高,实现高校体育目的的重要组织形式。

体育竞赛能起到良好的宣传作用,吸引更多的人参加体育活动,逐步提高广大师生积极锻炼身体的自觉性。体育竞赛还可以检查教学和训练工作,总结和交流经验,互相学习和促进,有利于选拔体育人才。体育竞赛还有助于培养大学生勇敢顽强、遵纪守法、服从裁判、服从组织的优良品质和集体主义精神,对丰富校园文化生活和社会主义精神文明建设具有重要意义。高等学校应将此纳入工作议程,制订计划,认真实施。

高等学校体育竞赛有校内竞赛和校外竞赛两大类,应以校内竞赛为主。校内要经常开展群众性体育比赛,如各种球赛、长跑比赛、"达标"赛及大众健身体育项目比赛等,可由校、系、年级、班级及体育俱乐部、单项运动协会分别组织进行。同时,高等学校也应从实际出发,组织各种友谊赛、邀请赛、表演赛及派队参加校外各级比赛,以丰富师生文化娱乐生活,开展体育宣传,扩大体育视野,推动学校体育活动的蓬勃开展。

第四节　高等学校体育的发展趋势

随着"健康第一"和"终身体育"思想的提出,新的健康观念正在使高等学校体育的教学目标、教学方法及考核内容和方式发生着变化。

近20年来的高校体育改革取得了很大的成绩,特别是《全国普通高等学校体育课程教学指导纲要》的颁布实施,有力地推动了高等学校体育教学改革的深入发展。尤其是选项课与选修课的开设,在一定程度上满足了大学生的不同体育需求,培养了大学生的体育兴趣,激发了大学生的体育学习积极性,发展了大学生的体育特长,从而也活跃了高等学校的课外体育活动。

然而,高等学校体育仍然面临着严峻的挑战。大学生的体育意识仍然还很淡薄,锻炼习惯尚未养成,终身体育能力与体育文化素养较差,体质健康状况不佳。现在的情况是,年级越高的大学生越不爱锻炼。某大学对1 321名大学生参加体育锻炼情况进行了5年追踪调查:每周能坚持3次以上1小时锻炼者,一年级时占33.1%,二年级时占28.1%,三年级时占20.6%,四年级时占13.2%,读研究生时下降到10.0%,毕业后只占7.2%。这一调查结果是发人深省的,这种状况必须改变。但高等学校体育到底应当怎样改才能适应社会发展和学生主体发展的需要,从目前情况来看,认识不尽一致,做法也各不相同。但从总体上看,其基本走向如下所述。

一、高等学校体育课程教学将逐步走向个性化

如前所述,素质教育是一种弘扬学生主体性的教育,它尊重学生人格,承认学生个体差异,重视学生个性发展,因此,素质教育又是一种个性化的教育。高等学校体育课程教学也将逐步走向个性化,可从以下3个方面着手。

(一)课程目标

根据大学生身体发展水平的差异,"大学体育与健康"课程的目标分为基本目标与发展目标两个层次。基本目标是根据大多数大学生的基本要求而定的;发展目标是针对少数学

有所长和学有余力的大学生而定的。发展目标也可以说是多数大学生的努力目标。

(二)课程实施

实行开放式教学,使大学生有自主选择教师、上课内容、上课时间的自由度,以适应大学生的不同情况与不同需要。

(三)教学评价

大学生的学习评价应是对学习效果和过程的评价,主要包括体能与运动技能、认知、学习态度与行为、交往与合作精神、意志表现等,通过学生自评、互评和教师评定等方式进行。评价应淡化甄别、选拔功能,强化激励、发展功能,把大学生的进步幅度纳入其中。

二、课内外体育将呈现一体化趋势

《全国普通高等学校体育课程教学指导纲要》强调"拓展体育课程的时间和空间","把有目的、有计划、有组织的课外体育锻炼、校外(社会、野外)活动、运动训练等纳入体育课程,形成课内外、校内外有机联系的课程结构"。为此,高等学校体育的重心将逐渐地由课内转移到课外。例如,充分利用各种媒体获取体育信息;充分利用课外时间和节假日,开展家庭体育、社区体育、体育夏(冬)令营、体育节、郊游等活动;充分利用日光、空气、水、江、河、湖、海、沙滩、田野、森林、山地、草原、雪原、荒原等自然环境开展体育活动。高等学校体育必将冲破学校的樊篱,走向社会、走向自然,更加开放、更加丰富多彩、更加生动活泼、更能满足广大学生的不同体育需求。

三、高等学校体育的组织形式将更具群众性

由于大学生体育主体意识的不断加强,高等学校体育特别是高等学校课外体育的组织形式将更具群众性。

(一)体育俱乐部将成为高等学校体育的重要组织形式

为了适应大学生的不同体育需要,高等学校将根据自身的条件组织多种多样的体育俱乐部。这些体育俱乐部大致可以分为两大类:一类是以发展大学生体育特长、提高运动技术水平为目的的竞技体育俱乐部;一类是以健身、健美、娱乐为目的的群众性的体育俱乐部。

大学生可自主选择参加。

（二）体育社团将在高等学校得到发展

高等学校的体育社团是由大学生自己组织、自己管理、自由参加的群众性的体育团体，一般由学生会、团委出面发起组织，得到学校体育部（教研室）的支持和指导，大都以单项体育协会的形式出现，如篮球协会、游泳协会、网球协会、健美协会等。大学生根据协会章程，自愿报名参加，交纳一定的会费，民主选举管理人员。

（三）非正式体育群体的活动将越来越活跃

所谓非正式体育群体，就是非行政的由大学生自由组合而成的体育群体。这种群体的组成，除体育兴趣外，还受性别、性格、情感、体育基础等多种因素的影响，具有较强的凝聚力和主体意识。这种群体主要活跃在课外体育、节假日体育、校外体育中。但其目前尚未引起人们的足够重视，一旦受到重视，必将为高等学校体育注入新的活力。

四、高等学校体育将呈现多样化和小型化

随着高等学校体育重心的逐步转移，高等学校课外体育将向自主确定锻炼目标、自主选择锻炼内容、自主组织锻炼的方向发展。因此，高等学校体育将呈现多样化和小型化。但一些传统的学校体育组织与活动形式也应得到继承，如定期举办全校性的运动会，或以院系为单位组织的群体竞赛等。

第三章　大学生健康测量与评价

大学生既要有健康的身体，又要有健康的心理。人的身体健康与心理健康是相互影响的。身体健康是心理健康的基础，心理健康有助于身体健康。

为了有助于大学生设置合理的身体锻炼目标，更科学地进行锻炼，使身心更健康，本章主要介绍有关身心健康的测试方法和评价标准。

第一节　身体健康的测量与评价

身体健康是衡量人体健康最重要的环节之一。随着时代的不断发展，人们越来越认识到身体健康的重要性。然而，怎样衡量身体是否健康，用什么标准来评定身体是否健康，成为我们需要解决的问题。在此，我们就与身体健康相关的几种体质测量的方法与评价作出相应的介绍。

一、心肺耐力的测量与评价

心肺耐力也叫循环呼吸耐力、心血管耐力、有氧代谢能力、有氧代谢体质，它是指循环和呼吸系统高效率地适应运动和从运动中恢复的能力。心肺适应水平越高，精力就越充沛，不仅能完成更多的工作，而且不容易疲劳。另外，心肺适应水平越高者，睡眠质量也越好。以下为心肺耐力的 3 种测试方法及其评价标准。

（一）肺活量指数

肺活量是人体肺脏功能的指标之一，也是人体呼吸运动能力测试方法之一。它是指人体尽全力深吸气后，再尽全力呼出的气体总量，即一次深呼吸的气量，其数值与性别、年龄、身高、体重、肺组织发育程度、锻炼水平及运动项目等多种因素有关。青少年经常进行中等强度的有氧运动，可以促进胸廓及呼吸肌的运动，有利于改善呼吸肌和呼吸动作的协调性，有利于提高肺活量。而胸廓发达、呼吸力度增加有利于回心血量的增加，对心脏的发育及提高心肺功能有重要作用。

在同年龄同性别的受试者中，影响肺活量测试结果最显著的因素是体重。所以，在实际测量中，应采用肺活量指数进行评价。

1.测试方法

（1）通过键盘或非接触卡输入受试者编号。

（2）将一次性、干燥卫生的吹嘴插入测试吹气管。

（3）受试者应保持测试传感器在吹气管上方的正确把握姿势。

（4）受试者按照上述动作要领准备好后，测试人员按"确认"键。

（5）受试者深呼吸后开始匀速吹气。测试成绩显示在屏幕上，语音提示测试结果。

（6）第一次测试完毕，主机系统会语音提示进行第二次测试，液晶显示器的左上角显示"2"。此时，受试者按照第一次测试的动作要领吹气。

（7）测试仪自动计出两次测试的最大值，语音提示测试结果，并将两次测试的最大值存储在主机中，同时通过无线网络传送到计算机，测试完毕。

2.注意事项

（1）受试者最好每人使用一个吹嘴。没有充足的吹嘴时，应对吹嘴消毒后再使用。

（2）受试者应将吹嘴插牢，以防止漏气，造成测量不准确。

（3）受试者吹气时应注意嘴部与吹嘴之间紧密接触，以防止漏气，造成测量不准确。

（4）受试者吹气时要保持匀速，用力适中，中途不得停顿。

（5）肺活量传感器手柄应轻拿轻放，吹气管拆卸时不要用力过猛，以防止传感器遭到外力破坏。

（6）吹气管冲洗后应彻底晾干，方可安装使用。安装时要对好传感器与吹气管相应的接口，轻轻地按入，不得强行用力。

根据下面公式推算出肺活量指数：

$$肺活量指数 = \frac{肺活量}{体重}$$

大学生肺活量指数评价标准见表 3-1。

表 3-1　大学生肺活量指数评价标准(单位:毫升/千克)

项目		等级						
		优秀		良好		及格		不及格
		成绩	成绩	成绩	成绩	成绩	成绩	成绩
肺活量 指数	男	75 以上	74~70	69~64	63~57	56~54	53~44	43 以下
	女	61 以上	60~57	56~51	50~46	45~42	41~32	31 以下
分值		15	13	12	11	10	9	8

(二)台阶试验

以一定频率,上下一定高度的平台并持续一定的时间,根据登台结束后恢复期脉搏变化评定心脏功能,称为台阶试验。最早的台阶试验是由美国哈佛大学学生研究设计的,称为哈佛台阶试验,之后又有不少改良和发展。

1.测试方法

(1)通过键盘或非接触卡输入受试者编号。

(2)受试者在测试开始前可做轻微的准备活动,主要是活动下肢。

(3)测试人员目测受试者按照上述动作要领准备好后,按"确认"键。

(4)受试者按照 2 秒钟上下一次台阶的音乐节奏上下踏台。上下踏台的持续时间为 3 分钟。

(5)上下台阶的运动停止后,受试者应在 30 秒钟内,用指脉夹把手指夹好。脉搏测试的时间为 3 分半钟。

(6)测试成绩显示在屏幕上,语音提示测试结果。

2.注意事项

(1)有心脏病史的学生不能进行这项测试。

(2)进行脉搏测试的指脉夹最多可以连接 12 个,每个指脉夹上都有编号:12 个指脉夹分为两组,每组通过一个集线器与主机连接。每个受试者输入的编号应与所使用的指脉夹号一一对应。

(3)上下一次台阶的频率为每分钟 30 次,音乐的节奏为每分钟 120 次,每次 4 拍。

(4)进行脉搏测试时,要求受试者静坐,将手指平放在桌子上,手指尽可能与心脏同高。受试者站立、手指振动可能会影响测试结果。

（5）如果受试者不能坚持3分钟上下踏台的运动，可以在中途停止运动。停止运动后，通过主机的键盘或非接触卡输入受试者的编号，按"确认"键，开始单独提前进行脉搏测试。此时，其他受试者的测试过程不受影响。

按下面公式计算出台阶指数，指数越大，表示机能越好。

$$台阶指数 = \frac{登台持续时间(秒) \times 100}{2 \times 3 \; 次脉搏之和}$$

大学生台阶指数评价标准见表3-2。

表3-2　大学生台阶指数评价标准（单位：次/分）

项目		等级						
		优秀		良好		及格		不及格
		成绩	成绩	成绩	成绩	成绩	成绩	成绩
台阶	男	59 以上	58~54	53~50	49~46	45~43	42~40	39 以下
指数	女	56 以上	55~52	51~48	47~44	43~42	41~25	25 以下
分值		20	17	16	15	13	12	10

（三）1 000 米跑（男）、800 米跑（女）（大学生耐力评价）

1 000 米跑（男）、800 米跑（女）用以评价学生的心肺功能和耐力水平。此项目既测试有氧耐力，也测试无氧耐力水平。由于耐力是衡量人的体质健康状况和劳动工作能力的基本因素之一，是从事各项运动必不可少的一种运动素质，因此测试耐力水平对评价学生体质健康状况有着非常重要的意义。

测试方法：受试者站立式起跑，听到"跑"的口令后开始起跑。计时员看到旗动开表计时，当受试者的躯干部到达终点线垂直面时停表，同时记录下秒表所示成绩。

大学生耐力评价标准见表3-3。

表3-3　大学生耐力评价标准

项目	等级						
	优秀		良好		及格		不及格
	成绩	成绩	成绩	成绩	成绩	成绩	成绩
1 000 米（男）	3分39秒以下	3分40秒~3分46秒	3分47秒~4分00秒	4分01秒~4分18秒	4分19秒~4分29秒	4分30秒~5分04秒	5分05秒以上
800 米（女）	3分37秒以下	3分38秒~3分45秒	3分46秒~4分00秒	4分01秒~4分19秒	4分20秒~4分30秒	4分31秒~5分03秒	5分04秒以上
分值	20	17	16	15	13	12	10

二、肌肉力量、肌肉耐力的测量与评价

肌肉力量是指肌肉或肌肉群在一次尽最大的努力中产生力量的能力,它往往与肌肉耐力联系在一起,增加肌肉力量的同时也可以增加肌肉耐力。通常用一次重复最大量和握力体重指数来对肌肉力量的大小进行评价。

(一)握力体重指数

握力体重指数除了反映受试者的力量素质,还能间接反映一个人的健康状况:握力增长或维持在较高水平时,健康状况就好;握力下降时,健康状况就不好。握力与体重的大小有关,因此,采用握力体重指数进行评分。

1.测试方法

(1)通过键盘或非接触卡输入受试者编号。

(2)受试者选择有力手握住手柄,转动握距调节钮,使食指第二关节屈成90°。

(3)测试人员目测受试者按照上述动作要领准备好后,按"确认"键。

(4)受试者两脚自然分开,成直立姿势,两臂自然下垂,快速全力发力。测试成绩显示在屏幕上,语音提示测试结果,主机提示进行第二次测试。

(5)受试者按上述要求再做一次。

(6)测试成绩显示在屏幕上,语音提示测试结果,主机把两次测试的最大值通过无线网络传送到计算机,测试完毕。

2.注意事项

(1)为了保证测试的准确性,要求受试者不能使握力计与身体的任何部位有接触。

(2)开机时,主机将进行5秒的倒计时,对主机和外设进行初始化。此时不要用手握握力计。

(3)仪器需注意防潮防水防暴晒,不得用有机溶液清洗机器的表面。

(4)测试前应对机器充电。如果长时间不用,最少3个月要对机器充电一次,以保证电池的正常使用。

(5)受试者动作应规范。

根据下面公式推算出握力体重指数:

$$握力体重指数 = \frac{握力 \times 100}{体重}$$

大学生握力体重指数评价标准见表3-4。

表 3-4　大学生握力体重指数评价标准(单位:千克)

项目		等级						
		优秀		良好		及格		不及格
		成绩	成绩	成绩	成绩	成绩	成绩	成绩
握力体	男	75以上	74~70	69~63	62~56	55~51	50~41	40以下
重指数	女	57以上	56~52	51~46	45~40	39~36	35~29	28以下
分值		20	17	16	15	13	12	10

(二)仰卧起坐(女)

仰卧起坐是测试腹肌力量和耐力的一个项目。尤其是女性的腰腹肌力量,对她们将来在生育等方面有着十分重要的作用。仰卧起坐锻炼可促使女性在青少年时期有效地发展腰腹肌力量。

1.测试方法

(1)通过键盘或非接触卡输入受试者编号。

(2)受试者将测试带系于腹部,全身仰卧在垫子上,两脚稍分开,屈膝成90°,两手指交叉贴在脑后。另一同伴压住其踝关节,以便固定下肢。

(3)测试人员目测受试者按照上述动作要领准备好后,按"确认"键。受试者在听到"嘟"的一声后,开始仰卧起坐。

(4)动作应规范,坐起时,上身以超过90°为有效。成功的动作将会听到"嘟"的一声,主机给予计数。

(5)测试时间满1分钟时,计时停止。测试成绩显示在屏幕上,语音提示测试结果,测试完毕。

2.注意事项

(1)为了保证测试的舒适性,垫子应放置在平坦、干燥的地面上。

(2)禁止受试者穿鞋踩踏坐垫。

(3)受试者应穿常规运动鞋,勿穿硬底皮鞋、带钉运动鞋或高跟鞋进行测试。

(4)受试者动作应规范,否则机器不予计数。

大学生仰卧起坐(女)评价标准见表3-5。

表3-5 大学生仰卧起坐(女)评价标准(单位:个/分)

项目	等级						
	优秀		良好		及格		不及格
	成绩	成绩	成绩	成绩	成绩	成绩	成绩
仰卧起坐(女)	44以上	43~41	40~35	34~28	27~24	23~20	19以下
分值	20	17	16	15	13	12	10

三、身体形态

身体形态既是评定学生体质的重要标准,也是进行体育锻炼的一个重要指标。

身高标准体重是将身高和体重综合起来,评定学生的身体匀称度,评价学生生长发育的水平及营养状况。

1.测试方法

(1)通过键盘或非接触卡输入受试者编号。

(2)受试者需着轻装,赤足,背向立柱成立正姿势站立在身高体重测试仪的底板上。要求头部正直,躯干自然挺直,上肢自然下垂,足跟并拢,足尖分开60°。

(3)测试人员观察受试者按照上述动作要领准备好后,按"确认"键。

(4)身高的测试头自动下滑,当轻触到受试者头部时自动停止。

(5)测试成绩显示在屏幕上,语音提示测试结果,测试完毕。

(6)测试结果存储在主机中,同时通过无线网络传送到计算机,测试完毕。

2.注意事项

(1)为了保证测试精度,本仪器需安放在水平硬质的地面上,调整底盘的四角,保证测试仪的平正。

(2)开机时主机将进行10秒的倒计时,对主机和外设进行初始化。此时测试底盘上不能站人或摆放任何物品。

(3)受试者应将口袋内的物品取出。

(4)测试人员按"确认"键后,受试者身体不能摆动。

大学生身高标准体重对照表见表3-6、表3-7。

表 3-6 大学女生身高标准体重对照表(体重单位:千克)

身高段 /厘米	营养不良 7分	较低体重 9分	正常体重 15分	超重 9分	肥胖 7分
140.0~140.9	<36.5	36.5~42.4	42.5~50.6	50.7~53.3	≥53.4
141.0~141.9	<36.6	36.6~42.9	43.0~51.3	51.4~54.1	≥54.2
142.0~142.9	<36.8	36.8~43.2	43.3~51.9	52.0~54.7	≥54.8
143.0~143.9	<37.0	37.0~43.5	43.6~52.3	52.4~55.2	≥55.3
144.0~144.9	<37.2	37.2~43.7	43.8~52.7	52.8~55.6	≥55.7
145.0~145.9	<37.5	37.5~44.0	44.0~53.1	53.2~56.1	≥56.2
146.0~146.9	<37.9	37.9~44.4	44.5~53.7	53.8~56.7	≥56.8
147.0~147.9	<38.5	38.5~45.0	45.1~54.3	54.4~57.3	≥57.4
148.0~148.9	<39.1	39.1~45.7	45.8~55.0	55.1~58.0	≥58.1
149.0~149.9	<39.5	39.5~46.2	46.3~55.6	55.7~58.7	≥58.8
150.0~150.9	<39.9	39.9~46.6	46.7~56.2	56.3~59.3	≥59.4
151.0~151.9	<40.3	40.3~47.1	47.2~56.7	56.8~59.8	≥59.9
152.0~152.9	<40.8	40.8~47.6	47.7~57.4	57.5~60.5	≥60.6
153.0~153.9	<41.4	41.4~48.2	48.3~57.9	58.0~61.1	≥61.2
154.0~154.9	<41.9	41.9~48.8	48.9~58.6	58.7~61.9	≥62.0
155.0~155.9	<42.3	42.3~49.1	49.2~59.1	59.2~62.4	≥62.5
156.0~156.9	<42.9	42.9~49.7	49.8~59.7	59.8~63.0	≥63.1
157.0~157.9	<43.5	43.5~50.3	50.4~60.4	60.5~63.6	≥63.7
158.0~158.9	<44.0	44.0~50.8	50.9~61.2	61.3~64.5	≥64.6
159.0~159.9	<44.5	44.5~51.4	51.5~61.7	61.8~65.1	≥65.2
160.0~160.9	<45.0	45.0~52.1	52.2~62.3	62.4~65.6	≥65.7
161.0~161.9	<45.4	45.4~52.5	52.6~62.8	62.9~66.2	≥66.3
162.0~162.9	<45.9	45.9~53.1	53.2~63.4	63.5~66.8	≥66.9
163.0~163.9	<46.4	46.4~53.6	53.7~63.9	64.0~67.3	≥67.4
164.0~164.9	<46.8	46.8~54.2	54.3~64.5	64.6~67.9	≥68.0
165.0~165.9	<47.4	47.4~54.8	54.9~65.0	65.1~68.3	≥68.4
166.0~166.9	<48.0	48.0~55.4	55.5~65.5	65.6~68.9	≥69.0

续表

身高段 /厘米	营养不良 7分	较低体重 9分	正常体重 15分	超重 9分	肥胖 7分
167.0~167.9	<48.5	48.5~56.0	56.1~66.2	66.3~69.5	≥69.6
168.0~168.9	<49.0	49.0~56.4	56.5~66.7	66.8~70.1	≥70.2
169.0~169.9	<49.4	49.4~56.8	56.9~67.3	67.4~70.7	≥70.8
170.0~170.9	<49.9	49.9~57.3	57.4~67.9	68.0~71.4	≥71.5
171.0~171.9	<50.2	50.2~57.8	57.9~68.5	68.6~72.1	≥72.2
172.0~172.9	<50.7	0.7~58.4	58.5~69.1	69.2~72.7	≥72.8
173.0~173.9	<51.0	51.0~58.8	58.9~69.6	69.7~73.1	≥73.2
174.0~174.9	<51.3	51.3~59.3	59.4~70.2	70.3~73.6	≥73.7
175.0~175.9	<51.9	51.9~59.9	60.0~70.8	70.9~74.4	≥74.5
176.0~176.9	<52.4	52.4~60.4	60.5~71.5	71.6~75.1	≥75.2
177.0~177.9	<52.8	52.8~61.0	61.1~72.1	72.2~75.7	≥75.8
178.0~178.9	<53.6	53.6~62.0	62.1~73.2	73.3~76.7	≥76.8
179.0~179.9	<54.1	54.1~62.5	62.6~73.7	73.8~77.0	≥77.1
180.0~180.9	<54.5	54.5~63.1	63.2~74.3	74.4~77.8	≥77.9
181.0~181.9	<55.1	55.1~63.8	63.9~75.0	75.1~79.4	≥79.5
182.0~182.9	<55.6	55.6~64.5	64.6~75.7	75.8~80.4	≥80.5
183.0~183.9	<56.1	56.1~65.3	65.4~76.6	76.7~81.2	≥81.3
184.0~184.9	<56.8	56.8~66.1	66.2~77.5	77.6~82.4	≥82.5
185.0~185.9	<57.3	57.3~66.9	67.0~78.6	78.7~83.3	≥83.4
186.0~186.9	<53.2	53.2~61.5	61.6~72.6	72.7~76.2	≥76.3

表 3-7 大学男生身高标准体重对照表(体重单位:千克)

身高段 /厘米	营养不良 7分	较低体重 9分	正常体重 15分	超重 9分	肥胖 7分
140.0~140.9	<32.1	32.1~40.3	40.4~46.3	46.4~48.3	≥48.4
141.0~141.9	<32.4	32.4~40.7	40.8~47.0	47.1~49.1	≥49.2
142.0~142.9	<32.8	32.8~41.2	41.3~47.7	47.8~49.8	≥49.9

续表

身高段 /厘米	营养不良 7分	较低体重 9分	正常体重 15分	超重 9分	肥胖 7分
143.0~143.9	<33.3	33.3~41.7	41.8~48.2	48.3~50.3	≥50.4
144.0~144.9	<33.6	33.6~42.2	42.3~48.8	48.9~51.0	≥51.1
145.0~145.9	<34.0	34.0~42.7	42.8~49.5	49.6~51.7	≥51.8
146.0~146.9	<34.4	34.4~43.3	43.4~50.1	50.2~52.3	≥52.4
147.0~147.9	<35.0	35.0~43.9	44.0~50.8	50.9~53.1	≥53.2
148.0~148.9	<35.6	35.6~44.5	44.6~51.4	51.5~53.7	≥53.8
149.0~149.9	<36.2	36.2~45.1	45.2~52.2	52.3~54.5	≥54.6
150.0~150.9	<36.7	36.7~45.7	45.8~52.8	52.9~55.1	≥55.2
151.0~151.9	<37.3	37.3~46.2	46.3~53.4	53.5~55.8	≥55.9
152.0~159.9	<37.7	37.7~46.8	46.9~54.0	54.1~56.4	≥56.5
153.0~153.9	<38.2	38.2~47.4	47.5~54.6	54.7~57.0	≥57.1
154.0~154.9	<38.9	38.9~48.1	48.2~55.3	55.4~57.7	≥57.8
155.0~155.9	<39.6	39.6~48.8	48.9~56.0	56.1~58.4	≥58.5
156.0~156.9	<40.4	40.4~49.6	49.7~57.0	57.1~59.4	≥59.5
157.0~157.9	<41.0	41.0~50.3	50.4~57.7	57.8~60.1	≥60.2
158.0~158.9	<41.7	41.7~51.0	51.1~58.5	58.6~61.0	≥61.1
159.0~159.9	<42.4	42.4~51.7	51.8~59.2	59.3~61.7	≥61.8
160.0~160.9	<43.1	43.1~52.5	52.6~60.0	60.1~62.5	≥62.6
161.0~161.9	<43.8	43.8~53.3	53.4~60.8	60.9~63.3	≥63.4
162.0~162.9	<44.5	44.5~54.0	54.1~61.5	61.6~64.0	≥64.1
163.0~163.9	<45.3	45.3~54.8	54.9~62.5	62.6~65.0	≥65.1
164.0~164.9	<45.9	45.9~55.5	55.6~63.2	63.3~65.7	≥65.8
165.0~165.9	<46.5	46.5~56.3	56.4~64.0	64.1~66.5	≥66.6
166.0~166.9	<47.1	47.1~57.0	57.1~64.7	64.8~67.2	≥67.3
167.0~167.9	<48.0	48.0~57.8	57.9~65.6	65.7~68.2	≥68.3
168.0~168.9	<48.7	48.7~58.5	58.6~66.3	66.4~68.9	≥69.0
169.0~169.9	<49.3	49.3~59.2	59.3~67.0	67.1~69.6	≥69.7

续表

身高段 /厘米	营养不良 7 分	较低体重 9 分	正常体重 15 分	超重 9 分	肥胖 7 分
170.0～170.9	<50.1	50.1～60.0	60.1～67.8	67.9～70.4	≥70.5
171.0～171.9	<50.7	50.7～60.6	60.7～68.8	68.9～71.2	≥71.3
172.0～172.9	<51.4	51.4～61.5	61.6～69.5	69.6～72.1	≥72.2
173.0～173.9	<52.1	52.1～62.2	62.3～70.3	70.4～73.0	≥73.1
174.0～174.9	<52.9	52.9～63.0	63.1～71.3	71.4～74.0	≥74.1
175.0～175.9	<53.7	53.7～63.8	63.9～72.2	72.3～75.0	≥75.1
176.0～176.9	<54.4	54.4～64.5	64.6～73.1	73.2～75.9	≥76.0
177.0～177.9	<55.2	55.2～65.2	65.3～73.9	74.0～76.8	≥76.9
178.0～178.9	<55.7	55.7～66.0	66.1～74.9	75.0～77.8	≥77.9
179.0～179.9	<56.4	56.4～66.7	66.8～75.7	75.8～78.7	≥78.8
180.0～180.9	<57.1	57.1～67.4	67.5～76.4	76.5～79.4	≥79.5
181.0～181.9	<57.7	57.7～68.1	68.2～77.4	77.5～80.6	≥80.7
182.0～182.9	<58.5	58.5～68.9	69.0～78.5	78.6～81.7	≥81.8
183.0～183.9	<59.2	59.2～69.6	69.7～79.4	79.5～82.6	≥82.7
184.0～184.9	<60.0	60.0～70.4	70.5～80.3	80.4～83.6	≥83.7
185.0～185.9	<60.8	60.8～71.2	71.3～81.3	81.4～84.6	≥84.7
186.0～186.9	<61.5	61.5～72.0	72.1～82.2	82.3～85.6	≥85.7
187.0～187.9	<62.3	62.3～72.9	73.0～83.3	83.4～86.7	≥86.8
188.0～188.9	<63.0	63.0～73.7	73.8～84.2	84.3～87.7	≥87.8
189.0～189.9	<63.9	63.9～74.5	74.6～85.0	85.1～88.5	≥88.6
190.0～190.9	<64.6	64.6～75.4	75.5～86.2	86.3～89.8	≥89.9

注：身高低于表中所列出的最低身高段的下限值时，身高每低 1 厘米，实测体重需加上 0.5 千克。

实测身高需加上 1 厘米，再查表确定分值。身高高于表中所列出的最高身高段时，身高每高 1 厘米，其实测体重需减去 0.9 千克，实测身高需减去 1 厘米，再查表确定分值。

四、柔韧性的测量及评价

柔韧素质的好坏,取决于关节的解剖结构和关节周围软组织的体积大小及韧带、肌腱肌肉及皮肤的伸展性。柔韧素质与健康的关系极为密切,柔韧性的提高,对增强身体的协调能力,更好地发挥力量、速度等素质,提高技能和技术,防止运动创伤等都有积极的作用。人们缺乏体育锻炼、体质下降时,很多都是从柔韧素质的下降开始的。

人们常用"坐位体前屈"这一项目来测试人体柔韧性。

1.测试方法

(1)通过键盘或非接触卡输入受试者编号。

(2)要求受试者赤足,上体垂直坐于坐垫上,两脚伸直,脚跟并拢,脚尖分开 10～15 厘米,脚跟蹬在支座部位上,两手并拢,手臂伸直,指尖轻触手推板。

(3)测试人员目测受试者按照上述动作要领准备好后,按"确认"键。

(4)受试者渐渐使上体前屈,手指推动手推板向前移动,直至不能再向前移动。测试成绩显示在屏幕上,语音提示测试结果。

(5)第一次测试完毕后,系统语音提示进行第二次测试,此时,受试者重复上述步骤进行第二次测试。

(6)测试成绩显示在屏幕上,语音提示测试结果,并通过无线网络传送到计算机,测试完毕。

2.注意事项

(1)垫子应放置在平坦、干燥的地面上。

(2)安装时需注意,在将脚踏板竖起时,要保证脚踏板与底板垂直;安装到位后要用手柄将支架固定好,避免在使用过程中位置发生改变。

(3)测试前受试者应做好腰部的准备活动,以免腰部受伤。

(4)禁止受试者两腿弯曲,禁止手臂猛然发力。

(5)禁止受试者穿鞋踩踏坐垫。

大学生坐体位前屈评价标准见表3-8。

表 3-8　大学生坐位体前屈评价标准

项目		等级						
		优秀		良好		及格		不及格
		成绩	成绩	成绩	成绩	成绩	成绩	成绩
坐位体前屈/厘米	男	18.1以上	18.0~16.0	15.9~12.3	12.2~8.9	8.8~6.7	6.6~0.1	0.0以下
	女	18.1以上	18.0~16.2	16.1~13.0	12.9~9.0	8.9~7.8	7.7~3.0	2.9以下
分值		20分	17分	16分	15分	13分	12分	10分

五、部分运动体适能测试及评价

（一）50米跑

50米跑是国际上通用的测试项目，通过较短距离的高强度跑测试速度素质。速度素质的测试可以反映人体中枢神经系统的机能状态和神经与肌肉的调节机能，也可以综合地反映人体的爆发力、灵敏度、反应、柔韧等素质。

1.测试方法

（1）通过键盘或非接触卡按照受试者使用的对应跑道，输入受试者编号，4个编号输入完成后，主机发出"各就各位""预备"的命令。

（2）受试者站立在对应跑道的起跑线前，做好起跑准备。未听到起跑命令前，脚尖不得踩线、越线，不能抢跑。

（3）4条跑道的受试者都准备好后，测试人员按"确认"键。主机发出起跑命令，受试者跑出起跑线。主机开始显示计时的秒数。

（4）4名受试者都跑过终点后，测试成绩显示在屏幕上，语音提示测试结果，通过无线网络传送到计算机，测试完毕。

2.注意事项

（1）测试前把50米测试仪的5根外设杆，距离主机50米，在平坦、稳定的地面上按顺序排好。外设摆放的顺序：面向跑道、外设立杆的编号从左到右的顺序为1、2、3、4、5；立杆底座上的丝印标志面向自己。立杆之间的距离为1.2~2米，5根杆要尽可能在一条直线上，否则接收杆收不到发射杆的信号,测试将无法进行。

(2)按下每根外设杆的电源开关,打开电源,然后打开 50 米主机的电源,主机开始检测与外设杆的通信。如果通信成功,显示屏的左下方应依次显示"1、2、3、4",如果没有显示某一根外设杆的编号,该跑道将不能使用。可以按"取消"键,让主机再次检测。

(3)未在正常的时间内跑完 50 米,如小于 5 秒或大于 13 秒,主机均显示 13 秒。测试成绩为 0 分。

(4)4 条跑道容许 1~4 人参与测试,没有人使用的跑道,测试成绩为 0 秒。

(5)受试者应穿常规运动鞋,勿穿硬底皮鞋、拖鞋或高跟鞋进行测试。

大学生 50 米跑评价标准见表 3-9。

表 3-9　大学生 50 米跑评价标准(单位:秒)

项目		等级						
		优秀		良好		及格		不及格
		成绩	成绩	成绩	成绩	成绩	成绩	成绩
50 米跑	男	6.8 以下	6.9~7.0	7.1~7.3	7.4~7.7	7.8~8.0	8.1~8.4	8.5 以上
	女	8.3 以下	8.4~8.7	8.8~9.1	9.2~9.6	9.7~9.8	9.9~11.0	11.1 以上
分值		30	26	25	23	20	18	15

(二)立定跳远

立定跳远是测试爆发力的项目,同时也能测试学生身体协调能力的发展水平。爆发力要求在最短时间内发挥最大的力量,其大小不仅取决于力量,还取决于力量和速度的结合。爆发力在人们日常生活、劳动中有重要的意义和作用。

1.测试方法

(1)通过键盘或非接触卡输入受试者编号。

(2)要求受试者身着运动装、脚穿平底鞋站立在测试垫的起跳线前,做好起跳准备。两脚自然分开,脚尖不得踩线、越线。女生从近端的起跳线起跳,男生从远端的起跳线起跳。两条起跳线相差 90 厘米。

(3)测试人员目测受试者按照上述动作要领准备好后,按"确认"键。

(4)受试者从原地两脚同时起跳,不得有垫步和连跳动作。

(5)受试者落地后,应从正前方迈出测试垫,不得踏踩测试垫两边的测试杆。

(6)测试成绩显示在屏幕上,语音提示测试结果。

(7)受试者可以按上述要求测试两次,显示器显示最大值,语音提示测试结果,并将两次跳出的最远值存储在主机中,同时通过无线网络传送到计算机,测试完毕。

2.注意事项

(1)为了保证测试的舒适性,垫子应放置在平坦、干燥的地面上。

(2)受试者应穿常规运动鞋,勿穿硬底皮鞋、带钉运动鞋或高跟鞋进行测试。

(3)受试者应将口袋内的物品取出,防止跳远时,物品掉落,使受试者受伤或损坏物品。

(4)仪器需注意防潮、防水、防暴晒,不得用有机溶液清洗机器的表面。

(5)测试前应对机器充电。如果长时间不用,最少3个月要对机器充电一次,以保证电池的正常使用。

(6)受试者动作应规范,否则机器不予计数。

大学生立定跳远评价标准见表3-10。

表3-10　大学生立定跳远评价标准

项目		等级						
		优秀		良好		及格		不及格
		成绩	成绩	成绩	成绩	成绩	成绩	成绩
立定跳远 /厘米	男	255 以上	254~250	249~239	238~227	226~220	219~195	194 以下
	女	196 以上	195~187	186~178	177~166	165~161	160~139	138 以下
分值		30	26	25	23	20	18	15

(三)引体向上

1.测试目的

测试学生的上肢肌肉力量的发展水平。

2.场地器材

高单杠或高横杠,杠粗以手能握住为准。

3.测试方法

受试者跳起双手正握杠,两手与肩同宽成直臂悬垂。静止后,两臂同时用力引体(身体不能有附加动作),上拉到下颌超过横杠上缘为完成一次。记录引体次数。

4.注意事项

(1)受试者应双手正握单杠,待身体静止后开始测试。

（2）引体向上时,身体不得做大的摆动,也不得借助其他附加动作撑起。

（3）两次引体向上的间隔时间超过 10 秒停止测试。

第二节　心理健康的测量与评价

　　人们正处于一个知识爆炸、信息速变、社会迅猛发展的时代。心理健康是大学生身心健康、人格健全、和谐发展及社会适应能力发展的需要。这是当代大学生学习之必需,也是社会对未来建设者、参与者的素质的要求。我国著名心理学家潘菽教授曾指出:"我们因注重身体健康,故研究生理卫生;我们若要使心理得到健全的发展,则必须注重心理卫生。"心理健康是相对而言的,世界上不存在 100% 的心理健康。心理问题是有层次的,如心理适应不良、一般心理障碍、重症心理疾病等。心理适应不良包括所有不适应引起的负性情绪,如心理矛盾、心理对抗、心理压力、心理冲突、心理疲劳、心理断乳、心理应激、心理困惑等。心理障碍包括神经症和人格障碍。神经症有抑郁症、焦虑症、强迫症、恐怖症、癔症、神经衰弱等。人格障碍有反社会型、偏执型、分裂型、冲动型、攻击型、被动攻击型、癔症型、强迫型、回避型、依赖型、情感型、自恋型等,以及一般心理障碍等。重症心理疾病有器质性(略)和功能性两类,功能性心理病包括精神分裂症、情感性精神病、偏执性精神病、反应性精神病等。

一、大学生心理健康标准

　　人的心理怎样才算是健康的,心理健康的标准是什么呢？参照心理健康的一般标准,以及我国大学生的现状,心理健康的大学生应具有如下特征:

　　（1）具有独立生活能力。

　　（2）具有独立思考、判断能力。

　　（3）能够从心理上接纳自己。

　　（4）勇于面对现实,同时又对生活、自己充满信心。

　　（5）具有较强的自我调节能力,能积极主动地适应新环境,调节、平衡各方面的心理冲突。

　　（6）人际关系良好。

(7)学习方法得当。

(8)能应对一定的挫折,如失恋、家庭贫困等。

二、心理健康自我评定及方法

许多人都想了解自己的心理健康状况,但我国心理测验与咨询尚不发达,许多地方没有条件。为此提供一些心理健康测验量表,供大家参考(表3-11—表3-13)

表3-11 心理健康自我测量表

题号	题目内容	积分标准			
		常有	偶有	罕有	从无
1	害羞				
2	为丢脸而烦恼很久				
3	登高怕从高处跌下来				
4	易伤感				
5	做事常常半途而废				
6	无故悲欢				
7	白天常想入非非				
8	行路故意遇见某人				
9	易对娱乐厌倦				
10	易气馁				
11	感到事事不如意				
12	常喜欢独处				
13	讨厌别人看你做事,虽然做得很好				
14	对批评毫不介意				
15	易改变兴趣				
16	感到自己有许多不足				
17	常感到不高兴				
18	常感到寂寞				
19	觉得心里难过、痛苦				
20	在长辈前很不自然				
21	缺乏自信				
22	工作有预定计划				

续表

题号	题目内容	积分标准			
		常有	偶有	罕有	从无
23	做事心中无主见				
24	做事有强迫感				
25	自认运气好				
26	常有重复思想				
27	不喜欢进入地道或地下室				
28	想自杀				
29	觉得人家故意找你茬				
30	易发火、烦恼				
31	易对工作产生厌倦				
32	迟疑不决				
33	寻求人家同情				
34	不易结交朋友				
35	心里懊丧影响工作				
36	可怜自己				
37	梦见性的活动				
38	在许多境遇中感到害怕				
39	觉得智力不如别人				
40	为性的问题而苦恼				
41	遭遇失败				
42	心神不定				
43	为琐事而烦恼				
44	怕死				
45	自己觉得自己有罪				
46	想杀人				

使用方法：

(1)根据符合自己的实际情况,在每题的备选项中选一项。

(2)题目全部选完后,累计积分。

(3)结果评定。男:65分以上的为正常,10分以下的为心理疾患。女:45分以上的为正常,25分以下的为心理疾患。

注:引自杨国庆,殷恒婵.大学体育[M].北京:中国社会科学出版社,2002.

表 3-12 心理健康测量表

以下测量内容,每个问题有 4 种答案,阅读每个问题后,选择与自己实际情况相近的答案,并作出记号。

(1)到新环境你感到紧张恐惧吗?

    A.不   B.有点紧张   C.比较紧张   D.很紧张,甚至有恐惧感

(2)你常常想一些与"死"有关的问题吗?

    A.不   B.很少想   C.比较想   D.经常想

(3)你寄出信后怀疑自己写错姓名,对吗?

    A.不对   B.有点对   C.比较对   D.很对

(4)你与朋友或同事发生摩擦之后:

    A.感到不应该,并很快忘记   B.有点不快,但仍能与其正常交往

    C.牢记心中,难以忘掉   D.感到苦恼,甚至怀疑会被人冷落

(5)你在别人观看或监督下,自己熟练的工作会出现失误吗?

    A.会   B.不会   C.较明显   D.很明显

(6)在黑暗中你害怕吗?

    A.不   B.有点   C.比较害怕   D.非常害怕

(7)你的注意力容易集中吗?

    A.容易   B.不太容易   C.较容易   D.很容易

(8)你是否愿意一个人待着?

    A.不愿意   B.不太愿意   C.较愿意   D.很愿意

(9)你遇事总是优柔寡断吗?

    A.极少   B.有点   C.较多   D.经常

(10)你对自己的要求是否苛刻?

    A.不   B.有点   C.比较是   D.总是

(11)你是否总怀疑自己的能力?

    A.从不怀疑   B.很少怀疑   C.有时怀疑   D.经常怀疑

(12)你经常因回想伤心事而暗自流泪,对吗?

    A.不对   B.有点对   C.比较对   D.很对

(13)你对超过自己的朋友或同事嫉恨吗?

    A.从不   B.有点   C.较嫉恨   D.非常嫉恨

(14)你经常有一种失落感吗?

· 44 ·

　　A.没有　　B.很少有　　　　　C.有时有　　　　　　D.经常有

（15）你经常怀疑别人在背后议论自己吗？

　　A.从不　　B.极少　　　　　　C.有时怀疑　　　　　D.经常怀疑

（16）你经常莫名其妙地发脾气吗？

　　A.从不　　B.很少　　　　　　C.有时发　　　　　　D.经常发

（17）你对生活与工作是否自信？

　　A.很自信　　　　　　　　　　B.较自信

　　C.不太自信　　　　　　　　　D.缺乏自信或常常超级自信

（18）你能很好地调节与控制自己的情绪吗？

　　A.能　　　B.基本能　　　　　C.不太能　　　　　　D.不能

（19）你经常对什么都看不惯吗？

　　A.不是　　B.很少是　　　　　C.有时是　　　　　　D.经常是

（20）生活中你总有一种不安全感吗？

　　A.没有　　B.有，不明显　　　C.有，较明显　　　　D.有，很明显

（21）睡眠中你经常做梦吗？

　　A.极少做　　B.有时做　　　　C.较多做　　　　　　D.经常做

（22）你总喜欢获得满足或快慰吗？

　　A.不　　　B.有点　　　　　　C.较喜欢　　　　　　D.很喜欢

评定：将你所选的A，B，C，D 4个答案，按3，2，1，0计分，90分为满分，再照以下评分标准评定。

得分在76~90分为心理非常健康；61~75分为心理健康；46~60分为心理比较健康；31~45分为心理不太健康；16~30分为心理不健康；0~15分为心理很不健康。

评出自己的心理健康状况后，分值在0~45分者，应在日常生活与工作中有针对性地进行调控，有意提高自己的心理素质，以增进身心健康。

表3-13　抑郁自评量表

	评定项目	很少有	有时有	大部分时间有	绝大多数时间有
1	我觉得闷闷不乐，情绪低沉	4	1	2	3
2	我觉得一天之中早晨最好	1	4	3	2
3	我一阵阵哭出来或觉得想哭	1	2	3	4
4	我晚上睡眠不好	1	2	3	4

续表

	评定项目	很少有	有时有	大部分时间有	绝大多数时间有
5	我吃得跟平常一样多	4	3	2	1
6	我与异性密切接触时和以往一样感到愉快	4	3	2	1
7	我发觉我的体重在下降	1	2	3	4
8	我有便秘的苦恼	1	2	3	4
9	我心跳比平时快	1	2	3	4
10	我无缘无故感到疲乏	1	2	3	4
11	我的头脑跟平常一样清楚	4	3	2	1
12	我觉得做经常做的事并没有困难	4	3	2	1
13	我觉得不安而平静不下来	1	2	3	4
14	我对将来抱有希望	4	3	2	1
15	我比平常容易激动	1	2	3	4
16	我觉得作出决定是容易的	4	3	2	1
17	我觉得自己是个有用的人,有人需要我	4	3	2	1
18	我的生活过得很有意思	3	3	2	1
19	我认为如果我死了别人会生活得好些	1	2	3	4
20	平常感兴趣的事我仍然感兴趣	4	3	2	1

评定结束后,把20个项目中的各项分数相加,即得到总粗分,然后将粗分乘以1.25后取整数部分,就得到标准分。总粗分的分界值为41分,标准分为53分。

注:引自林泽炎,李春苗.实用职工心理卫生与保健[M].北京:中国劳动出版社,1999.

第三节　行为健康的测量与评价

行为是否健康,测量及评价比较复杂,但不是不可评价的,可以通过一些特殊方法进行评定。健康的人的行为最重要的标志之一就是有健康的行为方式。那么,怎样才能知道自己的生活方式是否符合健康的要求呢? 心理学家编制了许多组问题进行测量(表3-14)。每组问题有 3 种回答,你只需根据自己属于哪种情况,从中选择一个,然后进行总算,就可以看出你的生活方式是否符合健康、文明的要求,这对提高你的工作效率和健康地生存是有益的(得分统计见表3-15)。

表 3-14 健康生活方式问卷

(1)如果你早上必须早点起床,你就:

    A.调好闹钟   B.要求别人叫醒   C.顺其自然

(2)早上醒来后,你是:

    A.立即从床上跳下来开始工作

    B.不慌不忙地起床,做一些轻松体操,然后开始工作

    C.发现时间还早,还可以再睡几分钟,就继续躺在被窝里磨时间

(3)在通常情况下,你的早餐是:

    A.稀饭干粮   B.牛奶面包   C.不吃不喝,饿一顿

(4)每天上班,你的习惯是:

    A.准时赶到工作地点

    B.可稍早稍晚,前后相差半小时左右

    C.灵活掌握

(5)午饭时间你总是:

    A.急匆匆,在食堂对付一口就算完

    B.慢吞吞,有时还少量喝点酒

    C.从从容容地坐下来吃饭,饭后还小憩片刻

(6)不管工作多忙、事情多烦、责任多重,你和同事也总是尽可能地有说有笑,这种情况:

    A.每天都有   B.有时存在   C.很少出现

(7)如果在工作中发生争论或矛盾时,你应对的办法是:

    A.争论不休   B.反应冷漠   C.明确表态

(8)每天下班后,你回家的时间是:

    A.不超过20分钟   B.在 1 小时之内   C.在外面泡 1 小时以上

(9)业余时间你是:

    A.会见朋友和参加社交活动

    B.参加各项体育运动、娱乐活动或看电影

    C.从事家务劳动

(10)对待探亲访友和接待来客,你的态度是:

    A.可以增长见识,排除杂念,积极休息   B.浪费时间又赔钱

C.讨厌

(11)晚上睡觉时间你总是:

    A.在同一时间   B.凭自己高兴   C.事情做好之后

(12)如果有假期,你是怎样使用的:

    A.集中一次过完

    B.一半安排在夏季,一半安排在冬季

    C.待有家事时,就使用

(13)运动在你生活中所占的地位:

    A.只是喜爱看别人运动

    B.常在空气清新的地方做做操、打打拳

    C.不喜欢运动,自己也从不运动

(14)最近两个星期内(即使只有一次),你曾经:

    A.到外面游玩过   B.参加过体力劳动或运动   C.散步4 000米以上

(15)暑假你是这样度过的:

    A.消极休息   B.做点体力劳动   C.散散步,也参加体育活动

(16)你的自尊心的表现方式是:

    A.不惜任何代价要达到目的   B.深信努力将会有回报

    C.用各种方式向别人暗示,要他们对你作出正确评价

请开始计分。首先对照表3-15,查出每道题的得分。例如,第一道题的3种情况,选择的第二种情况"要别人叫醒",那么,根据表中的得分为20分。其他各题依次类推。然后,把每题的得分相加得到总分。根据总分数的多少,就可知道你的生活方式是否符合健康的要求。

表3-15　健康生活方式得分统计表

情况	得分															
	1	2	3	4	5	6	7	8	9	10	11	12	13	14	15	16
A	30	10	20	0	0	30	0	30	10	30	30	20	0	30	0	0
B	20	30	30	30	10	20	0	10	20	0	0	30	30	30	20	30
C	0	0	0	20	30	0	30	0	30	0	0	10	30	0	30	10

评价:

400~480分:可以肯定地说,你是一个善于生活、工作和休息的人。你不必担心刻板规律的生活会使你单调,相反,积聚的精力和健康的体魄会使你的生活过得更加丰富多彩、更

有意义和富有创造性。

280~400分:分数在这个范围内的人能在工作繁忙的情况下掌握恢复工作能力的技巧,只要根据自己的机体特点更加合理地安排工作和生活,还是有提高效率和创造性的潜力。

160~280分:你处在中游水平。但是,如果长此下去,可以说你将很难健康地工作和生活。但从现在开始注意还不晚!要改变那些不良的习惯和生活方式。请接受忠告,不要把可以防患于未然的事放到明天去做!

160分:你的状况不佳。如果你已经感到身体不舒服,特别是心血管系统不太舒服的话,很可能是那些有害健康的生活方式造成的。在这种状况下,你需要彻底改变现在的生活习惯,抵制恶习,把健康夺回来,还为时不晚!

利用关于体育活动的态度量表(表3-16),可以考察一般人对体育活动的参与态度。

指示语:下面的题目也许表达了你对体育活动的感情或态度,也许还不曾表达。在每一个题目中都有四种态度。请在恰如其分地表达了你在绝大多数时间里的态度下打"√"。不存在正确或错误的答案,在任何一个题目上都不要耗时太久,但是每一个题目都不能遗漏,必须作答。

表3-16　关于体育活动的态度量表

序号	题目	非常反对	反对	不能确定	赞成	非常赞成
1	我期待着参加体育活动					
2	我希望有一个比剧烈的体育活动更快乐地保持健康的方法					
3	体育活动是单调乏味的					
4	我不喜爱体育活动					
5	体育活动对于我是极其重要的					
6	由于有了体育活动,我的生活更加丰富多彩					
7	体育活动令人愉快					
8	我不喜欢参加有规则的体育活动					
9	为了参加体育活动,我会安排或改变我的时间表					
10	我不得不强迫自己参加体育活动					
11	逃脱一天的体育活动,感到十足的宽慰					
12	体育活动是我一天中最重要的事情					

评分：

在 1,5,6,7,9 和 12 的陈述中,评分规则是：

非常反对＝1分,反对＝2分,不能确定＝3分,赞成＝4分,非常赞成＝5分。

在 2,3,4,8,10 和 11 的陈述中,评分规则是：

非常反对＝5分,反对＝4分,不能确定＝3分,赞成＝2分,非常赞成＝1分。

评价：

54~60分：对体育活动持非常赞成的态度。

42~53分：对体育活动持赞成的态度。

30~41分：对体育活动持中立的态度。

18~29分：对体育活动持反对的态度。

12~17分：对体育活动持非常反对的态度。

第四节　社会适应能力的测量与评价

社会适应能力测试见表3-17和表3-18。

表3-17　人际关系障碍的心理测验(你是否神经质)

在人际交往中,过于疑心或神经质的人,很难与他人和谐相处,造成人际关系障碍。下面两个测验,可以帮助你了解自己是否过于疑心,是否神经质。

下列问题,只能用"是"或"否"回答。

(1)你经常做很详细的梦吗? （　　）

(2)当某人和你会面时迟到,你会很担心吗? （　　）

(3)你是否愿意观看一个有关太空旅行的节目,而不看一部儿童电影? （　　）

(4)当一个陌生人对你过分礼貌时,你会不自在吗? （　　）

(5)有时你用白日做梦来代替专心从事你要干的工作吗? （　　）

(6)你对别人的初次印象通常比较好吗? （　　）

(7)你能较清晰地把物品画下来吗? （　　）

(8)你能修理家中的普通物件吗? （　　）

(9)当你恰好想到远方的朋友时,他们是否会来访或来电话? （　　）

（10）你给朋友选择礼物时，常不知所措吗？ （　　）

（11）在学校你更喜欢数学而不是语言，对吗？ （　　）

（12）有时你会感到某个地方存在着什么特殊气氛吗？ （　　）

（13）你在读书时，能否勾画出书中人物的清晰形象？ （　　）

（14）你宁愿参观汽车制造厂而不是美术馆吗？ （　　）

（15）你相信人有心灵感应吗？ （　　）

（16）当朋友没有预约就打电话给你，你会觉得不自在吗？ （　　）

（17）你看特别动人的电影会哭泣吗？ （　　）

（18）如果闭上眼睛，你能勾画出一个朋友清晰的面庞吗？ （　　）

（19）你独自与一个善谈的人在一起，会感到尴尬吗？ （　　）

（20）你是否知道以上问题的测验，了解你哪方面的个性？ （　　）

答案：（1）是（2）否（3）否（4）否（5）是（6）是（7）是（8）否（9）是（10）否（11）否（12）是（13）是（14）否（15）是（16）否（17）是（18）是（19）否（20）是。

计算方法：回答与标准答案相同计1分，不同不计分，不置可否计0.5分，加起来即为应得总分。

判断：0～10分，你不是神经质，你是个实用主义者，但会过分忧虑；11～15分，你有神经质的潜在性，通常被缺乏信心和颇具逻辑的表象所掩盖；16～20分，毫无疑问，你是个神经质的人，你是个梦幻者。

表3-18　疑心测验量表

适度的戒备可以保护自己不受伤害，但疑心太重，于人于己都是有害无益的。下面的问题，只需答"是"或"否"，用以测验你是否过于疑心。

（1）你是否经常认为别人不喜欢你？ （　　）

（2）你是否经常认为家人和朋友说你坏话？ （　　）

（3）你心中是否已有给别人下结论的标准？ （　　）

（4）你是否认为多数伴侣在有机会又不被他人发觉的情况下有不忠行为？ （　　）

（5）假如有人赞扬你，你是否经常怀疑别人的赞扬是否出自真心？ （　　）

（6）你是否认为多数人在无人监督时工作一定偷懒？ （　　）

（7）假如你找不到东西，第一个反应是不是认为一定是他人拿走的？ （　　）

（8）如果你需要帮助，是否会多方求援，而非只信某个人的建议？ （　　）

（9）你是否认为，多数人遵守规矩的原因是怕犯错误被别人发觉？ （　　）

（10）在需要留下你的电话、住址时，你是否犹豫？ （　　）

评分:每道题答"是"得 5 分,答"否"得零分。

判断:如果你的得分为 0~10 分,则你对别人过于信任;如果你的得分在 15~40 分,则你对别人既怀疑又信任,这很正常;如果你的得分在 45~50 分,则你的疑心太重,应该学会信任别人。

第四章　体育锻炼的方法

第一节　体育锻炼的原则

　　体育锻炼的原则是体育锻炼客观规律的反映,是人们从事体育锻炼实践,达到理想效果必须遵循的基本准则。体育锻炼的原则是从体育锻炼本身固有的特点出发,以体育锻炼的理论依据为准绳,有效地指导体育锻炼的实践,并在实践中不断发展和完善,使体育锻炼达到事半功倍的效果。

一、提高认识、自觉锻炼原则

　　提高认识,是指锻炼者必须提高对体育锻炼重要意义的认识和体育健身的意识。自觉锻炼,是指进行体育锻炼要出自锻炼者内在的需要和自觉行动,也称为自觉积极性原则。自觉来自对体育价值有正确的认识和发自内心的需要。在不断深化认识体育价值的过程中,提高直接参与体育健身的意识,激发锻炼身体的自觉性和积极性,由"要我锻炼"转化为"我要锻炼"。贯彻提高认识、自觉锻炼原则,应注意以下两点:

　　(1)明确"生命在于运动"的科学原理,认识体育锻炼的价值,正确使用科学方法进行锻炼,以取得最佳的锻炼效果。

　　(2)锻炼过程中,必须做到意念专一,即"心在运动,闲思杂虑,一切摒去,运心于血脉如何流通,筋肉如何张弛,关节如何反复,呼吸如何出入,而运作按节,屈伸进退,皆一一踏实"。

此外,还应注意运用"心理调整"等方法,把精神、身体、智慧和心理融为一体。

二、循序渐进、持之以恒原则

人体各器官系统的活动功能,有一个逐步适应、逐步提高的过程。循序渐进的原则,就是指体育锻炼要遵循人体发展和适应环境的生理规律。体育锻炼是对机体给予良性刺激的过程,每次刺激都产生一定的作用痕迹。连续不断的刺激作用会产生痕迹效应积累,使机体的结构和机能产生适应性的变化,体质逐步增强,动作技能形成的条件反射也不断得到强化。时断时续的锻炼,不仅不能获得锻炼效益的积累,而且会使已获得的适应性逐渐消退,这就是"用进废退"的道理。因此,锻炼身体的运动量要由小到大,运动的持续时间、距离、次数、速度、频度和强度等要逐渐增加,锻炼的内容和方法也要由易到难、从简到繁,逐步提高。

贯彻循序渐进、持之以恒原则,应注意以下两点:

(1)坚持安排合理的锻炼间隔。体育锻炼要有长期计划、短期安排,计划安排要根据身体适应运动负荷的能力。一般情况下,轻微的运动安排间隔时间要短;强度大的运动安排的次数可少,连绵不断。

(2)锻炼要有恒。持久锻炼,日积月累,健身益心之效显著,兴趣逐渐产生,达到身心愉悦,从而养成经常锻炼的习惯。

三、适量负荷、因人而异原则

适量负荷,是指体育锻炼要承受适宜的生理负荷量。锻炼的效果很大程度上取决于运动刺激的强度。刺激太小,对机体影响轻微,不足以引起人体生理功能的变化,锻炼效果不佳;刺激过大,又可能有损身体健康,引起运动性疾病。适宜的运动量是因人因时而异的,要根据个人的身体状况和当时的心理状态而定。确定适宜的运动量,首先要考虑锻炼者的年龄、性别、健康状况、体质水平、项目特点和锻炼目的等因素。普通健康人锻炼身体的适量负荷,一般采用心率百分法来确定:有氧锻炼,以本人最高心率的70%~80%的强度为标准;无氧锻炼,以本人最高心率的90%的强度为标准进行锻炼。

贯彻适量负荷、因人而异原则,应注意以下两点:

(1)锻炼时要结合自我感觉和生理测定量力而行。

(2)要根据年龄特征、气候情况、劳动强度、睡眠、营养、兴趣等综合因素统筹安排运动量和合理的运动间歇。

四、全面发展、讲究实效原则

全面发展是要求体育锻炼必须追求身心全面协调发展，使身体形态结构、生理功能、运动功能、各种身体素质及心理素质等方面得到全面和谐的发展，塑造健美的体形、体态。

贯彻全面发展、讲究实效原则，应注意以下3点：

（1）身心的全面发展，要从适应环境、抵抗疾病的能力，改善机体形态、提高机能的功效，陶冶精神、愉悦心理、丰富文化生活等方面着眼。

（2）针对个人的实际，有选择地从事简单易行、富有实效的锻炼，并应参照运动负荷价值阈标准，控制锻炼的量和强度。

（3）体育锻炼内容，应根据不同年龄，不同季节，予以适当调整，而且要针对自身的薄弱部位采取"抑其过而补其不足"的锻炼方案，促进身体各个部分与各种素质的全面提高。

五、因地制宜、讲究卫生原则

因地制宜，是指体育锻炼应根据不同地区和环境条件来选择适宜的运动项目，安排锻炼身体的手段和方法。

贯彻因地制宜、讲究卫生原则，应注意以下5点：

（1）因地制宜，就地取材进行体育锻炼，首先应树立安全第一的思想，避免到不安全场所和在不安全的条件下进行体育锻炼，避免使用有安全隐患的设施进行体育锻炼。

（2）加强医务监督，定期检测身体状况，按合理的运动处方进行锻炼。

（3）遵守生活作息制度，运动与休息交替间隔必须合理安排，要注意劳逸结合，防止过度疲劳。

（4）注意饮食卫生，合理补充营养，以促进运动后体力迅速恢复。

（5）注意环境卫生和个人卫生。新鲜的空气，温暖的阳光，清洁的水质，合理的运动场地、器材和运动服装是运动卫生的环境因素。

第二节　体育锻炼的计划

　　体育锻炼计划能保证身体锻炼有目的、有计划、有步骤、有针对性地进行,克服体育锻炼的盲目性和随意性,以便更充分运用时间,选择科学有效的方法,取得预期效果。体育锻炼要注意系统性,要从简单到复杂,逐渐加大运动负荷,从低到高,有层次、有系统地进行。体育锻炼计划恰恰能起到这种作用。大学生的体育锻炼计划一般有全年的、阶段的(一学期或一年度)和周锻炼计划。在校期间的锻炼计划应根据体育课教学要求和本人所学专业课程的特点,按体育锻炼的基本原则,合理安排。低年级学生,首先要结合体育教学来完成《国家体育锻炼标准》及《国家学生体质健康标准》的达标任务。高年级学生应考虑如何巩固已取得的锻炼效果,在进一步发展力量素质和耐力素质的同时,加强对自己感兴趣的项目进行锻炼。有计划地进行锻炼不但可以避免和克服盲目性与片面性,而且能较好地处理学习、生活与工作、体育锻炼三者的关系,形成良好的锻炼习惯。锻炼计划一般包括锻炼的目标、内容、方法和时间。

一、确定目标

　　低年级学生的目标应包括两个方面:一是通过体育课和课外体育锻炼完成《国家学生体质健康标准》的任务;二是培养体育兴趣和爱好,选择适合自身实际情况的运动项目进行锻炼。高年级学生的目标主要是加强对自己感兴趣的项目进行锻炼,基本掌握1~2项运动项目,同时进一步提高耐力和力量素质,培养终身体育观。

二、选择内容、合理搭配

　　(1)课外锻炼内容和体育课学习内容相结合,学生体质健康标准和国家体育锻炼标准的内容相结合,达到复习、巩固、提高技术,增强体质的目的。

　　(2)通过各种体育测验,了解自己,发扬长处,弥补不足,使身体全面发展。

　　(3)积极参加学校、系、班级的体育竞赛活动,培养集体主义、团结互助、力争上游的体育竞争精神。

（4）在提高身体素质方面,应注意速度与力量练习相结合;力量与耐力练习相结合;动力性与静力性力量练习相结合;上肢力量与下肢力量练习相结合;大肌肉群与小肌肉群力量练习相结合;发展素质与掌握技术相结合等。每次锻炼应安排一项主要练习,再配上 1~2 项身体素质练习。

三、锻炼次数与时间安排

大学生应严格遵守学校的生活、学习作息制度,认真上好体育课。做好计划,积极参加早操和课外活动锻炼。一般安排一年或一学期的周锻炼计划为宜(表4-1),保证每天锻炼,达到增强体质的效果。

表 4-1　周锻炼次数与时间(小时)计划表

学期	有体育课时				无体育课时			
	早操		课外活动		早操		课外活动	
	周次数	时间	周次数	时间	周次数	时间	周次数	时间
春(秋)学期	2~3	0.5	2~3	1.5~2	3~4	0.5	3~4	1
夏(冬)学期	2~3	0.5	2~3	1	2~3	0.5	2~3	1
寒暑假期			3~4	1.5~2			3~4	1.5~2

此外,还应注意以下事项:

（1）早操时间不宜过长,一般在 30 分钟左右。运动强度宜小,以有氧锻炼为主,以不出现疲劳为度。

（2）课外活动时间可稍长,可以安排 1~1.5 小时,在晚饭前半小时结束。

（3）如果需要在睡眠前进行锻炼,运动量要小,以免影响睡眠。

（4）在期末准备考试期间,仍要坚持锻炼,但锻炼次数、时间和强度等方面可适当减少。

（5）在锻炼时,应严格地遵循锻炼原则,掌握科学的锻炼方法。

第三节　体育锻炼与提高身体素质的方法

在影响人体健康的诸因素中,科学的体育锻炼是促进人体健康发展最积极的因素,它不仅可以增进健康,增强体质,而且可以改善和提高下一代人乃至整个民族的体质。

体育锻炼与提高身体素质的方法:运用各种身体练习的方法,结合自然力和卫生措施,经常全面地进行身体锻炼,以发展身体、增进健康、增强体质、培养锻炼习惯、丰富文化生活为主要目的,使人体向着更完美的方向发展,以适应新时代学习和工作的需要。

一、灵敏素质

灵敏素质是指迅速改变体位、转换动作和随机应变的能力。

1.灵敏素质训练的形式

(1)一般灵敏素质:是人在各种活动中,在突然变换的条件下,迅速、合理、准确地完成各种动作的能力。它是专项灵敏素质发展的基础。

(2)专项灵敏素质:是人在专项运动中,迅速、准确、协调自如地完成本专项各种技术动作的能力。它是在一般灵敏素质的基础上,多年重复训练专项技术、提高专项技能的结果。

2.提高灵敏素质的方法

(1)做各种调整身体方位的练习。

(2)做专门设计的各种复杂多变的练习,如用"之字跑""躲闪跑""穿梭跑"和"立卧撑"4项组成的综合性练习。

(3)以非常规姿势完成的练习,如侧向或倒退跳远、跳深等。

(4)限制完成动作的空间练习,如在缩小的球类运动场地进行练习。

(5)改变完成动作的速度或速率的练习,如变换动作频率或逐步增加动作的频率。

(6)做各种变换方向的追逐性游戏和对各种信号作出应答反应的游戏等。

(7)在跑、跳中做迅速改变方向的各种跑、躲闪、突然起动及各种快速急停和迅速转体练习等。

3.灵敏素质的测试方法

(1)立卧撑:评价人体迅速变换体姿和准确完成动作的能力。

(2)反复横跨:评价快速侧移的能力。

(3)折线跑:评价在快速中急停和快速转变运动方向的能力。

(4)象限跳:评价人体双脚蹦跳时快速改变身体姿势的能力。

二、柔韧素质

柔韧素质是指运动时各关节活动幅度及肌肉、肌腱和韧带等软组织的伸展能力。

1.柔韧性的作用和意义

如果缺少经常的伸展活动,肌肉往往会失去柔韧性,如急需做一特殊动作时,就很难达到要求的动作范围,以至于经常引起肌肉组织的损伤。柔韧性锻炼还有以下几个方面的作用:增强肌肉的活动范围,当某关节伸展到最大动作幅度时,其具有较大伸长能力的肌肉即允许较大的活动范围;活动范围扩大有助于提高大幅度动作的速度和力度,如棒球中的投掷和板球的投球等;加强肌群间的协调,如果相对肌群间存在差异,肌肉、肌腱连接中就会形成弱点;改善肌肉的放松度,这对赛前的准备动作常是有利的,可帮助运动员为采取下一个动作做好心理准备;降低运动后肌肉的紧张度,赛事后做一些伸展运动可减少肌肉紧张度,防止发生僵硬(而不是疼痛);抵消训练过度可能产生的限制性影响,肌肉发达对一些运动是理想的,但这可能产生一种影响即抑制那些还没有完全达到活动范围的肌肉,伸展运动有助于缓和这个问题。

2.影响柔韧素质的因素

影响柔韧素质的因素主要包括以下6个。

(1)锻炼:积极锻炼的人往往有更好的柔韧性。

(2)温度:天气或直接受热引起的强度增加能提高动作幅度和肌肉的伸缩性。相反,温度降低可导致柔韧性减少20%。这说明在进行诸如滑冰、滑雪和游泳等运动前有必要做充分的热身动作。

(3)年龄:僵硬常与年龄的增长有关。这是因为肌肉失去了弹性而保持着收缩性,导致肌肉更加绷紧。活动的减少也会降低柔韧性。因此,增加活动和肌肉伸展训练可使这些变化降到最低点。

(4)热身:热身能提高肌肉温度,在充分的热身之后更容易提高关节和肌肉的柔韧性。

(5)性别:很多比较研究均表明,女性的大部分关节要比男性柔韧,且整个成年期都是如此。尽管还不十分清楚真正的原因,但是一直被认为与男女儿童早期生活的不同经历有关。

(6)特殊性:柔韧性因不同的关节及关节周围肌肉的收缩角度而不同。因此,柔韧性训练应集中在那些跟某种特定活动有关的身体部位。当然,也不能忽略那些不用的肌肉。

3.柔韧素质训练的形式

伸展训练是柔韧素质训练的主要形式,分成以下4种。

(1)被动伸展:有时称为静态伸展。这种伸展形式是指某一肌肉逐渐伸长到它受阻的某一点,不缩回,保持20~40秒。肌肉应该被拉伸到自身有一种正在被伸长的感觉为止。如感到不适时,应缓和紧张度。静态伸展是伸长肌肉和结缔组织的一种既安全又有效的方法。由于它不涉及爆发性的动作,所以不会引起像冲击伸展中那样大的伸展反射。它特别适合全身肌肉的总体伸展、受伤后的早期恢复阶段、激烈体育锻炼后的放松阶段。

(2)冲击伸展:这里有一种反弹性伸展形式。肌肉被拉到运动范围的极点,然后通过反弹而过度伸长。在过去,这是常用的伸展方法之一,但现在已认识到因为伸展反射而可能产生肌肉内部的损伤,所以已放弃此方法。

(3)伸展反射:肌纤维含有称为肌肉纺锤体的感觉神经末梢,其主要作用是从肌肉把其伸展状态信息传回中枢神经系统。如果肌肉被突然拉长,感觉器中央部分的变形会使伸展反射自动反应,促使肌肉收缩,避免由于撕裂而损伤。伸展反射引起的收缩量和收缩率与伸展量和伸展率成比例。因此,伸展越快越有力,被伸展肌肉的收缩也越快越有力。这样,肌肉撕裂的可能性就越大,对那些不太锻炼的肌肉更是如此。因此,不要做反弹或冲击动作。然而,对于身体强壮且在运动项目中可能需要冲力和爆发力的运动员来说,冲击练习就很重要。但在这种情况下,做冲击动作之前,必须先做被动伸展。

(4)PNF 伸展:PNF 代表本体感觉神经肌肉促进。尽管它在健康训练中还是相当新的,但用于肌肉与肌腱受伤的恢复已有相当一段时间。它的一种变式已成为柔韧性训练和防止受伤中效果最佳的一种伸展形式。

调查研究表明,PNF 伸展运动与静态(慢速)伸展或冲击(回弹)伸展各做 3 个月后,用坐伸测试测定,结果前者对提高背部弯曲的灵活度的效果比后者多 200%。

4.发展柔韧素质的方法

(1)仰卧直腿上举。首先仰面躺在地上,两手抱头,抬起双腿,缓慢伸展开来,两膝靠拢绷脚尖,然后慢慢放下之后重复以上动作。

(2)腘旁腱伸展运动。屈一条腿,脚跟靠近另一条放直的腿,背挺直,伸手向前去碰脚踝,抓牢脚踝进行腘旁腱部和背部肌肉的等距收缩。该伸展运动运用了 PNF 伸展的原理。

(3)四头肌伸展运动。站着或躺在地上,一条腿弯曲,将其脚后跟拉到臀部位置,保持这个伸展运动需注意膝盖并拢。同时,该运动也用了 PNF 伸展的原理。

(4)小腿伸展运动。伸小腿时,要同时伸展腓肠肌和比目鱼肌两块肌肉,伸展前者时,后腿站直,伸展后者时,后腿弯曲。要保证在两套伸展动作中上身重量均放在前腿上。

5.柔韧素质训练的注意事项

(1)慢呼吸、深呼吸、均匀地呼吸,不要伸展至呼吸不畅的地步。

(2)不要伸展过度,要能感觉到伸展,但不至于感觉到疼痛,将伸展保持在舒服的位置。随着动作的持续,紧张感应渐渐减少。

(3)只有当肌肉暖和时才做伸展运动,集中注意放松做伸展动作的部位。

(4)如果练习时间较长,练习之前和之后都要进行伸展运动,尽量维持静态伸展 20~30 秒,甚至更长。

三、力量素质

力量素质是指肌肉从事工作时克服阻力的能力。各项运动都需要克服不同的阻力,故力量素质是各项运动的基础素质,是身体训练的重要指标。

1.力量素质训练的作用

(1)力量素质训练可以让人增强肌肉力量,提高耐力、速度和爆发力。

(2)通过增加无脂肪物质而使身体成分发生变化,让人的肌肉发达,改善人体姿势。

(3)调理特定的肌肉以获得优秀的运动成绩。

(4)用于肌肉伤后的恢复,帮助减少随年龄老化而发生的肌肉损失。

(5)通过增加肌肉组织来加快新陈代谢。

2.影响力量素质的因素

影响力量素质的因素主要有以下 5 个:

(1)温度。温度降低可导致肌肉粘连性增加,因此在进行运动前要做充分的热身动作。

(2)年龄。防止因年龄增大而产生的肌肉组织萎缩所导致的新陈代谢缓慢。

(3)热身。热身能提高肌肉温度,在充分的热身之后更容易提高关节和肌肉的柔韧性。

(4)性别。女性和男性一样具有发展力量的潜力,女性是通过改善运动神经的参与,而不是通过改变肌肉的收缩结构来增加力量的。

(5)特殊性。力量素质因不同肌肉的收缩角度不同。因此力量素质训练应集中在那些与某种特定活动有关的身体部位。当然,也不能忽略那些不用的小肌肉群的练习。

3.力量素质训练的形式

（1）定量力量训练。使用定量力量器械时,施力大小随动作范围的改变而改变。随着角度的变化,拉起重物时会觉得重一些或轻一些,这主要是因关节的角度不同。定量力量训练包括自由重物（杠铃和哑铃）、练习者自身体重（双杠和单杠）及举重器械等。

（2）变量力量训练。使用变量力量器械时,通过关节的运动范围来弥补杠杆的变化,这种器械把人体杠杆与机器杠杆相关联,并在整个移动过程中给肌肉施与最大的强度。

（3）适应性力量训练。通过控制动作速度可以在整个运动过程中显著增加负荷。适应性力量器械可以在运动过程中以最大的力与阻力相抗。适应性力量训练包括使用液压系统、空气系统和装有飞轮的前后排列离合器踏板等进行训练。

4.发展力量素质的方法

（1）引体向上。两手握单杠,两腿屈膝,腿后交叉,手臂伸直成吊姿。两手用力拉杠,身体上引,仰头挺胸,两臂慢慢下放伸直。反复进行相同动作的拉伸练习。

（2）负重挺举。身体直立,两脚开立与肩同宽,上体前屈,两手握杠,两腿稍微向前屈膝半蹲,同时两臂用力翻握杠铃,置于胸上方,两肘关节前,掌心向外。两臂用力将杠铃上推,超过头顶同时两腿交叉成弓步,使杠铃置后上方靠近身体重心。然后两腿弓步回收直立,放下杠铃。反复进行相同动作的挺举练习。

（3）负重卧推。身体仰卧在卧推凳上,两腿分开着地。两臂伸直将杠铃举起,颈部放松。两臂屈肘,将杠铃置于胸前,尽量靠近胸部。两臂同时用力向前推杠铃,两臂伸直。反复进行相同动作的卧推练习。

（4）负重下蹲起。身体直立,杠铃置于肩上,两手握杠铃,两脚并拢。两腿屈膝下蹲,身体保持正直,塌腰、挺胸,身体重心平稳。两腿用力向上跳起,两腿伸直。反复进行相同动作的负重下蹲起练习动作。

（5）负重屈臂练习。身体直立,两手握哑铃置于体侧,两脚并拢。两臂屈肘使哑铃靠近肩部,两臂慢慢放下。反复进行相同动作的屈臂练习。

5.力量素质训练的注意事项

（1）在每次练习之前要注意脚的位置是否正确、骨盆是否稳定,抓杠的手的距离要一致。

（2）对想用的器材非常熟悉,查看一下杠铃缆绳有无磨损,环节有无松动,要正确装卸器材,不要随意让杠铃掉下来,使用后将器材放回原处。

（3）在地板上、凳子上或桌子上进行举重时,应两腿平行站立、与肩同宽、靠近横杠,屈膝降低臀部。背要保持挺直,尽量与地面垂直,头部要保持后仰起,伸直双脚将杠铃举上去。

（4）锻炼时,要了解自己的力量极限,掌握正确的举重方法。

（5）加强保护。

四、速度素质

速度素质是指人体在尽可能短的时间内完成动作的能力。速度训练是现代各项运动训练的核心,速度的提高,与力量素质的提高和肌肉收缩、神经支配功能的改善密切相关。

1.速度训练素质训练的作用

(1)提高神经系统的灵活性和反应能力。

(2)通过速度训练可以使身体成分发生变化。

(3)帮助减少随年龄老化而发生的肌肉损失及基础代谢减慢。

(4)通过维护肌肉,帮助新陈代谢组织的减少。

2.影响速度素质的因素

影响速度素质的因素主要包括以下 5 个:

(1)锻炼。积极锻炼的人往往有较好的速度素质。

(2)温度。温度降低可能导致速度练习时受伤。这说明在进行运动前有必要做充分的热身动作。

(3)年龄。防止因年龄增大而产生的肌肉组织萎缩所导致的新陈代谢缓慢。

(4)热身。热身能提高肌肉温度,在充分的热身之后更容易提高关节和肌肉的柔韧性。

(5)性别。女性和男性一样具有发展速度的潜力。

3.速度素质训练的形式

(1)反应速度。这是指人体对外界刺激反应的快慢程度。它是以神经反射的反应时间为基础的,反应时间越短,反应速度越快;反之,则反应速度越慢。

(2)动作速度。这是指人体快速完成单个动作的能力。通常用单位时间内完成动作数量的多少来衡量。运动速度取决于中枢神经系统的灵活性,以及完成动作的力量、幅度、协调性等因素。此外,运动速度还与技术水平、机能能力的发展水平等密切相关。

(3)位移速度。这是指单位时间内人体位移的距离。在周期性运动中指人体通过一定距离所用时间的多少。

4.发展速度素质的方法

(1)反应速度。利用突然发出的信号完成规定的某一动作,以此提高反应速度。

①听信号转身跑。

②运动中听信号迅速改变方向跑。

③运动中看到目标迅速做各种练习。

④通过各种游戏性质的活动来提高反应速度。

（2）动作速度。提高肌肉在一定条件下的收缩能力，可做连续快速举轻杠铃、反复跳跃、投掷轻器械等练习。

①反复快速做高抬腿跑。

②反复做快速摆臂练习。

③快速后蹬跑。

④计时跨步跳。

⑤快速做立卧撑动作。

⑥持不同重量器械的快速投掷、快速旋转等。

（3）位移速度。这是发展和提高加速能力与绝对速度能力的训练，是短跑的专项速度训练。

①蹲距式起跑。

②加速跑。

③行进间跑。

④不同段落的大强度跑。

⑤接力跑。

⑥各种大强度的跳跃练习等。

5.速度素质训练的注意事项

（1）要充分做好热身运动，使肢体充分活动。

（2）要加强伸展运动练习，防止受伤。

（3）应对儿童、少年加强反应速度和动作速度的训练。

（4）速度素质发展到一定程度会出现进步缓慢或停滞不前，这主要是没有使身体素质和技术进一步发展与提高，或总是用一种节奏去完成动作，在大脑中形成了一种动作定型。

五、耐力素质

耐力素质是指有机体长时间活动对抗疲劳的能力。人体克服疲劳的能力越强，坚持运动的时间就越长，表现出来的耐力素质就越高。

1.耐力素质训练的作用

(1)增加心血管系统和呼吸系统的功能。

(2)通过耐力素质训练可以提高肌肉的耐力,为机体受大负荷训练提供保障。

(3)改善输氧系统和能量代谢的功能。

2.影响耐力素质的因素

(1)锻炼。积极锻炼的人往往有较好的耐力素质。

(2)年龄。少年儿童不宜过早地进行无氧训练。

3.耐力素质训练的形式

(1)一般耐力训练,主要目的是增加心血管系统的机能。

(2)专项耐力训练需在一般耐力训练的基础上进行。

4.发展耐力素质的方法

(1)一般耐力训练。基本方法是长时间的慢跑、越野跑、球类活动等。随着有氧耐力的提高,可逐渐增加练习的时间和强度。

(2)专项耐力训练。不同的项目,对专项耐力有不同的要求,主要是重复专项动作和专项的专门练习动作,通常多采用重复训练法和间歇法。

5.耐力素质训练的注意事项

(1)在进行耐力素质训练时要注意5个因素:练习强度、持续时间、间歇时间、休息方式、重复次数。要根据各个不同的训练阶段来安排耐力素质训练的比重和负荷,选择有效的训练方法和手段,并注意有氧耐力和无氧耐力训练的结合。

(2)少年儿童应侧重以一般耐力为主的训练,不宜过多过早地进行无氧训练,注意循序渐进。

第五章　运动损伤预防与康复

　　运动损伤与一般的工伤或日常生活中的损伤有所不同，它的发生与运动项目、锻炼安排、运动环境、运动者的自身条件及技术动作有密切的关系。对体育运动参加者来说，一旦发生了运动损伤，就会影响其健康、学习和工作，同时会造成不良的心理影响，妨碍体育运动的正常开展。因此，在体育运动中，我们对运动损伤的预防应有充分的认识，需要很好地掌握运动损伤的发生规律，切实做好预防工作，从而最大限度地减少或避免运动损伤。同时，我们还应了解和掌握一些体育运动中常见的运动损伤的急救、预防、处理及康复方法，使体育运动健康安全且富有成效。

第一节　运动损伤的概述

一、运动损伤的概念

　　体育运动过程中由机械性和物理性方面因素所造成的伤害，即由体育运动或训练引起的肌肉、骨骼、内脏等部位的损伤谓之运动损伤。

二、运动损伤的分类

1.按损伤程度分

按损伤程度,运动损伤可分为轻伤、中度损伤和严重损伤。

(1)轻伤。伤后影响机体活动时间为 24~48 小时,做一般治疗即可痊愈。

(2)中度损伤。伤后影响机体活动时间为 1~2 周,做常规治疗及短期康复训练即可恢复正常活动。

(3)严重损伤。软组织损伤影响机体活动时间为 2 周以上,骨折、脑震荡、半月板撕裂、内脏损伤等均属重度损伤,需做特殊治疗及较长时间的康复训练才能恢复正常的体育活动。

2.按损伤部位力量作用方向分

按损伤部位力量作用方向,运动损伤可分为拉伤、挫伤、扭伤、骨折和骨裂等。

(1)拉伤。损伤力量使肌肉、韧带、关节向外延伸,致使局部解剖学结构改变的损伤。

(2)挫伤。损伤力量在钝力方式下使肌肉、韧带、关节向内延伸(下压)引起机体局部解剖学结构改变的损伤。

(3)扭伤。损伤力量方向与肌肉、韧带、关节呈角扭转外延引起局部解剖学结构改变的损伤。

(4)骨折和骨裂。机体骨组织受外力作用(或病理),造成骨连贯性中断的损伤,其中骨裂为不完全折断。

3.按损伤部位有无创口与外界相通分

按损伤部位有无创口与外界相通,运动损伤可分为开放性损伤和闭合性损伤。

(1)开放性损伤。有创口与外界相通。皮肤的擦伤、裂伤、刺伤、切割伤、贯通伤等均为开放性损伤。

(2)闭合性损伤。无创口与外界相通。一般的肌肉、韧带、关节损伤均为闭合性损伤。

4.按运动损伤发生的过程分

按运动损伤发生的过程,运动损伤可分为急性损伤和过劳损伤(细微损伤)。

(1)急性损伤。在体育运动过程中一次性产生的机体损伤。

(2)过劳损伤。在长期、多次的体育活动中,由于局部组织重复单一的超负荷训练,又没有及时改善局部负担而造成机体局部组织学的细微改变所致的损伤,如髌骨软骨软化症、肩袖劳损、髌腱末端病等。

三、产生运动损伤的原因

产生运动损伤的原因是多方面的,往往是由多个因素造成机体损伤的结果。在一次运动损伤结果中,总有一个因素是主要的,其他几个因素则是次要的、诱发性的。因此,对运动损伤发生原因的分析应该是综合性的。

1.主观因素

参加体育运动的人是体育活动的主体。每一个体育活动的参与者,在参加体育活动时思想上不认真、不遵守活动规则、不讲运动道德、不认真做好准备活动、活动中不按科学方法练习、技术动作不正确、超负荷(动作难度、活动强度、运动量超过身体水平)活动、心理压力大、身体状态欠佳(过度疲劳、病后、睡眠休息差)等情况,均有可能导致运动伤害事故的发生。在某些活动中,运动者没有掌握好自我保护的方法,往往成为重大伤害的主要原因,如体操练习和跳水中发生的颈部、腰部损伤。

2.客观因素

运动时的客观条件情况不够良好,也会导致运动伤害事故的发生。

(1)运动环境。恶劣的天气情况(雨、风、沙、冷、热、光)、疯狂的观众、场边秩序混乱等。

(2)场地设备。运动场地不平、质地太硬、场边有杂物障碍、器械不合格(次品、失修、不标准)、服装不合适、护具不合格(击剑、拳击、散打等运动尤为重要)等。

(3)组织安排不合理。运动量不适宜(过大)、活动次序不科学(前后安排不合理)、活动时间、饮食时间、休息时间不科学(饥饿时间练长跑、考试时间搞比赛)等。

(4)运动对手。对抗性运动中,对手过强,对手故意犯规,对手技术动作不正确等。

(5)执行规则。对抗性活动中,特别是在摔跤、拳击、散打、篮球、足球等项目中,若裁判执行规则不严不公,极易造成对运动者的伤害,并造成严重的后果。

3.心理素质

从事冲撞性较强的运动时,如果注意力不集中或集中持续时间不长,发生损伤的危险性就会增加。情绪不稳定、易急躁、急于求成,或在运动中因畏难、恐慌或害羞而犹豫不决的人,容易造成运动损伤。

四、运动损伤预防

1.运动损伤的特点

（1）运动损伤与运动项目有很大关系。

（2）运动损伤中闭合性软组织损伤多见，开放性损伤不多见。

（3）运动损伤中轻伤常见，中度伤不多，严重伤极少。

（4）运动损伤多发生在青少年中。

2.运动损伤预防的重点

（1）根据运动损伤与运动项目有关的特点，做好专项损伤的预防。

（2）根据学校体育特点，做好轻伤，特别是手、足关节损伤的预防。

（3）做好急性损伤的治疗，防止慢性损伤的发生。

（4）科学训练，预防劳损的发生。

（5）消除场地设备隐患，防止重大伤害事故发生。

3.运动损伤的预防原则和一般方法

（1）预防原则：

①重视预防运动损伤的宣传教育工作。

②加强身体全面训练。

③科学地组织教学、训练、比赛。

④切实做好体育活动过程中的保护工作。

⑤开展和加强体育运动中的医务监督工作。

（2）预防运动损伤的一般方法：

①体育活动的参与者都要学习、掌握预防运动损伤的理论和方法。

②体育活动的参与者要有合适的服装和必要的护具，活动时不佩戴装饰品。

③体育活动的参与者要建立自我保护意识，要有良好的心态，掌握自我保护的方法。

④活动前，要认真做好准备工作，活动中要集中思想，活动后要做好放松练习。

⑤按规定标准做好场地设备的建造、维修、检查和保养工作。

⑥对抗性练习或比赛中要有规则，并做到严格执行，不枉不偏。

⑦建立医务监督制度、运动伤病登记制度，做好伤病调研，探索规律、总结经验，逐步完善运动伤病预防措施。

第二节　常见运动损伤

一、肌肉拉伤

肌体的肌肉活动是体育活动中的本体原动力,肌纤维的快速活动(收缩、放松)使身体各部位产生激烈的位移,如果肌纤维沿着力的方向远离肌肉的附着点,超过了肌纤维的强度,那么,肌纤维的部分或全部就发生解剖学的结构改变——撕裂或断裂。这就是一般的肌肉拉伤。

1.肌肉拉伤的症状

(1)有明显的受伤史。

(2)局部疼痛、肿胀、压痛,肌肉活动受限。

(3)肌纤维断裂时,可有撕裂感,随即失去控制相应关节活动的能力。

(4)由于断裂肌肉的收缩,在断裂处可见(摸)到明显的凹陷。

2.肌肉拉伤的处理

(1)手臂、小腿和足部拉伤,用 12~14 ℃的水浸泡 15~20 分钟。

(2)其他部位肌肉拉伤,用冰块在伤处按压 10~15 分钟。

(3)场地急救应用冷雾剂时,注意用量适中,无痛即止。

(4)患处外敷中草药,包扎固定,抬高患肢。

(5)伤后 48 小时,视病情换药、做按摩、理疗或热敷。

(6)根据病情,尽早做康复训练,练习时戴好护具。

(7)肌肉断裂伤,应当加压包扎、固定伤肢,必要时尽早手术治疗。

3.肌肉拉伤的预防

(1)肌肉拉伤发生的时间,一般在运动的基本阶段和结束阶段,必须控制好这两个时段的活动量和集中注意力。

(2)肌肉拉伤的部位,大部分发生在肌肉的中、上 1/3 处的肌束,下 1/3 部分拉伤少见。

(3)做好充分的准备活动,特别是做好专项活动的各项辅助练习。

（4）认真做好活动后的放松练习,可避免肌肉发硬,提高肌肉活动功能。

（5）自我按摩、相互按摩对活动前、活动后都是必需的。

（6）准备活动后,戴好合格的护具(如弹性绷带等),可减少拉伤的发生。

（7）避免草率投入快速、激烈的运动。

（8）运动过程中,要注意保暖,休息时间不要过长。

（9）洗热水浴是运动后放松肌肉的有效方法。

二、挫伤

身体某一部位被钝力打击或身体碰撞在坚硬物体上而发生受打击部位机体解剖学结构破坏的伤害,称为挫伤。橄榄球运动中股直肌中 1/3 处的顶撞伤、跨栏过栏时胫骨前肌的撞击伤,是较为常见的挫伤。

1.挫伤的症状

（1）轻度挫伤,以皮肤、皮下组织受损,淋巴管和小血管破裂为主要病理变化。

（2）重度挫伤,可伤及肌肉,而使部分肌纤维受损或断裂,组织内出血,血液聚积形成血肿(有波动感)。

（3）胸部和腹部的挫伤可累及内脏器官,而发生呼吸困难、休克等严重病症。

（4）无内脏损伤的挫伤,主要是局部疼痛、肿胀、瘀血、功能障碍。

2.挫伤的处理

（1）急救处理:有皮肤外伤应先处理皮肤伤。冷敷方法同肌肉拉伤,但皮肤有伤口者不能水泡。然后外敷中草药,加压包扎,抬高患肢,卧床休息。

（2）胸、腹部、头部挫伤者,立即送医院诊治。

（3）股直肌、胫骨前肌挫伤者 24 小时后可作热敷处理,48 小时后做相应的理疗。停止活动 4~5 天,第 6 天开始做康复练习。

（4）按摩时注意,不要在直接打击部位(伤处)做深度按摩,多在肌肉两端做指压式按摩,尽量活动两端关节,促进血液循环,防止骨化肌炎发生。

3.挫伤的预防

挫伤一般发生在对抗性较强及有障碍的运动项目中,人与人相撞或人与器械碰撞均会造成受力的机体组织受压致伤。因此,预防挫伤就要注意以下 3 点:

（1）做好准备活动后,必须戴上相应的合格护具,如足球的护胫,篮球的护膝、护腿等。

（2）掌握正确的技术动作和避让、缓冲动作。

(3)加强道德教育,不能故意用肘、膝顶撞对方。

三、关节韧带损伤

关节是机体活动的枢纽,其活动幅度均有一定的范围,常被称为生理范围。韧带是关节的稳固组织,由于其起止点的结构关系,在一定角度的位置上呈现紧张,在另一角度的位置上便放松,自然地抑制着一定的肌肉群,故关节不能过度活动。外力作用于关节,突然产生超过关节生理范围的活动时,就可能使关节及其周围的韧带、肌肉、关节囊发生损伤。运动损伤中最常见的关节韧带损伤是踝关节和指关节。单纯的关节、韧带损伤少见,多数是关节及其周围软组织的复合损伤。

1.关节韧带损伤的症状

关节韧带损伤可分为拉伤、挫伤、扭伤及韧带撕裂、关节囊伤。

(1)损伤部位可发生在韧带的中段,也可发生在其附着于骨处(撕脱性)。

(2)患处红肿、疼痛、局部压痛、关节活动障碍。

(3)患处关节偶有被拉开和松动现象,侧向活动时可有松动感。

(4)韧带断裂时,关节外形有变化,呈内翻或外翻状。

2.关节韧带损伤的处理

(1)急救程序同肌肉损伤。

(2)韧带撕裂要用手法复位,然后用棉垫绷带压缚(重伤者要用夹板)。

(3)伤后症状严重肿胀,疼痛剧烈,活动障碍大,宜尽快送医院进行 X 射线透视检查。

(4)关节、韧带损伤治疗期较长,康复练习特别重要。

3.踝关节损伤

踝关节损伤是运动外伤中较为多见的关节韧带损伤,在田径、球类、跳水、体操等各项体育活动或比赛中都会发生这种伤害。踝关节损伤中,外侧韧带损伤占该关节损伤总数的80%左右。之所以会产生这种情况,是与该关节的结构分不开的。外踝比内踝长,距骨体前宽后窄,当足处于跖屈时,踝关节活动度较大,而且足的内翻肌群的力量又大于足的外翻肌群。活动中,人体处于离地状态时,足部自然成跖屈内翻位,落地时,因场地不平、重心不稳,就会造成内翻位韧带损伤。

踝关节损伤的急诊处理必须及时有效,治疗必须彻底,康复练习中跳绳活动对恢复踝关节的力量和提高踝关节的坚韧性、灵活性有良好的作用。

4.膝关节半月板损伤

膝关节半月板位于膝关节内胫骨平台与股骨髁之间,内外各一块,外缘厚、内缘薄,上面凹、下面平。外侧半月板较小,其活动范围大于内侧半月板。半月板外缘损伤有修复能力,其余部位的软骨体撕裂不易愈合。

膝关节半月板的主要功能是减少股骨和胫骨关节面的摩擦,增强膝关节的稳定性。

膝关节在屈位,突然遭受旋转、屈伸外力时,半月板活动的顺应性破坏,易被卡入胫股关节之间,使半月板受到扭转、挤压等而撕裂。

内侧半月板损伤多发生于膝关节半屈、小腿固定位时,突然伸膝扭转,使内侧半月板向膝中央和后侧移位,受到挤压、磨损而致伤。同理,股骨髁因外力突然外旋伸直时,则易发生外侧半月板破裂。

膝关节半月板损伤与运动项目有很大关系。据研究,滑冰、滑雪、足球、蛙泳等运动项目中,半月板损伤以内侧居多;而在排球、篮球、体操、田径等项目中,半月板损伤以外侧居多。

膝关节半月板损伤的典型症状是股四头肌萎缩,上下楼梯时膝关节痛,膝关节肿胀,膝关节缝有明显压痛。

膝关节半月板损伤的治疗,可按其损伤部位来决定方法,边缘损伤者可进行保守疗法(如按摩、理疗、外敷中药等),中部损伤或关节功能障碍大的损伤,早期采用手术疗法为好。康复训练对膝关节半月板损伤的治疗有重要的意义,特别是膝关节的静力练习对损伤半月板的修复及增强膝关节的稳定性有良好的作用。

5.关节韧带损伤的预防

(1)增强关节肌肉的力量练习,特别是加强对弱侧关节的训练。静力练习很有实效。

(2)提高关节灵活性练习的质量,在灵活上下功夫。跳绳练习是个好方法。

(3)认真做好准备活动,特别是专项训练的辅助练习,寒冷天气更要做开关节活动。

(4)注意关键运动技术的合理性、正确性,及时纠正错误动作。

(5)场地设备必须认真检查、合理布置,消除隐患。

(6)配备合格的护具,易伤的小关节要正确使用胶布包扎。

四、骨折与脱位

骨折就是在力的作用下,引起局部软组织损伤,并使骨组织的连续性遭到破坏。创伤或病变使关节正常的骨性关系(位置)全部或部分发生改变,关节功能障碍,称为脱位。骨折与脱位均是严重的伤害,在剧烈的运动比赛中或特殊的练习中偶有发生,一般体育活动中很少出现。

1.骨折与脱位的症状

(1)患处变形,功能障碍,异常活动。

(2)疼痛剧烈,面色苍白。

(3)局部有红肿和淤血斑。

(4)伤处压痛锐利。

2.骨折与脱位的急救

(1)止血与防止休克。

(2)及时固定患处,防止骨折移位和加重伤情。

(3)尽快就近送医院诊治。

(4)严禁按摩。

3.骨折与脱位的治疗

(1)拍 X 光片检查。

(2)复位、固定。

(3)药物与按摩治疗相结合。

(4)康复练习。

(5)卧床病人需预防褥疮发生。

4.骨折与脱位的预防

(1)掌握正确的自我保护方法,特别是倒地姿势、滚翻与滚动是必须学好的。

(2)增强关节肌肉、韧带力量练习,提高抗击打能力。

(3)加强运动道德教育,不做违规动作及伤害性阻击。

(4)做高难度空中动作,必须有相应的保护措施。

五、胫腓骨疲劳性骨膜炎

胫腓骨疲劳性骨膜炎又称应力性损伤,为长期、反复、快速、轻微的外伤应力,累积于骨骼的某一部位,逐渐发生的慢性损伤。此伤好发于运动新手,跑跳运动员及长途行军的新兵、舞蹈演员等人群中。

1.胫腓骨疲劳性骨膜炎的病因

由于跑跳动作不正确,训练方法不科学,跑跳过多或者长期在过硬的场地练习,使小腿肌肉长期处于紧张状态,刺激骨膜血管扩张、充血、水肿或骨膜下出血,久之,骨膜出现血肿机化、增生等骨膜炎性改变。千万不要小看这个骨膜炎性改变,如果继续加大负荷刺激,可使骨质受损,最终发展成疲劳性骨折。

也有人通过生物力学分析认为,在跑跳时人体重力与地面反作用力的焦点,主要集中于胫骨前面弯曲处,长时期的反复作用,可在弯曲度最大处引起应力性损伤,形成疲劳性骨膜炎,乃至骨折。

2.胫腓骨疲劳性骨膜炎的症状

(1)一般无明显外伤史,逐渐出现胫骨前或小腿后外侧痛。

(2)活动量增大或走路多、上下楼梯时疼痛加重。

(3)做后蹬腿时感觉乏力,且疼痛加重。

(4)严重时走路也痛。

(5)胫骨内侧或外踝上方有局限性肿胀,皮肤发红有光、灼热。

(6)胫骨内侧缘的中、下段有明显压痛,可摸到硬结、高低不平。

3.胫腓骨疲劳性骨膜炎的治疗

(1)出现胫腓骨骨膜炎症状时,应立即减少下肢活动量,调整训练内容,患肢小腿用弹性绷带包扎。练习后,必须在局部做热敷或照红外线处理。

(2)患处有肿胀发光、红、灼热者,应敷中药治疗。

(3)患肢有后蹬痛、走路疼痛者要停止下肢练习,加重消肿活血药物外敷,配合按摩、针灸治疗。

(4)硝酸亚汞铝箔法:用2%的硝酸亚汞溶液浸于铝箔上,大小同患处,贴于疼痛部位,用胶布把铝箔贴紧皮肤,不可有漏气,避免烧伤皮肤。待1~2小时后取下,每日1次,3~5次为1个疗程,有良好疗效。皮肤有伤口不能用。

4.胫腓骨疲劳性骨膜炎的预防

(1)对初学田径运动及平时活动少的人,跑跳练习要逐渐加大活动量。

(2)不要在过硬的场地做长时间的单一跑跳练习。

(3)不宜穿钉鞋做过多的使小腿肌肉紧张度高的专门练习。

(4)学会在跑跳练习时能自如地放松小腿肌肉,不要使它始终处于紧张状态。

(5)每次练习后,都要认真做好小腿部的自我按摩、热敷。

第三节　运动损伤的康复训练

一、什么是康复训练

在治疗的全过程中应始终贯彻动静结合的思想。康复训练在运动损伤治疗的后期上升到主导地位,即开展治疗性的、有益的合理训练活动,促进肌肉、关节、韧带的功能恢复和强健,同时提高整个机体的健康水平。

运动损伤会导致局部机体活动受阻,产生一定的功能障碍,从而影响活动、训练。因此一切治疗手段和方法均围绕着消除这些障碍而实施。只有通过合理、科学的活动才能"拨正"和消除功能障碍,光治不动或乱动均不能有效地"排障"。这是积极的疗伤理念。

运动损伤治疗中的康复训练是一个整体观念,而不是局部活动的观念。只有好的、科学的训练活动,才能收到事半功倍的效果。因此,必须在康复训练活动中严格地掌握、运用合乎客观规律的基本原则和手段方法。

二、康复训练的原则

作为运动损伤治疗阶段中的康复训练手段,其突出的问题是处理好训练活动服务于恢复健康增强机体活力的关系,解决康复训练与功能恢复的矛盾,尽最大可能,尽快地通过活动使肌肉、韧带、关节及整个机体功能达到最佳状态。相反,若康复训练活动不当,轻则延误治疗时机,重则产生影响机体健康的局部功能障碍。

运动损伤治疗的康复训练,既有其治疗的原则,又有训练的原则,既要遵守运动训练的一般原则(全面、渐进、个体、反复等),又要遵守康复训练的特殊原则。

第一,根据患处的伤势决定局部活动的负荷大小,逐步加大全面活动的原则。第二,控制患处功能活动的质和量,以局部活动后患处不出现局部疼痛和练习后 24 小时不出现肿胀为度的原则。第三,每次康复训练后做好放松练习及热敷或轻度按摩的原则。

三、康复训练的手段与方法

康复训练具有明显的科学性和实践性,必须在教师或者医务人员的指导下科学地进行。同时,康复训练又必须有患者的主观能动性,能积极主动认真地做好每一项活动。防止康复训练中盲目、过早地进入大强度的负荷训练,这是必须警惕的。

(一)主动活动与被动活动

1.主动活动

患处依靠本身的肌肉力量做负重或不负重的功能活动,逐步恢复、增强、提高肌肉的力量、关节活动度及活动的速率。

2.被动活动

依靠外力的帮助做患处的功能活动,通过被动活动使患处的功能范围逐步扩大,促进患处瘀血、粘连进一步吸收。

3.主动活动与被动活动的练习次序

一般情况下,先做被动活动,再做主动活动,亦可在主动活动后再做被动活动。若被动活动后做,则进行操作时的负荷量要适当加大,最大不可超过正常的活动范围,否则,会造成患处的再次损伤。

(二)动力练习与静力练习

1.动力练习

利用本身肌肉力量做肌肉、关节、韧带的负重或不负重的功能练习,如做关节绕环、屈伸、跑步、连续跳跃、投掷、拉力器练习、扩胸器练习等。

2.静力练习

利用本身肌肉、关节、韧带的力量,使患处保持一定角度的功能位置、控制一定时间的练习。静力练习应逐步提高强度(角度、时间),促进患处的新陈代谢,增强功能。练习时可控制负荷进行,但最大负荷不要超过本人健康时的强度。特别是要避免对关节、韧带部位的损伤,静力练习尤为重要。

3.动力练习与静力练习的练习次序

先做静力练习,再做动力练习,也可在动力练习后再做一次静力练习,但时间要比第一次静力练习少 1/2。

应当注意,冬天做静力练习,不要在风口、太冷的地方进行,以免引发其他疾病,影响健康。

(三)逆向练习

康复训练中的逆向练习对大多数运动损伤的治疗大有好处,尤其对消除机体损伤部位的"痕迹",更具有独特的功效。

逆向练习就是腹部损伤的康复练习必做背部的练习,上肢部位的损伤必做下肢部位的康复练习,右侧损伤必做左侧的康复练习。另外,屈、伸肌群,外展、内收肌群,旋内、旋外肌群等,按同理应用。当然,这不是说不要做患处的康复练习,而是强调做相对应部位的练习,增加活动量,产生健侧机体的优势兴奋,从而淡化、抑制患侧机体的兴奋灶,并使之进入良性状态,达到修复损伤痕迹的效果。同时,练习健侧的肌肉群亦有利于放松患侧的肌肉、关节紧张度,促进患侧的血液循环,直接加速患处损伤组织的修复。如果使用对抗性的康复练习,练习开始前,必须对患处做好保护工作,如贴好应力橡皮膏等,以免造成肌肉、关节的再次损伤。

四、康复训练效果的评定

康复训练的目的是使机体在最短的时间里通过针对性的练习消除因损伤造成的功能障碍。因此,评定康复训练效果的主要指标就是康复训练所花的时间和患处功能恢复的程度。所花时间越少,功能恢复最好,则是最佳的效果。

康复训练对患处功能恢复状态的优劣由肌肉、关节、韧带的力量、活动范围、负荷强度及练习后机体的反应诸方面因素组成。为便于掌握,本书列简表作为参考(表 5-1)。

表 5-1　康复训练效果评定表

等级	项目				
	力量	活动范围	负荷强度	机体反应	评定等级
A	90%以上	正常	90%	无特殊	优
B	80%~90%	接近正常	70%~80%	略有不适	良
C	60%~70%	80%以上	70%左右	勉强	中
注:本人原基础为 100%					

必须明确,康复训练效果一般不要求达到 100%后才能进入正常的体育活动,经过康复训练达到 A 级评定,无特殊问题患者即可投入正常的体育活动,结束康复训练。

下篇　体育实践

第六章　田径

　　田径运动是历史上最古老的体育运动项目之一。人们在长期的生产和生活实践中,为了生存和获得生活资料,在同大自然的斗争中,逐步学会和发展了快速奔跑、敏捷跳跃和准确投掷的技能。为了掌握和提高这些技能,并将技能传授给下一代,人们在生活中经常重复这些动作,就逐渐形成了走、跑、跳跃、投掷的练习。随着工农业生产和教育、科学、文化及社会生活发展的需要,田径运动的雏形逐步形成,开始由自发性的比赛逐渐发展成有组织的田径比赛。公元前776年在希腊奥林匹克村举行的古代奥林匹克运动会上,第一次有了田径运动的正式比赛。1896年在希腊雅典举行的第1届奥林匹克运动会上,田径运动走、跑、跳跃、投掷的一些项目,被列为大会的主要比赛项目。

　　田径运动分为竞走、跑、跳跃、投掷和全能5个部分,共40多个单项。其中,把以时间计算成绩的竞走和跑的项目叫径赛,以高度和远度计算成绩的跳跃和投掷项目叫田赛,全能由跑、跳跃、投掷的部分项目组成。田径作为各项运动的基础,具有运动强度大、竞争性强、项目普及、锻炼形式多样,且不受年龄、性别、季节、气候限制等特点,因而不仅被列为学校体育的重点内容,还有广泛的群众基础。

第一节　短跑

　　短跑是指400米(包括400米)以下距离的跑,要求人们在较短的时间内,用最快的速度跑完规定的距离。因此,人体的生理负荷很大,内脏器官和运动器官常常在大量缺氧的情况下完成极限强度的工作。短跑是田径运动的基础项目,也是人们生活中的必备技能之一。练习短跑对内脏器官、神经系统和肌肉系统都有很大的锻炼作用。

一、教学内容与技术要点

（一）起跑及起跑后的加速跑

1.起跑

短跑采用蹲踞式起跑，并使用起跑器。安装起跑器的目的是使两脚有牢固的支撑，形成良好的预备姿势，以便能获得较快的起跑速度。

起跑器的安装取决于个人的身高、肢体长度、速度力量等因素。起跑器支撑面的倾斜角度：前起跑器为 40°～50°，后起跑器为 60°～65°。两起跑器中轴线之间宽度为 15～20 厘米。根据起跑器与起跑线以及两个起跑器之间距离的不同，有多种安装起跑器的方法。比较常用的方法为前起跑器距起跑线及前、后起跑器之间的距离均为 1.5 个脚长（图 6-1）。

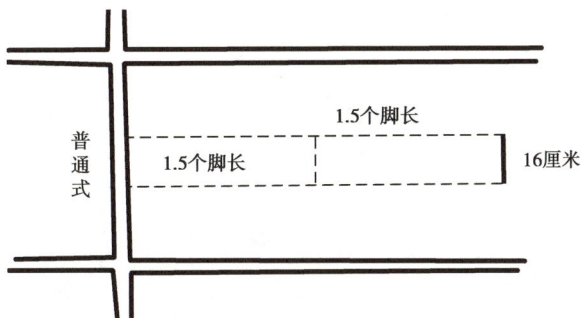

图 6-1

起跑过程包括各就位、预备、鸣枪（或听到"跑"）3 个环节。

（1）各就位。听到"各就位"口令后，做 2～3 次深呼吸，然后轻快地跑到起跑器前俯身下蹲并用两手撑地，两脚依次踏在前、后起跑器的抵足板上，有力腿放在前面，后膝跪地。做好以上动作后，将两手收回到起跑线后，两臂伸直，两手间距约与肩同宽或稍宽些，5 指分开似圆锥形，指端撑地，拇指略前，小指在后，重量均匀分布于各手指上（这比传统的 4 指并拢与拇指成"八"字形要好）。肩约与起跑线齐平或稍后，背微弓而不紧张，颈部自然放松，两眼看前下方 40～50 厘米处，注意听"预备"口令。

（2）预备。听到"预备"口令后，轻轻吸一口气，臀部平稳抬起并稍高于肩，两臂微屈且与地面垂直，体重大部分落在前腿上，前膝角约为 90°，保持稳定，注意力集中听枪声。

（3）鸣枪（或听到"跑"）。鸣枪（或听到"跑"）后，两手迅速离地，屈肘做有力的前后摆动，同时两腿猛蹬起跑器，当第一步跑出至前腿在起跑器上蹬伸时，身体前倾与地面成 55°左右，好像是做小坡度上坡跑。第一步抬腿不要过高，步幅不宜太大，应积极前迈，使脚尽快落地(图 6-2)。

①　　　　　　　②　　　　　　　③

图 6-2

2.起跑后的加速跑

起跑后立即转入加速跑。加速跑距离一般为 20 米左右,用 13~15 步跑完。起跑出发的第一步有 3.5~4 个脚长,第二步有 4~4.5 个脚长,以后逐渐有节奏地加大步幅,达到自己最高速度的 95% 时,步长趋向稳定。加速跑时两臂应积极摆动,两腿依次用力蹬地,上下肢协调配合,以迅速获得速度。在加速跑初期,上体有一定的前倾,但七八步以后,随着步长和步频的不断增加,上体逐渐抬起,直到发挥最高速度转入途中跑(图 6-3)。

①　　　②　　　③　　　④　　　⑤

⑥　　　⑦　　　⑧　　　⑨　　　⑩

图 6-3

(二)途中跑

途中跑是全程中最长的一段距离,是短跑的主要部分。它的任务如下:在不降低步频的前提下增加步长,在适宜的步幅上求得高频率,以继续发挥和保持高速。途中跑的步伐是一个不断重复的周期性动作。在跑的一个周期中,当身体重心移过支撑点以后,就开始后蹬。后蹬是跑的周期中的一个重要阶段,后蹬从髋关节发力开始,当身体重心远离支撑点时,迅速有力地蹬伸膝关节和踝关节,最后用脚趾蹬离地面。在后蹬结束时,髋、膝、踝 3 个关节迅速伸直,使后蹬的反作用力有效地通过身体重心,更快地推动身体向前运动(图 6-4)。

图 6-4

　　后蹬效果的好坏,取决于后蹬力量的大小,腿蹬直的程度、速度和蹬伸角度。腿蹬得越直,蹬伸速度越快,蹬地角度越小(在一定限度内)则效果越好。适宜的后蹬角度一般为 50° 左右。

　　人体向前的运动是蹬、摆结合的结果。一腿后蹬,另一腿应迅速有力地向前上方摆出,并积极地带动骨盆前送。摆动腿的摆动是从脚蹬离地面开始的,摆腿的方向决定了蹬地角度。当蹬地脚蹬离地面后,大腿应积极向前上方摆动,小腿依惯性向大腿迅速折叠,缩短前摆半径,加快前摆速度,当大腿摆至最高点时,另一腿也即将蹬离地面转入腾空。接着摆动腿积极下压,膝关节迅速伸展,小腿依惯性前摆。为了减少前蹬支撑的阻力,前脚掌应积极而富有弹性地做扒地动作,着地点在身体重心投影点前 30 厘米远的地方。途中跑时躯干要基本保持与地面垂直,两眼平视、头正直。正确的摆臂能维持身体平衡,并有助于加快两腿摆动的频率和步幅。摆臂应以肩关节为轴,两手半握拳,自然、放松、有力地快速做前后摆动。前摆时手一般不超过身体中线和下颌水平位置;后摆时肘稍向外,当手摆到身体垂直部位时,上臂和前臂之间的夹角最大,为 150° 左右。总之,途中跑应做到用力与放松协调配合,动作要轻松自然,保持跑直线,避免身体重心上下波动过大。

(三)终点冲刺

　　终点冲刺是全程跑的最后一段,技术上和途中跑基本相同。终点冲刺应力求保持正常动作,最后一步以胸领先向前急剧前倾上体,或侧向终点撞去。这个动作虽不能加快整个身体的向前运动,但可以使躯干早越过终点垂直面。终点冲刺时需要加强两臂的用力摆动,但不要仰头举臂,冲过终点后也不要立即停止跑动,以免跌倒受伤或产生重力性休克现象。

(四) 弯道跑

200 米和 400 米跑有一半以上的距离是在弯道上进行的。因此,我们必须了解弯道跑的技术特点。

1.弯道跑的起跑和起跑后的加速跑

起跑时,左手撑在起跑线 5~10 厘米处,为了便于加速,起跑后开始的一段距离应沿着切线方向直线跑进,然后再转入弯道跑(图 6-5)。

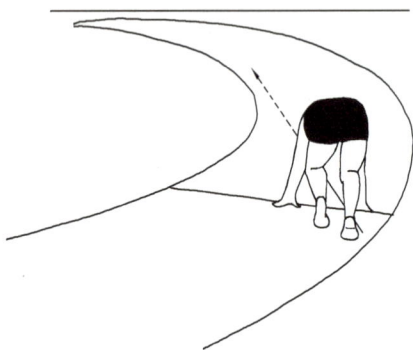

图 6-5

2.弯道跑技术

为了克服向前做直线运动的惯性,弯道跑时必须改变跑时的身体姿势、脚后蹬和手臂摆的方向。跑时应向左前方倾体,后蹬时右脚用前脚掌内侧、左脚用前脚掌外侧着地(图6-6)。右臂摆动的幅度、力量大于左臂,右臂后摆时肘关节稍偏向右后方,前摆时稍偏向左前方,左臂则靠近体侧。跑出弯道进入直道时,应有几步放松的自然跑进。200 米跑距离短,应以全力高速跑完全程。400 米跑动作的节奏性强,摆臂较低,脚着地更为柔和,上体姿势也较为正直。400 米跑时要掌握各阶段的跑速,一般是第 1、第 2 个 100 米跑得最快,第 3、第 4 个 100 米速度会有所下降。400 米跑时人体缺氧度最大,所以在跑时,应采用有节奏的方法呼吸,即呼吸快而不深、频而不乱。

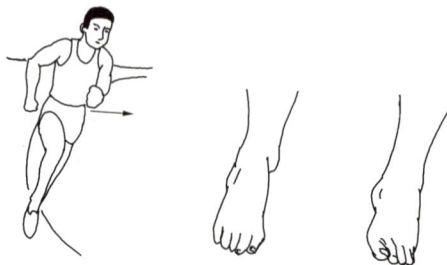

图 6-6

二、练习方法

（一）跑的专门性练习

1.小步跑

（1）目的。体会前摆着地动作和上下肢放松协调配合，提高跑的频率。

（2）要求。上体稍前倾，膝关节、踝关节放松，大腿抬起后积极下压，小腿顺着下压的惯性前摆，前脚掌积极着地，完成扒地动作。两臂屈肘，按跑的自然动作配合两腿前后摆动。

（3）方法。①两脚原地交替提踵做扒地动作，逐渐过渡到行进间小步跑；②从行进间小步跑逐渐过渡到加速跑。

2.高抬腿跑

（1）目的。体会高抬大腿动作，增强抬腿肌群的力量，提高膝关节的灵活性和动作频率。

（2）要求。上体正直或稍前倾，重心提起，大腿向上高抬与躯干接近成直角，然后积极下压，以前脚掌着地，支撑腿蹬直，两臂屈肘前后自然摆动。

（3）方法。①一手支撑，做原地另一侧高抬大腿练习；②原地按节奏快慢做高抬腿练习；③从行进间高抬腿跑过渡到加速跑。

3.后蹬跑

（1）目的。体会后蹬跑时髋、膝、踝3个关节的用力顺序和蹬摆动作配合。发展腿部力量，纠正后蹬不充分和"坐着跑"等缺点。

（2）要求。上体稍前倾，后腿充分蹬直，并体会通过脚趾用力蹬离地面，摆动腿应膝盖领先向前摆出。

（3）方法。①原地手臂支撑做后蹬跑；②从跨步跳过渡到后蹬跑；③从后蹬跑过渡到加速跑。

（二）专项素质练习

1.绝对速度练习

绝对速度是短跑中起主导作用的专项素质，只有在全面身体训练基础上，掌握了正确的跑的技术，才能得以完全发挥。

方法：①30～50米行进间跑，30米蹲踞式起跑；②原地支撑听信号快速高抬腿跑；③间隔距离追逐跑;④短距离接力跑;⑤顺风跑或下坡跑。

2.速度耐力练习

速度耐力是把绝对速度保持到终点的能力。反复练习,能提高机体适应性。

方法:①100~300米的反复跑;②变速跑和间歇跑;③超主项距离跑(如150米、250米跑等)。

3.爆发力练习

肌肉收缩力量和其收缩速度是人体向前快速运动的动力。因此,必须注意肌肉爆发性力量的练习。

方法:①短距离跳:立定跳远、立定三级跳、多级跳、蛙跳;②较长距离跳:100~200米的跨步跳、30~50米单脚跳;③其他形式跳:台阶跳、跳深、纵跳摸高、障碍跳;④负重跳:肩负杠铃蹲跳、跨跳、单腿踏蹬向上跳。

4.柔韧性练习

良好的身体柔韧素质,有利于正确掌握技术,充分发挥力量,增加动作幅度,并保证其协调配合。

方法:各种压腿、摆腿、踢腿和体操及跨栏中的有关练习。

三、练习提示

1.注意事项

(1)应首先了解短跑的完整技术,在重点学习途中跑技术的基础上,掌握正确的起跑技术,体会弯道跑技术。

(2)应多做跑的专门性练习,体会充分后蹬对提高速度的重要意义,注意支撑腿后蹬伸直,前伸脚掌扒地。摆动腿前摆要高抬,后摆要自然折叠。

(3)应加强放松跑练习,处理好步幅和步频的关系,在加速中体会蹬摆和手臂的摆动配合。

(4)应重点加强腿部肌肉力量练习,在增强绝对力量的基础上发展爆发力,以提高伸肌快速收缩和屈肌自然放松的能力。

(5)应充分做好准备活动,特别注意下肢肌肉的柔韧性和关节灵活性的练习,以提高锻炼效果及避免肌肉拉伤。

2.错误动作纠正

(1)起跑。"预备"时臀部抬起过高或过低。

纠正方法:弄清起跑动作要点,调整起跑器。

(2)起跑时上体抬起过高。

纠正方法:两人配合利用皮带牵引练习起跑后的加速跑动作(图6-7)。

图6-7

(3)途中跑。后蹬不充分,形成"坐着"跑。

纠正方法:体会后蹬时用力顺序,注意脚掌扒地动作;加强腰、背、腹肌力量,多做跑的专门练习。

(4)摆动腿向前上方摆得过低,有踢小腿跑的现象。

纠正方法:多做高抬腿跑,强调上体不要过分前倾,以使大腿能充分向前上方摆起。

(5)摆臂紧张

纠正方法:两脚前后原地站立,重心落在前脚上做两臂前后摆动练习;在中等速度中纠正摆臂动作。

(6)终点跑时上体后仰或跳起撞线。

纠正方法:加大两臂的摆幅,加强速度耐力练习;要懂得跳起撞线会减慢速度的道理,多做正确的撞线练习。

四、比赛规则简介

(1)参加比赛的运动员必须使用起跑器和采用蹲踞式起跑。

(2)在"各就位"口令之后,运动员必须完全在自己分道内和起跑线后做好准备姿势,双手和一膝必须与地面接触,双脚必须接触起跑器。

(3)在"预备"口令之后,运动员应立即抬高重心做出最后的起跑姿势,此时运动员的双手仍需与地面接触,双脚不得离开起跑器。

(4)在"各就位""预备"口令发出后,所有运动员应立即做好最后"预备"姿势,不得拖延。经适当时间仍不服从命令者,以起跑犯规论处。

（5）"各就位"口令下达后，如运动员用声音或其他方式干扰比赛中的其他运动员，以起跑犯规论处。

（6）运动员在做好"预备"姿势之后和鸣枪之前开始起跑动作，应判为起跑犯规。

（7）对于一次起跑犯规的运动员，必须给予警告。之后每次起跑犯规的运动员均应取消该项目的比赛资格。在全能比赛中，如果一名运动员两次起跑犯规，会被取消比赛资格。

（8）在弯道跑过程中，运动员的脚不得触及左侧的分道线，不得阻碍其他运动员在自己道内的正常跑进。

第二节　接力跑

接力跑是由接力跑队员在快速跑中依次接棒跑完一定距离的集体比赛项目。练习接力跑能培养大学生团结协作的集体主义精神和顽强拼搏的毅力。

田径比赛项目中，有男、女 4×100 米接力，4×400 米接力，4×800 米接力等。群众性的体育竞赛活动中，也有不同形式、不同距离、不同人数的接力跑，如迎面接力、异程接力和公路马拉松接力等。

一、教学内容与技术要点

（一）起跑

1.持棒起跑

第 1 棒运动员采用蹲踞式起跑，用右手的中指、无名指和小指握棒的末端，用大拇指和食指分开撑地，接力棒不得触击起跑线或起跑线前地面（图6-8）。

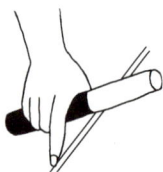

图 6-8

2.接棒人起跑

4×100 米接力第 2、3、4 棒运动员用站立式或单臂撑地的半蹲踞式起跑姿势,在自己选定的起跑线前面,两脚前后开立,两膝弯曲,上体前倾;第 2、4 棒运动员因为站在跑道的外侧,所以应将左腿放在前面,用右手撑地;第 2、3、4 棒运动员身体重心稍向右偏,头转向左后方,目视跑来的同队队员和自己的起动标记;第 3 棒运动员是站在跑道内侧的,起跑动作与第 2、4 棒运动员正好相反(图 6-9)。

图 6-9

(二)传、接棒技术

传、接棒的方法一般有上挑式、下压式和混合式 3 种。

1.上挑式

上挑式接棒时,接棒人手臂自然向后伸出,掌心向后,虎口张开朝下,传棒人将棒由下向前上方挑送入接棒人手中(图 6-10)。这种方法的优点是接棒人向后伸手动作自然,易掌握;缺点是第 2 棒运动员接棒后手已握在接力棒的中段,待第 3 棒运动员传给第 4 棒运动员时,接力棒的前端已所剩无几,易掉棒。

2.下压式

下压式接棒时,接棒人手臂翻腕后伸,掌心向上,虎口张开朝后,拇指向内,其余 4 指并拢向外,传棒人将棒的前端由上向下压放入接棒人手中(图 6-11)。这种方法的优点是接棒人握住棒的另一端,在下一次传棒时便于把棒的另一端递到接棒人手中;缺点是接棒人的手腕动作容易紧张。

图 6-10

图 6-11

3.混合式

这种方法综合了上述两式的优点，在4×100米接力跑中，常用不换手的传、接棒方法，即第1棒运动员右手持棒开始，沿弯道内侧跑，以上挑式将棒传给第2棒运动员的左手，第2棒运动员接棒后沿跑道外侧跑，以下压式将棒传给第3棒运动员的右手，第3棒运动员沿着弯道内侧跑，以上挑式将棒传给第4棒运动员的左手，第4棒运动员持棒后一直跑过终点。

（三）传、接棒的时机

接棒人站在预跑区内或接力区后端，待看到传棒人跑到标志线（做一标记）时，便迅速起跑。当传棒人跑到接力区内离接棒人1.50米左右时，便立即向接棒人发出"嗨"（或"接"）的传、接棒信号，接棒人听到信号后迅速向后伸手接棒（图6-12）。传棒人完成传棒动作后逐渐降低速度，待其他道次运动员跑过后离开跑道。

图 6-12

标志线离接棒人起跑的距离，是根据传、接棒人的跑速和传、接棒技术的熟练程度而定的。确定标志线对于一个有较高水平的接力队来说是十分重要的。

如果接棒人在接力区前10米预跑区处出发，在接力区末端27米处传、接棒，传、接棒时两运动员之间距离为1.50米，则标志线距离为：

传棒人最后30米平均速度×接棒人起跑27米所需要的时间（秒）-（27米-1.50米）

假设传棒人最后30米的平均速度为9米/秒，接棒人起跑27米所需要时间为3.5秒，则：

9米/秒×3.5-（27米-1.50米）=31.5米-25.5米=6米

这样可以在离接棒人起跑处6米的地方作一标记，标志线就这样基本确定了。当然，最后的确定还需在实践中检验和调整。

（四）各棒运动员的配合

接力跑是由4名队员配合完成全程跑的，所以安排队员棒次时，必须考虑发挥个人的特长。一般第1棒运动员应是起跑好、善于跑弯道的人。第2棒运动员应是专项耐力好，善于传、接棒的人。第3棒运动员要求同第2棒运动员外,还应具备跑弯道的能力。第4棒运动员应安排全队成绩最好、冲刺能力最强的人,他大约需跑120米。

二、练习方法

1.个人练习

(1)单臂支撑的站立式起跑练习。跑距10~20米。第2、4棒运动员在跑道外侧用右手支撑;第3棒运动员在跑道内侧用左手支撑,分别持棒练习起跑。

(2)持棒练习蹲踞式起跑并在起跑后快速跑完20~30米。

(3)助跑区内单臂支撑练习站立式起跑,在起跑后再快速跑完25~30米。

(4)在直道、弯道上快速跑完60~100米,并模仿传、接棒动作。

2.成对练习

(1)原地摆臂传、接棒练习。

(2)慢跑过程中传、接棒练习。

(3)50~80米分段的传、接棒练习。

(4)3~4人的起跑、加速跑练习。

(5)3~4队分队用快速跑50~80米练习传、接棒技术。

3.全队练习

(1)4×50米、4×60米、4×80米最快速度的接力跑练习。

(2)以最快速度在接力区做传、接棒练习。

(3)数队最快速度的接力跑,距离可以为4×50米、4×60米、4×80米。

(4)数队在接力区内做模拟比赛的接力跑传、接棒练习。

三、练习提示

(1)应重点学习传、接棒技术,当传棒人发出口令后必须有一定的间歇,即待看清同伴伸出手后才将棒准时递上。接棒人应在听到口令后及时、准确向后伸手,不要附加任何多余动作。

(2)如果第一次接棒失败,接棒人仍应保持原接棒动作,再等待传棒人重递,切勿盲目乱抓。

（3）熟悉接力跑规则,充分利用接力跑外10米范围确定起跑标志线,并根据每个队员的特长,合理分配好各棒队员的顺序。

四、比赛规则简介

（1）接棒人可以在接力区前10米处起跑,但传、接棒必须在接力区(20米)内完成。接力棒只有传到接棒运动员手中的瞬间才算完成传接,是否在接力区范围,仅取决于接力棒的位置,而不取决于运动员的身体或四肢的位置。

（2）运动员必须手持接力棒跑完全程。如棒掉落,必须由掉棒运动员拾起,但不可阻碍其他运动员跑进。

（3）运动员传棒之后应留在各自分道或接力区内,保证跑道通畅,以免阻挡其他运动员。凡跑错位置或跑出分道故意阻碍他队人员或凡通过推动跑出或其他方法受到帮助者,将造成本队被取消比赛资格的后果。

第三节　中长跑

中长跑是中距离和长距离跑的合称,是发展耐久力的一个田径项目。长时间从事中长跑锻炼,不仅可以增强人体内脏器官和神经系统、肌肉系统功能,还可以培养人的顽强意志等品质。

一、教学内容与技术要点

(一)起跑

中距离跑多采用半蹲踞式起跑,也可采用站立式起跑。长距离跑都采用站立式起跑。

1.半蹲踞式起跑

一手的5指分开,以指端撑于起跑线后地面,拇指略前、小指在后,另一臂在体侧。身体重心主要落在前腿和支撑臂上,起跑动作近似蹲踞式起跑。

2.站立式起跑

听到"各就位"口令后,先做 1~2 次深呼吸,然后慢跑到起跑线后,两脚前后开立,有力的脚在前,紧靠起跑线的后沿,后脚尖和前脚跟间隔一个脚掌的距离,两脚左右间隔为半个脚掌长。身体重心主要落在前脚上。后脚用前脚掌支撑站立,两腿弯曲,上体前倾,眼看向前方 3~5 米处,身体重心的投影点在前脚稍前面。两臂在体前自然下垂或一臂在前一臂在后。集中注意力听枪声或"跑"的口令(图 6-13)。

图 6-13

听到枪声或"跑"的口令后,两臂配合两腿做快速有力的摆动,使身体迅速向前冲出。

(二)途中跑

1.身体姿势

跑时上体应稍前倾,颈部放松,头正直,眼平视,肩带和两臂肌肉放松,肘关节约成直角,手半握拳做前后自然摆动。如果身体前倾过大或上体后仰,都会影响跑的效果。

2.腿部动作

掌握好腿部蹬地的力量、速度和方向,以及腿腾空时间与支撑时间,是推动身体向前的重要环节。

(1)后蹬与前摆。当摆动腿通过身体垂直部位向前摆动时,支撑腿的各个关节要迅速伸直。首先从髋关节开始,当身体重心离垂直地面较远时,再迅速有力地伸直膝关节和踝关节,最后用脚趾蹬离地面。跑步时,摆动腿积极地向前上方摆动,能增大支撑腿的支撑作用力。加快蹬地速度,能使髋部更好地前送,以带动身体重心向前移动,也能为摆动腿下压着地创造有利条件。

(2)腾空。后蹬腿蹬离地面后,身体进入腾空期。腾空时,蹬地腿要充分放松并迅速将大腿向前上方摆出,小腿依惯性自然向上摆起,膝关节弯曲,大小腿成折叠。当大腿开始下落时,膝关节也自然伸直,并用前脚掌着地。

(3)落地。脚落地点应该是在离身体重心投影点前 1~1.5 个脚掌的地方。跑时用前脚掌着地,可以保持身体重心处于较高的部位,减少脚着地时的阻力。在弯道上跑时,身体应微向左倾斜,右腿向前上方摆动时,膝稍内扣,用前脚掌内侧着地,左腿向前上方摆动时,膝稍外展,用前脚掌外侧着地。

3.手臂动作

正确的摆臂不仅可以帮助维持身体平衡,而且能加快腿部动作的速度。中长跑时,两臂应稍稍离开躯干,肘关节弯曲约成 90°,以肩为轴向前后做自然摆动,前摆时手稍向内,后摆时肘稍向外,摆幅要适当。

4.呼吸

中长跑时,呼吸要有节奏,一般是跑 2~3 步一吸气,跑 2~3 步一呼气。呼吸是利用鼻子和半张开的嘴进行的,冬天或顶风跑时,可以用鼻子呼吸或用鼻子吸、用嘴呼的方法。速度加快后也可用鼻子和半张开的嘴同时呼吸。

跑时还会出现呼吸困难、胸部发闷、疲劳不适的"极点"现象。跑的强度越大,"极点"出现越早。这是由于内脏器官氧气的供应落后于肌肉活动的需要而产生的。随着锻炼水平和内脏器官适应能力的提高,"极点"现象的出现就会逐渐不明显。遇到"极点"来临时,要加强呼吸,调整步伐,适当降低跑速。待坚持一段距离后,这种现象就会消失,并出现"第二次呼吸"。在跑前做好准备活动和注意途中的速度变化,可以缓和"极点"的程度。

二、练习方法

(一)持续跑

持续跑是指低于比赛速度,长于比赛距离的一种跑法。持续跑现已被公认为是改善心脏功能和增加心脏容量,能有效地提高人的有氧呼吸能力与无氧呼吸能力的一种练习方法。

练习时,应注意根据自己的实际能力选择正确的跑速,要合理地分配体力,从开始到结束都要匀速跑。采用持续跑练习的时间每次应在 30 分钟以上,心率保持在 130~160 次/分,效果才明显。但初练者持续跑的时间仍应逐渐增加。

持续跑可以分为以下 3 种类型。

1.慢速持续跑

慢速持续跑一般持续 1~3 小时,跑时心率以 130~150 次/分为标准。这种方法可以有效地发展必要的耐力。

2.中速持续跑

中速持续跑一般持续 1~2 小时,跑时心率控制在 155~165 次/分。这种方法是发展有氧呼吸能力的基本练习。

3.快速持续跑

快速持续跑一般持续 0.5~1 小时,跑时心率控制在 165~179 次/分。这种方法不但能发展机体的能力,而且对提高有氧、无氧过程的能量供给有很大帮助。

(二)越野变速跑

这种练习方法主要是充分利用大自然的环境,在山地、沙滩、湖边、树林、草地上进行练习。由于场地松软、环境幽静、空气清新,一般练习效果较好。

练习内容的安排先是准备活动 10~15 分钟轻松慢跑,接着进行 20~30 分钟的放松较快速度跑,途中可根据地形进行 50~100 米不等距离的上坡加速跑或下坡冲刺跑 8~10 次,并可以随意穿插各种跳跃练习。然后做 5 分钟左右的慢跑调整,再进行 0.5~1 分钟的快速冲刺跑,最后以慢跑结束。

在进行越野变速跑练习时,各种快跑、慢跑的距离,穿插跳跃的次数,以及间隙的时间和经过的地段,都由练习者自己决定。由于自然环境好,即使运动量较大,练习者也能像做游戏一样轻松地完成。

(三)间歇跑

间歇跑是指接近或稍低于比赛速度的快跑与走和慢跑为恢复手段,两者交替进行的一种练习方法。采用间歇跑可以培养特殊耐力和速度能力,一般在比赛前采用这种练习方法是非常有效的。

采用间歇跑练习,要注意以下 3 点:

(1)练习前,准备活动要做充分,使心率达 120 次/分。

(2)进行 100 米、150 米、200 米间歇跑练习时,心率要达 160~180 次/分,如进行较长段落练习后,如 1 000 米间歇跑时,快跑结束时的心率要达 185 次/分左右。

(3)进行步行或放松跑调整时,要使心率降至 120~140 次/分以后再进行快跑,其间的间歇时间一般为 2 分钟左右。

(四)重复跑

重复跑要求用全速或接近全速反复跑所规定的距离。当心率降至 100~110 次/分以下时才可以再进行下一次重复跑练习。

重复跑练习可以发展专项耐力、稳定心理能力,也可以提高人体对大量乳酸堆积的忍耐能力和速度耐力。重复跑练习的距离,一般采用比比赛距离长或比比赛距离短的距离,而不采用和比赛同等距离。采用比较长的距离练习时,跑的强度就要低于比赛的强度;采用比较短的距离练习时,跑的强度就要高于比赛强度。即使要采用和比赛同等距离练习时,也必须用低于比赛的强度。

进行重复跑练习,可采用保持均匀速度或逐渐增加速度或逐渐降低速度的方法,也可以用快速、慢速交替进行的方法。

(五)模拟比赛跑

这是将比赛距离分为3段来跑。但第1段跑的距离必须相当于比赛距离的一半,每段跑完后要有一定的间歇。第1次间歇时间可以长些,第2次间歇时间可以短些,但3段跑完后的总时间应与自己的最好成绩相近。

这种练习手段与间歇练习手段有点近似,要慎重采用,一般在比赛前才采用。

三、练习提示

(1)凡初练中长跑者,一定要遵照循序渐进的原则,逐渐增加活动的量和强度,并做到持之以恒。切忌三天打鱼,两天晒网。

(2)在实际锻炼中,要随时注意身体健康状况,如生理、心理变化,根据自己的实际情况选择好锻炼时间、地点,尽可能相对固定。

(3)在教师的指导下,至少应制订一周的锻炼计划,按大、中、小运动量合理安排运动负荷,并采用早晨起床前测定基础脉搏检查身体适应程度的方法,学会自我调节。

(4)为了提高运动水平,应采取多种练习方法全面发展生理机能,在一般耐力的基础上,通过逐渐增加运动强度,提高专项耐力,并按实际水平,在比赛前确定比赛战术,了解出现"极点"的规律,掌握克服"极点"的方法。

四、比赛规则简介

(1)运动员在比赛中擅自离开跑道,则不得再继续比赛。

（2）运动员挤撞或阻挡别人而妨碍其他运动员跑进时，应取消其该项比赛资格。

（3）800 米跑属部分分道项目，在分道跑阶段，运动员应自始至终在各自的分道内跑进。

第四节 跳高

跳高是运动员运用自身能力，通过助跑、起跳、过杆和落地等动作形式，使人体跃过尽可能高的横杆的运动项目。跳高技术的特征是由跑变为跳、由支撑转变为腾空、由水平位移转变为抛射运动。跳高运动能增强人的腿部力量，提高弹跳能力，发展身体的灵敏性和协调性，培养练习者勇敢、顽强、沉着、果断的意志品质，以及不怕艰难险阻、勇于攀登高峰的精神。

跳高按过杆技术不同，可分跨越式、剪式、滚式、俯卧式和背越式等多种，由于背越式的技术结构比较简单、自然，相对容易掌握，且能充分利用水平速度使身体向上腾起，并合理利用身体重心腾起高度过杆的补偿运动，因此多被世界各国优秀运动员所采用。

一、背越式跳高的教学内容与技术要点

背越式跳高是指背部朝向横杆，身体各部分依次过杆的一种过杆技术。背越式跳高技术是由助跑、起跳、过杆和落地 4 个阶段组成的。各阶段彼此紧密相连、相互作用（图 6-14）。

图 6-14

(一)助跑

1.助跑的任务

从背越式跳高的助跑路线(图6-15)可以看到,在助跑开始的前段直线跑,应尽可能大地获得水平速度。在助跑后段的弧线跑应为起跳创造尽可能大的离心加速度,有助于向横杆方向运动。

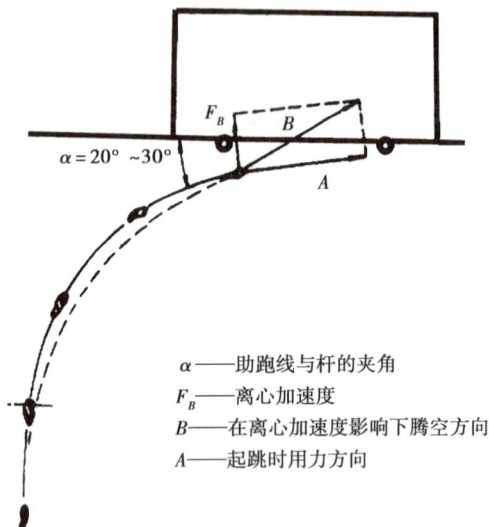

α——助跑线与杆的夹角
F_B——离心加速度
B——在离心加速度影响下腾空方向
A——起跳时用力方向

图 6-15

2.助跑的技术要点

开始采用直线助跑,双肩要下垂,用前脚掌着地,跑时具有弹性;提高重心,步幅均匀,不断加速;进入弧线跑时,外侧摆动腿富有弹性地蹬地。为了克服离心加速度的作用,上体应稍向弧线内侧倾斜。前脚掌沿弧线落地,身体重心轨迹向内越出足迹线(图6-15 虚线部分)。助跑的节奏要快,特别是助跑最后两步髋关节前送幅度要大,迈步时上体保持较垂直的姿势,摆动腿积极充分后蹬,起跳腿快速前伸,同时髋部自然前送。助跑过程中两臂应积极有力地前后摆动,弧线跑时外侧手臂摆动幅度应大于内侧手臂的摆动幅度。

(二)起跳

起跳的目的在于使助跑获得的水平速度迅速转变为垂直向上运动,以使身体充分向上腾起,并为过杆做好准备。起跳动作可分为起跳腿着地、缓冲和蹬伸3个阶段及摆动腿与双臂的配合。

1.起跳腿着地、缓冲和蹬伸技术

为加快起跳的速度,起跳腿应大幅度、平稳地以脚掌外侧着地,躯干在离地前瞬间几乎垂直地立于起跳脚之上。这时起跳腿的蹬伸方向应在身体重心的外侧,从而产生过杆所必需的旋转动力。

2.起跳时摆动腿与双臂的协调配合技术

起跳时离横杆较远的一臂使劲地向上摆动,另一臂不要充分摆出,并且较早地制动,这样有利于肩轴倾向横杆。摆动腿的摆动应从经屈膝的起跳腿旁开始,以膝盖领先,先屈膝折叠,向跳高架的远端支柱上方用力摆出。当摆动腿摆到起跳腿前方之后应向里转,而小腿和脚要稍许外展。这样的积极动作有助于使骨盆保持在起跳力量的作用线上,围绕纵轴产生转身动作。此时,头应补偿性地转向横杆。

(三)过杆和落地

过杆就是充分利用起跳获得的腾空时间改变身体姿势,缩短身体重心与横杆之间的距离,并利用身体的屈伸、旋转越过横杆。过杆时,立即屈髋收腹,下颚迅速引向前胸,同时双腿高举,两小腿积极向上甩起。应注意,落地前的收腹举腿,以背先着地,或团身以肩先着地,然后再做一个后滚翻。为了控制腾越方向,头部不能后仰,要注意在落垫过程的"视力监督",眼睛始终要注视着横杆方向。

二、练习方法

(一)学习和掌握起跳技术

1.原地蹬摆练习

站立,一手抓支撑物,起跳腿在前,摆动腿在后,摆动腿向异侧肩的前上方摆动,起跳腿配合充分蹬伸。要求摆动腿屈膝折叠并膝内扣,加速摆动至最高点,异侧臂配合上摆,同时拨腰、顶肩,髋部前送并扭转(图6-16)。

2.上步走动起跳练习

站立,起跳腿在后,摆动腿在前,起跳腿向前迈步放脚,摆动腿积极向前摆(同练习1)。要求沿直径为15~20米的圆圈走动,起跳腿积极主动向前迈步放脚,并在摆动腿与手臂的有力配合下迅速完成起跳腿的蹬伸,身体沿纵

图6-16

轴转向圆心。

3.弧线助跑起跳练习

在练习2的基础上分别用1步、2步、3步助跑转体1/4垂直纵跳,两脚落地。要求蹬摆配合协调一致,动作快速有力,助跑节奏清楚,最后两步和起跳连贯,体会弧线助跑转入起跳时上体由内倾到竖直的垂直用力感觉。双脚落地,是为了使摆动腿努力下沉,有利于按"桥"形完成过杆动作。此练习可在两个跳高架之间吊拉橡皮筋球,高度宜控制在练习者起跳后头顶刚好能够触及之处(图6-17)。

图 6-17

(二)学习和掌握过杆落地技术

1.原地倒肩挺髋练习

背对海绵包站立,倒肩挺髋成"桥",肩背着垫(图6-18)。要求挺髋挺腹,两臂屈肘外展。

图 6-18

2.立定背越式跳高练习

背对海绵包站立,两腿屈膝半蹲,然后提踵发力向上跳起,形成典型的"桥"腾空姿势。接着屈髋,向上积极甩小腿,用整个背落地(图6-19)。要求在用力向上起跳之后,两臂配合上摆,挺髋,挺胸,肩后倒下沉,两小腿放松下垂,体会空中背弓的肌肉感觉。落地前两小腿积极上甩,动作自然放松。

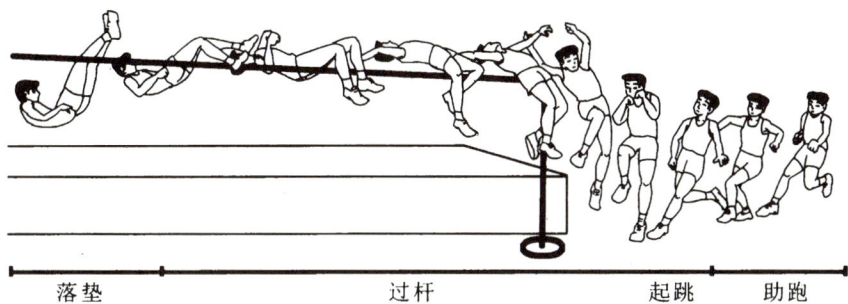

图 6-19

此练习开始时可以不用横杆,动作熟练后再用橡皮筋、横杆。另外,为了增加腾起高度,可站在低跳箱或起跳板上进行。

3.弧线助跑做背越式跳高练习

在练习2的基础上,可采用先1步助跑,然后3步、5步助跑做背越式跳高练习。弧线助跑最后两步起跳要与过杆技术有机衔接。开始练习时,应将重点集中在起跳和腾空动作的正确结合上。初学者可在起跳点放置起跳板,增加腾空高度,另外,也可以增加垫子的高度。在技术上要求做到助跑点准确;起跳充分向上"旋起";过杆时身体舒展成"桥",与横杆大致成"十"字交叉;头、肩、背和小腿依次越过横杆后,肩背领先落垫。

(三)学习和掌握全程助跑背越式跳高技术

1.全程助跑的丈量方法(以左脚起跳为例)

(1)走步丈量法。先确定起跳点。起跳点的位置一般在离近侧跳高架的立柱1米左右(或横杆长的1/4),离横杆投影点50~90厘米处。由起跳点沿横杆的平行方向向前自然走5步,再向右转成直角向前自然走6步做一标志,由此点向起点大约5米的半径画弧线,即成最后4步的助跑弧线;从标记点再往前走7步自然步画起跑点,定为前段直线跑4步的距离。全程共跑8步(图6-20)。

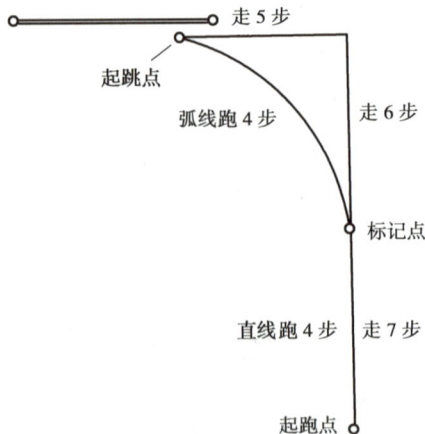

图 6-20

（2）等半径丈量法。助跑距离为 9～13 步，起跑点离横杆为 15～20 米，与内侧跳高架向外延伸线之间的距离为 3～5 米。助跑弧线的半径取决于助跑的速度，速度越快，半径越长。初学者变化幅度为 6～8 米。起跳点和横杆之间的距离视横杆的增加高度而向外移（图6-21）。

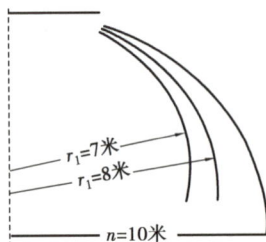

图 6-21

2.全程助跑的练习方法

（1）弯道弧线跑练习。此练习可先采用沿田径场弯道做加速跑，然后再缩小半径，沿直径 10～15 米的圆圈快跑。要求跑时身体向内倾斜，平稳向前移动，注意摆臂的幅度内小外大。

（2）直段跑切入弧线跑练习。此练习可沿直线加速跑 5～7 步后转为弧线跑，过渡要自然连贯，节奏要逐步加快。

（3）全程助跑起跳练习。此练习采用 7～9 步助跑距离，即直线跑 3～5 步、弧线跑 4～5 步的方法进行助跑起跳练习。要求助跑速度快，节奏性强，步点固定。注意体会助跑与起跳的结合，尽量保持"旋起"动作至高垫顶上。

（4）完整技术练习。在熟练掌握全程助跑与起跳节奏的基础上，先做较低高度过杆练习，熟练后逐渐提高横杆的高度。在完整技术练习中，要做到最后 4～5 步助跑的足迹落在弧线上,起跳脚的着地点要正,起跳力方向要正。起跳结束时,身体由倾斜转入直立姿势向上腾起。过杆时,后引双肩、挺髋、小腿放松下垂,完成好"桥"的动作。助跑身体重心移动要稳,助跑速度和起跳要快,起跳后身体在空中腾起要平稳,过杆后肩背落垫要平稳。

三、练习提示

(一)注意事项

(1)首先应重点掌握杆上动作,练习时要注意控制杆上挺髋成"桥"的时机,使之有足够的延续时间,防止"坐着"过杆。

(2)学习过杆技术要多采用各种辅助练习,注意设备的安全性能及加强保护措施。

(3)重点抓好助跑与起跳的有机结合。

(4)应通过对助跑丈量方法的学习,掌握由直线进入弧线的助跑技术,并确定起跑点。

(二)错误动作纠正

1.助跑节奏紊乱,助跑与起跳结合不好

(1)产生原因。助跑步点不准确,拉大步、捣小步或没有沿助跑弧线落脚。

(2)纠正方法。改进直线进入弧线的助跑技术,调整适合自身特点的助跑步点,按画好的每步标志反复进行练习;跳越跨栏架的练习,采用栏间跑3、5、7步以培养节奏感和目测距离的能力。

2.起跳向前冲力太大而跳不起来

(1)产生原因。助跑过快失去控制,自身的腿部支撑力量不够;最后放腿太慢,不能及时完成起跳动作;助跑最后两步与起跳的转换技术没有掌握好。

(2)纠正方法。多做短、中程助跑起跳的结合练习,改进起跳脚快速着地,摆动腿和摆臂的有力上摆、提肩、拔腰技术,提高助跑结合起跳的速度。另外,可多做弧线助跑结合起跳后身体落在高垫上的练习,强调身体从内倾迅速转成垂直和正确完成起跳后再做过杆动作。

3.起跳时制动大,降低了水平速度,做过杆动作时,身体压杆

(1)产生原因。倒数第二步身体重心下降太多,身体内倾不够;起跳前身体后仰过大,起跳脚落地不够积极,前伸太远。

(2)纠正方法。多做弧线助跑起跳的模仿练习。弧线助跑起跳后用头触高物,强调起跳要积极,上体要正直。

4."坐着"过杆,臀部及大腿碰落横杆

(1)产生原因。起跳时身体重心没跟上,髋关节变屈,起跳效果差,腾空高度不够,心理上怕摔,不敢用肩背落垫,小腿太紧张,没有挺髋就过早收腹举腿。

(2)纠正方法。利用弹跳板或跳箱,做立定背越式跳高,注意延长挺髋时间;逐渐增加高度,克服害怕心理,用肩背落垫。

5.身体斜交叉过杆

(1)产生原因。起跳时摆动腿内扣向异侧肩方向用力摆的动作做得不够,使身体绕纵轴转体不够。

(2)纠正方法。结合摆臂动作多做原地蹬摆起跳模仿练习,弧线助跑起跳触高物转体90°。短程助跑起跳过杆练习,在垫上画出落垫点,使肩背在落垫点着垫。

6.杆上动作僵直

(1)产生原因。起跳腾空后,两膝紧张绷直,背弓动作不自然,空中身体感觉能力较差。

(2)纠正方法。加强柔韧性、灵敏性和协调性的练习,提高动作的放松能力。在山羊或跳箱上做仰卧背弓、顺势屈小腿举小腿练习(图 6-22)、立定背越式跳橡皮筋练习,体会倒肩、抬臀、挺髋,做屈小腿过杆后小腿自然上甩、肩背落垫的动作,还可以做中短距离助跑起跳过杆练习。另外,可以降低横杆高度或用橡皮筋代替横杆,消除练习者的害怕心理。

图 6-22

四、比赛规则简介

(1)运动员的试跳顺序,应抽签排定。

(2)运动员必须用单脚起跳。

(3)有下列情况之一者,则判为失败:

①运动员在试跳时的动作致使横杆掉落。

②在越过横杆之前,身体任何部分触及立柱之间、横杆延长线垂直面以外的地面或落地处者。

(4)不管任何高度,只要运动员连续 3 次试跳失败,即失去继续比赛资格(成绩相等进行第 1 名决定名次的试跳除外)。

第五节　跳远

跳远(不包含立定跳远)是古代奥林匹克竞赛及古希腊 5 项运动里都有的项目,也是现在学校体育教学和田径比赛的项目之一。练习跳远能发展人的速度、弹跳力和灵敏性。跳远的场地设施比较简单,也比较容易学习。

跳远技术的发展有较长的历史。人们最初采用蹲踞式跳远,20 世纪二三十年代大多数运动员采用挺身式跳远,目前多数优秀运动员都采用走步式跳远。

一、教学内容与技术要点

(一)助跑

跳远的助跑是为了获得较高的水平速度,并为快速积极的起跳做准备。

1.助跑的开始姿势

助跑的开始姿势有两种:一种是从静止状态开始,类似站立式的起跑姿势,两脚可前后或左右开立,从静止状态开始助跑,第一步的步幅和速度要力求稳定,这有利于保证步点的正确性;另一种是从行进间开始,先走或慢跑几步踏上起点,而后开始加速跑。

2.加速跑的方法

起跑后的加速方法也有两种:一种是积极加速,从助跑一开始就用力跑,步频快,逐步增加步长提高速度。用这种方法可较快获得高速度,助跑距离较短。另一种是逐步加速的方法,与一般加速跑相似,开始步频较慢,在逐步加大步长的同时要提高步频。它的加速时间较长,加速过程比较均匀,助跑距离较长。采用何种方法助跑,可根据个人习惯而定。但不论采用哪种方法,都要在起跳前获得高速度,并有助于正确踏板和起跳。

3.助跑距离的丈量与调整

跳远的助跑速度是获得优良成绩的关键之一,同时与踏跳时的腾空速度密切相关。优秀运动员起跳前的速度可达到每秒 10~10.7 米。男子助跑的距离一般为 35~45 米,跑 18~22 步;女子助跑的距离一般为 30~35 米,跑 16~18 步。一般大学生身体素质和踏跳技术较差,因此,助跑距离和步数应视个人情况适当减少。

丈量步点一般采用从踏板开始反方向跑的方法,在跑至一定步数时踏跳跃起,踏跳点就是助跑起点,然后向沙坑方向助跑,校正步点。

正确踏板是取得优良成绩必不可少的,也是助跑技术的一个很重要的方面,所以在丈量步点时,可在最后 6~8 步的地方设立第二标志点,以利于正确踏板。这几步助跑,一般练习者为了踏上板往往故意拉大或缩小步长,这会破坏助跑的节奏,影响速度的发挥和起跳的效果。

在测验或比赛时,助跑的距离要根据跑道的性质、硬度、气候和个人身心状况等进行调整。

(二)起跳

起跳的主要任务是使身体按适当的腾起角(一般为 18°~24°)腾起。腾起的初速度越大,越有可能取得优良成绩。优秀运动员的腾起初速度可达 9.2~9.6 米/秒,身体重心腾起高度可达 50~75 厘米。起跳过程可分着地、蹬伸和摆动 3 部分。

1.起跳脚着地

起跳是在高速助跑的情况下完成的,在助跑的最后一步就准备起跳。为了加快起跳速度,起跳腿的大腿在前摆时抬得比短跑时低些,要积极下压,几乎是伸直腿、快着地。着地时起跳脚先以脚跟触及地面,并迅速转为全脚掌支撑。起跳脚着地时,起跳腿与地面的夹角为65°~70°。起跳脚的着地点在身体重心投影点前 30~40 厘米的地方。着地点太远,会产生制动,那样虽然能获得较大的腾起角和跳跃高度,但损失水平速度较多;着地点过近,会缩短起跳蹬地用力的距离,减少作用力的时间,降低腾空高度,影响起跳的效果。

起跳脚着地一刹那,由于助跑水平速度的惯性力和身体重心的作用,会产生很大的压力,迫使起跳腿髋、膝、踝关节和脊柱很快地弯曲缓冲。关节弯曲缓冲要适度,太大、太小都会影响起跳的效果。

2.起跳腿的蹬伸

起跳过程中,当身体重心移至起跳腿支撑点的垂直部分时,因缓冲而拉长的伸肌强有力地收缩,使髋、膝、踝 3 个关节迅速地蹬伸,上体挺起,摆动腿的大腿积极向前上方摆到水平位置,小腿自然下垂,完成起跳动作。起跳时的蹬地角大约为 75°。

3.起跳中的摆动动作

起跳中的摆动动作是指摆动腿和两臂的摆动动作。摆动腿和两臂摆动对提高起跳速度、加大动作幅度,尤其是加大蹬伸力量都有重要作用。摆动中两臂摆至稍低于肩关节时,摆臂动作突然停止,摆动腿积极向前上方摆动。摆动的一刹那,会产生一个向下的力,这个力和起跳腿的蹬地力成为合力(图 6-23),这样才能达到良好的起跳效果。

图 6-23

图 6-24

(三)腾空

跳远时的腾空动作是为了维持身体的平衡从而推迟落地时间,并为落地创造有利的条件。腾空初期的姿势一般称为"腾空步"(图 6-24)。"腾空步"后空中动作有 3 种:蹲踞式、挺身式和走步式。蹲踞式比较易学,一般在中学都已学过,走步式对身体素质的要求比较高,一般不易学,因此学习挺身式比较适当。

1.挺身式

跳远的空中挺身动作,能使身体拉长,有利于收腹举腿和伸腿落地,也可以较好地避免蹲踞式跳远时身体易绕横轴向前回旋而过早落地的缺点。

2.挺身式的动作过程

挺身式跳远的空中动作在"腾空步"后即开始,但"腾空步"保持的时间比蹲踞式短。"腾空步"后展髋放下摆动腿,并后摆与起跳腿靠拢;当摆动腿下放时,两臂向下、向后上方振摆,同时两腿继续向后摆动,在空中形成挺身姿势,而后收腹举腿,两臂向上向前、向下向后摆动,准备落地(图 6-25)。

图 6-25

(四)落地

正确的落地动作,有利于提高跳远成绩。落地方法有向前和侧倒两种。当脚跟触地的一刹那,前脚掌下压,并屈膝前移重心,身体随惯性前倒,或当双脚落地后,一脚支撑,一脚放松,身体向放松腿一侧侧倒落地。落地动作可分解为3部分:

(1)着地前,两腿屈膝高抬,膝关节向胸部靠拢,上体不要过于前倾。

(2)即将着地时,膝关节迅速伸直,使小腿前伸,以足跟先触及地面。

(3)在脚跟触及地面的一刹那,立即屈膝或迅速挺腹,使身体重心迅速移过落点。

二、练习方法

(一)起跳

(1)原地模仿起跳练习。在确定起跳腿后,原地做起跳练习,腿和两臂的摆动与起跳蹬地要同时,保持协调一致。

(2)从走步到慢跑连续做起跳练习。原地起跳动作比较正确后,再在走步中做,做后慢跑3~4步连续做起跳练习(可集体在跑道或平整的场地上进行练习)。

(3)4~6步助跑起跳,用摆动腿落入沙坑,而后随惯性向前跑进。注意不能用踏跳腿落地,以免踏跳腿负担过重。

(4)同上练习,起跳后用头触及或手摸高悬物。

(5)中、远程助跑起跳练习。

(二)腾空挺身动作练习

(1)原地做腾空动作的模仿练习。

(2)原地做 1 步起跳,在落地前快速完成腾空动作。

(3)4~6 步助跑起跳后做摆动腿练习。小腿微向前、向下、向后摆动,膝关节放松,落地后继续向前跑进。

(4)利用踏跳板(台),4~6 步助跑起跳做腾空动作。

(5)不用踏跳板(台)做练习(4),要求把注意力集中在做腾空动作上。

(三)落地动作练习

(1)4~6 步助跑跳远,落地前做伸小腿动作,不要怕后坐。

(2)6~8 步助跑跳远,落地前做伸小腿动作,脚落地的一刹那,迅速做屈膝或挺腹动作,避免后坐。

(四)完整技术练习

(1)中距离助跑起跳,改进腾空与落地动作。

(2)正确丈量步点,每次助跑接近起跳板时均要做起跳动作,然后以摆动腿落地继续向前跑进。这样接近正式试跳的练习,容易校正步点。丈量步点次数不宜过多,3~4 次即可,丈量次数过多因体力等因素会影响后面的正式试跳。

(3)全程助跑挺身式跳远练习。

三、练习提示

(一)注意事项

(1)教学时除指出技术要点外,还要抓住练习时存在的问题,反复示范,以免混淆技术动作。

(2)教学和练习的重点应放在快速助跑和踏跳的结合上,最好每次课都安排助跑与踏跳相结合的练习。

(3)在跑道上练习起跳,开始要求在一定范围内起跳,以后逐步缩小踏跳区的宽度。测验时应按规则进行。要充分发挥助跑速度,不要因凑步子上板而降速。

(二)错误动作纠正

1.助跑凑步子上板

(1)产生原因。练习者概念不清,以为只要踩上板起跳成绩就好,不知道凑步子上板会因降速而影响跳远的成绩。

(2)纠正方法。讲清凑步子上板的不良后果,练习时发现凑步子应立即指出,并检查纠正。

2.助跑步点不准

(1)产生原因。练习者开始助跑姿势不固定,助跑加速的距离也不一样,形成步长不稳定。

(2)纠正方法。固定开始助跑姿势和加速距离,预先做好标志或固定加速步数,并注意场地和气候的变化。

3.助跑最后几步降速

(1)产生原因。除了凑步子上板,练习者主要害怕越板犯规,过早出现起跳意识。少数练习者身体素质差,前程助跑快,后程缺乏快速助跑的能力。

(2)纠正方法。讲清利害,克服怕犯规的心理因素;提醒练习者在前程助跑时慢一些,放松,最后不要降速。

4.起跳腿蹬不直,起跳向前不向上

(1)产生原因。练习者起跳腿蹬地不充分,急于起跳,腿部力量差,对起跳要积极向上的概念不清。

(2)纠正方法。手扶肋木或栏杆等物侧向站立做起跳腿蹬伸送髋动作;多做短距离助跑起跳头触高悬物;发展腿部力量。

5.挺身过早或以挺腹替挺身

(1)产生原因。练习者概念不清,摆臂和摆腿动作不够充分;刚起跳时就出现挺身动作。

(2)纠正方法。弄清挺身和挺腹的区别;多做原地模仿练习。

6.落地前没有向前伸小腿

(1)产生原因。练习者向前伸小腿意识差;空中失去平衡,不能自主伸腿;腰腹力量和柔韧性差。

(2)纠正方法。反复讲清伸腿的作用,加强伸腿意识,做立定跳远练习要求落地时伸腿;多做短距离助跑跳远,重点注意落地时小腿前伸。

四、比赛规则简介

比赛中运动员若超过8人,每人可试跳3次,前8名可再试跳3次。若第8名出现成绩相等,则成绩相等的运动员均可再试跳3次。运动员只有8人时,每人均可试跳6次。如有

下列情况之一,则判试跳失败:

(1)不论在未作起跳的助跑中或在跳跃动作中,运动员以身体任何部分触及起跳线以外地面者。

(2)在落地过程中触及落地区外地面,而区外触点较区内最近触点离起跳线近者。

(3)完成试跳后,向后走出落地区者。

(4)采用任何空翻姿势者。

第六节　推铅球

从1896年第一届现代奥林匹克运动会起,推铅球就成为正式的比赛项目。男子铅球的质量为7.26千克,女子铅球的质量为4千克。经常参加推铅球活动,可以锻炼身体,增进健康,增强体质,特别是对发展躯干和上下肢的力量有显著作用。

一、背向滑步推铅球的教学内容与技术要点

背向滑步推铅球的完整技术,可分开始姿势、滑步和最后用力3部分(图6-26)。这种技术的优点在于能获得更大的预先速度和更大超越器械的效果,进而加长了推铅球的用力距离,更利于初速度的获得,把铅球推得更远。

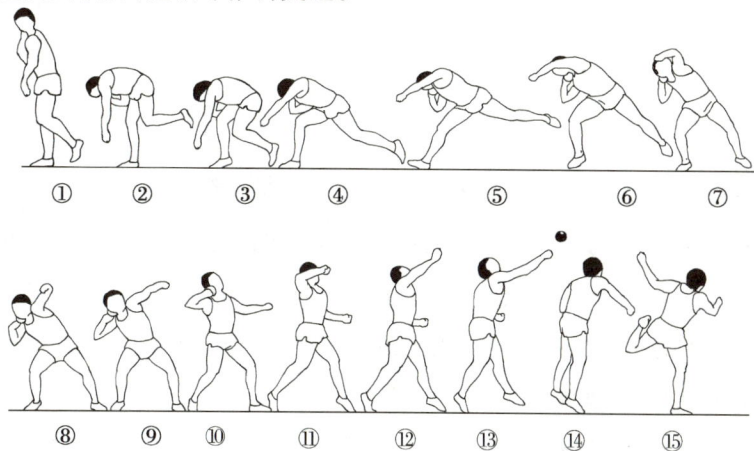

图 6-26

(一)开始姿势(以右手推铅球为例)

背对投掷方向站在投掷圈内的后部,两脚前后开立,右脚尖靠近投掷圈内后缘,脚跟对着投掷方向。左脚在后约一脚远,用前脚掌着地。体重落在右腿上,两眼平视前方,这种姿势称为高姿势(图6-27),但也有采用低姿势的(图6-28)。两姿势相比较,高姿势动作自然,并能协调地转入滑步动作;低姿势的铅球处于低位置,较易维持身体平衡。

图6-27   图6-28

(二)滑步

滑步动作开始前,往往先进行预摆动作。预摆时左腿自然弯曲,大腿向后上方摆起,右腿伸直,脚跟提起,用脚的前掌支撑体重,眼看前下方(图6-26①—③)。

当预摆结束形成团身姿势时,紧接着身体重心后移,同时左腿用力向抵趾板中间偏左方向摆出并用前脚掌内侧着地。左腿前摆的同时右腿蹬地后主动收拉小腿,而且边收边内转,右脚落在投掷圈的圆心附近,此时身体重心落在弯曲的右腿上,形成最后用力前的超越器械姿势。

(三)最后用力

最后用力阶段是推铅球技术的主要环节。当滑步即将结束左脚积极着地的一刹那,右腿和髋向投掷方向蹬转发力,同时上体迅速向投掷方向抬起,左臂也向投掷方向牵引,形成推球的有利姿势。由于右腿的继续蹬转,右髋不断向投掷方向转动,头和胸对着投掷方向。之后,屈膝有力支撑的左腿和右腿同时用力蹬地,右肩前送,右臂用力将铅球推出。铅球出手时手腕、手指用力拨球,两腿蹬直。

铅球出手后,为了保持身体平衡,一般是两腿弯曲,降低身体重心,左脚和右脚及时协调地交换位置。

二、练习方法

（一）学习原地背向推铅球

1.握球

5指自然分开，把球的重量放在食指、中指和无名指的指根上，大拇指和小指在球体两侧，手腕充分向后背屈（图6-29）。

2.持球

将球握好放在锁骨窝处，头部微向左靠，用颈部和下颌贴紧铅球。右手抵球，肘部稍外展，手心向上（图6-30）。

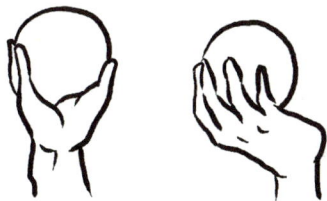
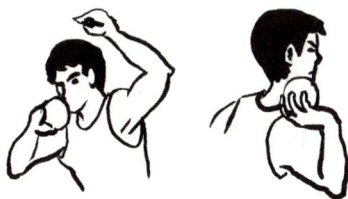

图6-29　　　　　　　　　　　　图6-30

3.原地背向推铅球的站位方法

两脚背对投掷方向前后站立，右脚在前，左脚在后，分开比肩稍宽。右脚掌微内扣，左脚掌稍外展并用前掌内侧着地（全掌也可）。一般都是左脚尖同右脚跟在一条直线上（图6-31）。

4.原地背向推铅球方法

站好后，接着是躯干和肩右转成背对投掷方向。上体前倾，右腿弯曲成130°左右，右膝微屈，左臂向前下方自然伸出，身体重心落在右腿上。用力前的姿势站好后，立即蹬右腿送右髋向投掷方向，在蹬腿送髋发力的基础上，使躯干、手臂、手共同用力把铅球推出。原地推出时两脚换位或不换位都可以（图6-32）。其练习方法可先进行单人徒手模仿练习，再进行原地推实心球（或小皮球）的练习，之后再进行原地推铅球的练习。

（二）学习背向滑步推铅球

（1）单人徒手做摆左腿、蹬右腿、收右小腿的滑步练习。

（2）手拉同伴的手做上述练习。

（3）两手放于背后做上述练习。

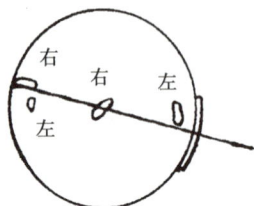

图 6-31

图 6-32

(4)持铅球的滑步练习。

(5)持铅球的滑步后蹬右腿起体练习。

(6)背向滑步推铅球完整技术练习。

(三)专门性技术练习方法

(1)前、后抛铅球(或实心球等)。

(2)原地向前上、向前下推铅球。

(3)原地正面向前推铅球(或实心球)。脚的站法分左右平行站立和左前右后站立。

(4)实心球的坐推和跪推(图 6-33、图 6-34)。

图 6-33

图 6-34

(5)持球或徒手的连续滑步。

(6)侧向滑步推铅球(图 6-35)。

① ② ③ ④ ⑤ ⑥ ⑦ ⑧ ⑨ ⑩ ⑪ ⑫ ⑬

图 6-35

三、练习提示

(一)注意事项

(1)铅球技术中3个部分是紧密相连的,其中最后用力是关键,而滑步与最后用力的衔接是重要环节。

(2)铅球教学与练习时要加强安全教育。每次课都要重视,组织教法得当,措施具体,要求明确。

(3)教学与练习时,男子用5千克铅球、女子用3~4千克铅球。

(4)为有利于掌握技术,除采用必要的分解动作,专门练习或诱导、辅助练习外,应以完整技术练习为主。

(二)错误动作纠正

1.不是推铅球,而是抛球或掷球

(1)主要原因。肘关节过低。头在滑步过程中过早左转,铅球离开正确的持球部位。

(2)纠正方法。滑步时把左肘关节抬到同肩平的位置上,滑步过程中眼看前下方。

2.推铅球时造成手指、手腕挫伤。

(1)主要原因。手指、手腕力量差。推球时手指、手腕过于放松,加上用力过于突然造成。

(2)纠正方法。注意加强手指、手腕力量。推球时握球手保持一定的紧张程度,也可以用轻铅球等器材进行练习。

3.出现臀部后坐而单纯用手臂力量推球

(1)主要原因。用力顺序不正确。用力前的姿势不正确。手臂的用力意识过强、过早。

(2)纠正方法。明确并强调蹬腿送髋发力基础上的躯干、手臂、手共同用力推球的概念。用力之前的姿势应克服步子过大,并把身体重心保持在右腿上。

4.滑步后出现停顿

(1)主要原因。动作的加速意识不强。左脚落地不积极。右腿力量小,不能及时发力。

(2)纠正方法。强调整个技术动作由慢到快的加速节奏,可根据加速节奏的信号或口令练习。左腿摆动要向前且积极落地,克服左腿高摆。加强腿部力量。

5.滑步时身体重心上下起伏过大

（1）主要原因。左腿摆动过于向上，形成跳步。左腿力量不够。

（2）纠正方法。左腿向前下方摆（同时右腿蹬的方向应以向前为主）。加强腿部力量。

四、比赛规则简介

（1）比赛用的铅球、场地、器材要符合相关规定。

（2）铅球应从投掷圈内推出。运动员必须从静止姿势开始进行投掷。允许运动员触及铁圈和抵趾板的内侧。

（3）铅球应从肩部用单手推出。

（4）运动员在铅球落地后可离开投掷圈。离开投掷圈时，最先接触到的铁圈上沿或圈外地面必须完全在圈外白线的后面。

（5）每次成功试掷的有效成绩，应从铅球着地的最近点与圆心之间的直线量至铅球内沿。

（6）每个运动员应以所试掷中最好的一次成绩为正式成绩。

（7）每人先试掷3次。前3次中成绩前8名者，可再试掷3次。

（8）比赛中不允许使用任何装置对运动员在投掷时进行帮助（如用带子将两个或更多的手指捆在一起；除因伤包扎外，不得在手上使用绷带或胶布；不允许使用手套等）。

第七章　篮球

篮球运动于 1891 年由美国马萨诸塞州斯普林菲尔德市基督教青年会训练学校体育教师詹姆斯·奈史密斯(James Naismith)博士发明,1895 年传入中国。随着篮球运动的发展,为了提高业余训练水平和加强各国之间的业余比赛,1932 年 6 月 18 日在瑞士日内瓦成立了"国际业余篮球联合会"(简称"国际篮联"),当时只有 8 个会员国,1936 年第 11 届柏林奥林匹克运动会上男子篮球被列为正式比赛项目。本章主要介绍常用的篮球基本技术与一些较简便的练习方法,以指导大学生科学有效地参与篮球运动锻炼。另外,本章的学习能使大学生在锻炼的同时,经过不断的积累,逐渐学会和懂得如何欣赏篮球运动。

第一节　篮球运动的锻炼价值与作用

篮球运动是身心俱用的全身活动项目。运动时,既能够享受到轻松愉快,又可以体验到竞技的紧张。它不仅能够健身强体,还可以使人的个性、潜能和创造力得到充分展示。篮球运动的锻炼价值与作用主要体现在以下 3 个方面。

一、健身的价值与作用

篮球运动持续时间可长可短,但需要参与者快速奔跑、突然与连续起跳、反应敏捷与力量抗衡。经常参加篮球运动,可使身体各部分肌肉坚实、发展匀称、体格健壮。篮球运动能促进力量、速度、耐力、弹跳、灵敏等素质的发展,同时能使心脏、血管、呼吸、消化等器官的功能增强，促进机体内各系统的工作能力提高。由于参与者在比赛中经常变换动作，因此对提高神经中枢的灵活性、神经中枢协调支配各器官的能力具有良好的锻炼价值。

二、开发智力的价值与作用

篮球运动不仅是技术与身体的对抗，也是意志与智慧的较量。篮球比赛是一场心理交锋，参与者的智慧、胆略、意志、活力与创造力，决定着比赛的成败和运动水平。它要求参与者反应快速、判断正确、随机应变、有勇有谋、机智善断，从而能够促进大脑功能水平的提高与智力的发展。

三、育人的价值与作用

篮球运动对培养集体主义精神有积极作用。参与者之间团结合作、互相协同、默契配合，一切为集体、一切为大局，才能保证比赛的胜利。通过比赛，参与者的个性、自信心、情绪控制力、意志力、进取心、自我约束等能力都有很好的发展，也能培养参与者拼搏精神、文明自律、尊重裁判、尊重对手、尊重观众等高尚的体育道德。

球场和器材

第二节　篮球的基本技术与练习方法

篮球技术是篮球比赛中为达到一定目的的专门技术动作方法的总称，是篮球运动的基础，它包括进攻技术与防守技术两部分。

一、移动

（一）基本技术

1.起动

起动前两脚开立，腿呈一定的弯曲，上体稍前倾。起动时以用后脚或异侧脚的前脚掌短促有力地蹬地，同时上体迅速前倾或侧转，向跑动方向移动重心，在最短的距离内把速度发挥出来（图7-1）。

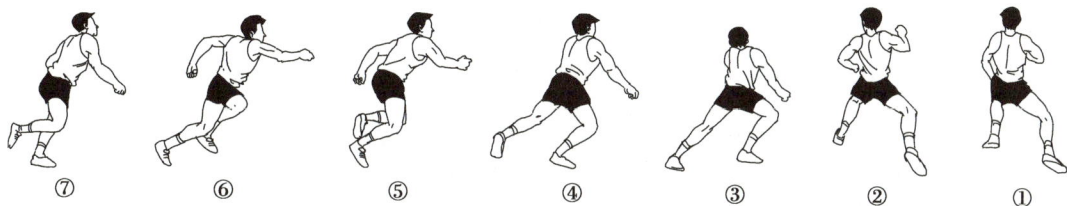

⑦　　⑥　　⑤　　④　　③　　②　　①

图 7-1

2.急停

（1）跨步急停（两步急停）。先向前跨出一大步，从脚跟着地过渡到全脚掌抵住地面，迅速屈膝，上体稍后仰。第二步着地时，身体侧转，脚尖内旋，用前脚掌内侧蹬撑地面保持身体平衡，身体重心落在两脚之间。

（2）跳步急停（一步急停）。在跑动中，用单脚或双脚起跳，上体稍后仰，两脚同时平行落地，用前脚掌内侧有力蹬撑地面，两膝迅速弯曲，降低身体重心保持身体平衡。

3.侧身跑

向前快跑的同时，头部和上体自然地向有球方向扭转，同时侧肩。

4.变向跑（以从左向右变向跑为例）

顺步变向跑时，左脚落地制动，屈膝降低身体重心，用前脚掌内侧蹬地，同时扭腰转跨，右脚迅速向右跨步加速。交叉步变向跑时，左脚落地制动，腰胯向右转动，同时，左脚前脚掌内侧蹬地向右跨步，继续加速跑动前进。

5.滑步

滑步包括侧滑步、前滑步、后滑步（图7-2）。

图 7-2

(二)练习方法

①基本站立姿势(面向、背向、侧向),听或看信号起动跑练习。

②自抛或别人抛球后,迅速起动快跑,把球接住。

③排成一路纵队,采用全场"之"字形急停急起。练习时,第一名队员急停变向后,第二名接上再做,依次进行。直线为跑动,角为急停起动。

④看手势做前后、后、侧滑步练习,全场"之"字形滑步练习。

⑤全场绕三分弧做滑步练习。

二、运球

运球技术动作

(一)基本技术

1.快速运球

运球时,两腿微屈,目平视,手要控制球的后侧上方,以肘关节为轴做上下的按拍动作。球的落点控制在运球手臂同侧脚的外侧前方,使球反弹的高度在腰腹之间,手脚协调配合,使球有节奏地向前运行(图 7-3)。

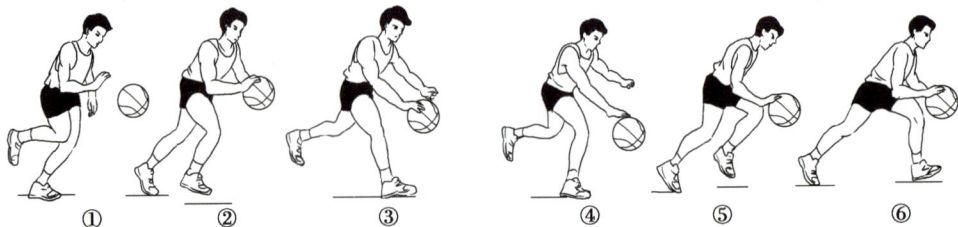

图 7-3

2. 低运球

两腿弯曲,重心下降,上体前倾,在用上体和腿保护球的同时用手短促地在膝关节一侧上下按拍球。以腕关节为轴,用手指、手腕的力量按拍球(图7-4)。

图 7-4

3. 运球急停急起

在快速运球中突然急停时,采用两步急停。运球急起时,两脚用力后蹬,上体前倾,迅速起动,同时,按拍球的后上部,人、球同步快速前进(图7-5)。

图 7-5

4. 体前变向换手运球

运球队员从对手右侧突破时,先向对手左侧做变向运球假动作,然后突然改变方向向右侧运球。变向时,右手按拍球的右后上部,把球从自己的右侧按拍到左侧前方;同时,右脚向左前方跨出,上体左转,用肩保护球,然后换手运球加速前进(图7-6)。

图 7-6

(二)练习方法

1.走动中运球练习

初学篮球者可运球自如地在球场上来回走,练习时可选对面墙上的标记,眼睛要始终盯着这一标记,不许低头看球。

2.熟悉球性练习

距墙1米左右站立,双手持球,手在头前上方。先用右手向墙上运球10次,再用左手向墙上运球10次,如此交替练习后绕球场慢速运球(眼睛平视前方)。

3.体前变向运球练习

在场地中间或运球路线上放两把椅子,运球接近椅子的一刹那,突然变向换手运球绕过它,在另一把椅子前从右手变向左手再做一次。

4.一对一练习

两人一组,每组的第一个队员防守,第二个队员拿球进攻,在规定的3米宽的场地内,有球队员采用各种运球技术向前场推进,到对面端线后,交换攻守位置。

三、传球和接球

(一)基本技术

1.双手胸前传球

双手持球于胸前,两手5指自然分开,两拇指成"八"字形(两拇指间的距离随手的大小可变远近),持球的侧后方,手指指根以上部位触球,手心空出,两肘自然下垂于体前,上体稍前倾,两腿自然弯曲地前后站立。传球时,前臂急促地向传球方向伸出,拇指用力下压,食指、中指内翻,抖腕拨球将球传出(图7-7)。

图7-7

传球技术动作

2.双手反弹传球

双手反弹传球手法与双手胸前传球手法基本相似,反弹传球的击地点一般应在接球人与传球人之间距离的 1/3 处。

3.单手肩上传球

传球时,左脚向传球方向迈半步,左肩对准传球方向,同时右手引球于右肩上方,右脚蹬地的同时转体摆臂,甩腕通过食指、中指拨球将球传出(图 7-8)。

图 7-8

4.双手接胸部高度平传的球

接球时,两眼注视来球,肩臂放松,手臂要迎球伸出,手指自然分开,两指成"八"字形,两手成半圆形,自然分开迎球。当手指触球时屈肘,两臂随球后引持球于腹间,做好传球或投篮准备。

5.双手接低部位的反弹球

接球时及时跨步迎球,身体前倾,两臂迎球向前下方伸出,掌心斜对来球的反弹方向,手指触球后,顺势引球至胸腹。

(二)练习方法

1.定点传球练习

在墙上至少画出高度不同的 3 个点,作为传球目标。从距墙 3 米处开始传球,先双手胸前传球、双手反弹传球,然后双手头上传球等。

2.迎面传、接球练习

全体队员分成两组,面对面各站成一路纵队,相距 3~4 米,进行迎面传、接球练习。

3.3 个"8"字传球上篮练习

全体队员先分成 3 组,面向球场各站成一路纵队,间隔距离相等。要求向前跑动推进,不许运球,不许掉球。

四、投篮

(一) 基本技术

1.原地单手肩上投篮

以右手为例,右手持球于肩上,左手扶球向左侧,右臂屈肘,前臂与地面接近垂直。两脚前后开立或左右开立,两腿微屈右脚在前。投篮时,下肢蹬地发力,抬肘、伸臂、手腕前屈,食指、中指用力拨球,通过指端将球投出,身体随之向前上方伸(图7-9)。

2.双手胸前投篮

双手持球于胸前,肘下垂,腿微屈。投篮时,腿蹬地伸臂,前臂内转,拇指下压,手往前屈,两手外翻,脚跟提起,身体随投篮出手方向自然伸展(图7-10)。

图7-9   图7-10

3.行进间单手肩上投篮

行进间投篮技术

在运球行进或跑动行进中(以右手投篮为例),接球的同时右脚向前跨一大步,落地后,左脚向前跨一小步蹬地跳起,右腿提膝高抬,双手迅速举球于右肩上方。右手托球,掌心向上,左手扶球,当身体腾空到最高点时,将球投出(图7-11)。

图7-11

4.行进间单手低手投篮

一跨右脚接球,二迈左脚起跳,挺肘、伸臂、挑腕将球投出(图7-12)。

① ② ③ ④ ⑤

图 7-12

5.原地跳起投篮(以右手投篮为例)

准备动作与单手投篮基本一样。起跳时,起跳和举球动作同时完成。垂直起跳时,用腰腹力量保持身体平衡。当身体跳起至最高点时或接近最高点时,迅速伸臂,用手腕和手指的合力将球投出(图7-13)。

原地投篮技术

① ② ③ ④ ⑤ ⑥ ⑦ ⑧ ⑨ ⑩

图 7-13

(二)练习方法

1.单手站姿投篮练习

只用一手持球,像侍者托盘子那样举于额上,初学者可在距球篮1.5米处练习(球篮区域或侧面均可),要求抬肘伸臂充分,用手腕前屈和手指柔和地拨球。

2.仰卧姿投篮练习

练习者仰面躺在地板上,持球于脸上方,一手持球下部,另一只手扶球侧部,练习时持球手臂垂直向上充分伸展,最后屈腕,指端拨球,使球垂直飞出并垂直下落。

3.定点投篮练习

围绕罚球区 0°、30°、45°、90°等 7 个点练习投篮。

五、持球突破

脚步动作

（一）基本技术

1.交叉步持球突破

两脚左右开立，两膝弯曲，持球于胸前，突破时，左脚前脚掌内侧用力蹬地，上身稍向右转，左脚向右侧前方跨出，接着运球，中枢脚蹬地向前跨出，迅速超越对手（图 7-14）。

① ② ③ ④ ⑤

图 7-14

2.同侧步（顺步）持球突破

突破时左脚前脚掌内侧蹬地，右脚迅速向右前方跨出一步，同时右转，左肩下压，用右手将球放于右脚的侧前方，右脚再迅速蹬地上步超越对手（图 7-15）。

① ② ③ ④ ⑤

图 7-15

（二）练习方法

（1）原地模仿练习。

（2）原地一对一练习。

（3）半场或全场一对一练习。

（4）半场二对二练习。

六、防守技术

(一)基本技术

1.防守无球队员

站在对手与球篮之间偏向球一侧的位置。

2.防守有球队员

站在对手与球篮之间的位置。

(二)练习方法

1.阻止接球练习

教练员站在弧顶处,一攻一守的两名队员可以从球点的任一侧开始一对一阻止接球练习。

2.追防练习

攻守各3名队员面对面站在罚球线上(防守队员面对篮,进攻队员背对篮),一名进攻队员得教练员传来的球时,面对他的防守队员立即从对手身旁跑向最近的端线,触摸端线后迅速返回参加到防守中。进攻队员一旦接球,则迅速推进打快攻。

七、抢篮板球

(一)基本技术

1.抢防守篮板球

防守队员先挡人,利用后转身、前转身和跨步等动作把对手挡在自己身后,堵住进攻队员向篮下冲抢的移动路线,并及时判断出球的反弹方向,起跳,力争在最高点时手与球在空中相遇。抢到篮板球后双脚同时落地,屈膝降重心,上体稍前倾保持身体的平衡,把球放在远离对手的一侧,同时要衔接好下一个动作。

2.抢进攻篮板球

冲抢是抢占的关键。当投篮出手后,就要判断好球可能反弹的方向,利用突破的起动插向防守队员身前,或借助虚晃、变向、转身动作绕过防守队员的堵挡,抢占有利位置。

(二)练习方法

1.对墙练习

持球站在离墙 1.5 米的地方,尽量用力对墙掷球、起跳、抢球。

2.空中大力抢球练习

持球站在离篮 1.5 米的地方,投篮、起跳、抢球。

3.三对三练习

一组站在罚球线的中点上,另外两组站在罚球圈的两侧距篮约 1.8 米的位置,各组背对篮的人为防守队员。教练员投篮出手后,防守队员立即完成转身、撤步与挡人动作。

第三节　篮球竞赛规则简介

一、队员人数和号码

每队一般由 12 名队员组成。上场比赛为 5 人。每队队员号码应是 4—15 号,主要目的是避免队员得分(1~3 分)、3 秒违例与队员犯规后罚球次数等在判罚手势中相混淆。

二、比赛时间

每场比赛分为 4 小节,第 1 节和第 2 节、第 3 节和第 4 节分别为上半时、下半时。每节比赛为 10 分钟。第 1 节和第 2 节、第 3 节和第 4 节之间休息时间为 2 分钟,上、下半时中间正常的休息时间为 15 分钟。在头 3 节的每节中,每队可准予 1 次要登记的暂停;第 4 节中准予 2 次要登记的暂停;每一决胜期准予 1 次要登记的暂停,每次暂停时间为 1 分钟;决胜期比赛时间为 5 分钟。

三、跳球（争球）

比赛开始，由双方各 1 名队员在中圈处跳球。比赛中，双方队员抢球相持不下、球由双方队员同时拍出界外等情况出现时，执行跳球。

四、违例

比赛场上队员出现以下情况时判违例，并判由对方在违例地点附近边线外发界外球。

违例规则

1.带球走

带球队员移动，必须以一脚为中枢脚方能转身、跨步等。中枢脚不可离地，若要离地，必须在未离地前将球掷出，否则为带球走。

2.两次运球

下述情况均为两次运球：两手同时运球；运球时手掌向下时有明显的翻腕动作或球在手中有明显的停留现象；运球结束后，球自行离手而又重新将球拿住（视有意或无意）；运球后将球接住又继续运球。

3.球出界

球或持球队员触及界线或界线以外的区域则为出界。在场外发球，触及界线及场内地面也为违例。

4.有关时间的违例

（1）3 秒违例。控制球的球队队员在对方限制区内停留超过 3 秒。

（2）5 秒违例。在罚球、掷界外球和持球队员被夹击时 5 秒内未将球掷出。

（3）8 秒违例。进攻队从后场控制球开始，未能在 8 秒内使球进入前场。

（4）24 秒违例。控制球的球队队员在 24 秒内未能投篮出手。

五、犯规

1.侵人犯规

与对方队员发生不合理的身体接触即为侵人犯规。

罚则:对投篮队员犯规判给两次罚球(3分线外的投篮判罚3次);若投篮命中有效,则追加罚球1次;对非投篮队员犯规,则判发界外球。

2.故意犯规

队员不是为了抢球而是故意和对方队员发生身体接触,称为故意犯规。

罚则:对不持球或持球没有投篮动作的队员犯规,判罚两次罚球后由罚球方队员在中场边线外发界外球;对投篮队员故意犯规,则投中有效,判罚球1次,之后无论投中与否,均由罚球方在中场发界外球。

3.双方犯规

双方犯规就是双方队员同时相互犯规。

罚则:应给每一犯规队员登记一次侵人犯规;如犯规时有一方投篮命中,则投中有效,由对方在端线发界外球;如果某队控制了球或拥有球权,应将球判给该队在最靠近犯规的地点掷球入界;如果任一队都没有控制球或拥有球权,则执行交替拥有。

4.5 次犯规

5次犯规就是某队员全场各种犯规累计达5次。

罚则:自动退出比赛,不得再参加本场比赛,由其他队员替换。

5.每节全队 4 次犯规

比赛的每节(决胜期作为下半时的继续)中犯规达4次以后,每再一次犯规均判罚球。

罚球:对不投篮的队员犯规,判2次罚球;对投篮队员犯规,则投中有效,并追加1次罚球。

6.控制球的球队队员犯规

控制球的球队队员犯规判罚其失去球权,由对方在就近的边线外发界外球。

7.技术犯规

技术犯规即场上队员、场外教练员、替补队员等违反规则,不服从裁判,影响比赛顺利进行的犯规。

罚则：视情节轻重，可判罚为劝告、提醒、警告；判罚球 2 次后在中场边线外由对方发界外球；直至取消比赛资格。

8.取消比赛资格的犯规

情节十分恶劣的侵人犯规（含教练员、替补队员严重技术犯规）为取消比赛资格的犯规。

罚则：令其退出比赛，并按故意犯规的罚则进行判罚。

六、得分相等和决胜期

下半时结束如比分相等，应延长 5 分钟作为决胜期继续比赛。必要时可用几个决胜期，直至分出胜负为止。在所有的决胜期中，球队应朝向第 4 节中相同的球篮继续比赛。每次决胜期前，有 2 分钟休息时间。决胜期允许有 1 次暂停。另外，决胜期应看作下半时比赛的继续，或者是下半时的延时。所有决胜期间发生的犯规，都应累加在第 4 节全队犯规栏内和个人犯规栏内。

第八章 排球

排球运动因场上队员分排站位,故称为排球。它通过场上队员的个人技术、集体战术配合充分展示排球运动的魅力。本章以排球运动的基本技术为主线,重点掌握垫球、传球、发球、扣球、拦网等基本技术,以及排球比赛的基本规则。

第一节 排球运动的锻炼价值与作用

经常参加排球运动,能够对人体各器官和系统产生良好的刺激,促使人体产生一系列适应性变化,加速新陈代谢,建立体内外动态平衡,使人体形态结构、生理功能、身体素质、心理因素和适应能力等都得到相应的改善与提高,从而达到增进健康、增强体质的目的。例如,排球运动能够改善神经系统的新陈代谢,使神经系统的均衡性和灵活性加强,对体外刺激的反应更加迅速、准确、灵敏,对体内各器官和系统的协调指挥能力加强,使人体运动和工作能力提高;能够改善心血管系统的形态结构和功能,使心肌纤维增粗、心壁增厚、心容量加大、每搏输出量增加,促进血液循环和新陈代谢;能够使呼吸系统功能提高、肺活量增加、供氧能力提高;能够改善大脑的供血供氧情况、减缓异化速度、兴奋性增强、抑制加强、兴奋和抑制更加集中,使人头脑清醒、思维敏捷;能够使骨的长骨变粗、骨密质变厚,提高抗弯、抗压、抗折和抗扭转能力;能使肌纤维变粗,肌肉体积增大,显得发达、结实、健壮、匀称而有力;能提高身体素质和适应能力;能够使人体新陈代谢的同化作用加强,抑制异化速度,使人健康长寿等。

1.增进健康,强健体魄

排球运动具有竞技与娱乐并存的特点,不同年龄、不同性别、不同技术水平的人都能参与,或活动,或比赛。经常参加排球运动,不仅能改善人体中枢神经系统和内脏器官的功能,还能提高人的力量、速度、弹跳、灵敏、耐力等专项素质和运动能力。总之,经常参加排球运动会使人们在兴奋与愉快中增进健康,强健体魄。

2.培养与锻炼良好的心理素质

经常参加排球运动的训练或比赛,会学到很多控制自己情绪与调节自身心理的手段和方法,如连续失误时,如何使自己尽快冷静下来而且不灰心,比分落后时沉着、不气馁,关键比分时进攻不手软的自信心等,都是对自己形成良好心理品质的培养和锻炼。

3.培养勤奋、助人、拼搏的优秀品质

排球比赛中有球不能落地而且击球至多3次必须过网的规定,使参加排球比赛的人总要随时准备弥补同伴因判断错误而无法接球,或出于他原因没接到位的球,为了发挥本方的进攻力量而不惜奔跑扑救,给下一个击球人创造便利条件。因此,经常参加排球运动,可以培养人优良的体育道德作风和团结协作的集体主义精神。

4.培养人的信息意识,提高配合及应变能力

排球运动在某种意义上是一项依靠判断的运动,尤其在现代的排球比赛中,准确的判断已成为制胜因素之一。判断的基础是眼观六路、耳听八方,通过观察对方和同伴的动作、击球的声音、场上的布局等,预测将要发生的情况而迅速作出决策。排球比赛也是一项靠集体配合取胜的球类竞赛,个人特长的发挥往往是在同伴发挥特长的前提下实现的。因此,运动员在场上要相互协调,并不断观察同伴的意图,才能默契地与之合作。而排球比赛中,球既不能落地,又不能持球,参加比赛的人必须具备应变能力,因此经常参加排球运动的人,既锻炼了体魄,愉悦了身心,又提高了机敏、应变、协调、配合等能力。

运用排球进行娱乐活动,还能够陶冶情操,使人心情舒畅、精神愉快,达到健心的目的。例如,沙滩排球就是一项集健身、娱乐、消遣和竞技于一体的活动项目。

第二节　排球的基本技术与练习方法

排球技术是指运动员在比赛规则允许的条件下采用的各种合理的击球动作和配合动作的总称,是排球运动的基础和重要组成部分。

排球技术的指导思想可归纳为8个字,即"全面、熟练、准确、实用"。

根据排球技术的特点可分为7大类,准备姿势、移动、垫球、传球、发球、扣球、拦网。

一、准备姿势

准备姿势是指为了便于完成各种技术动作而采取的合理身体姿势。

根据重心高低,可分为稍蹲准备姿势、半蹲准备姿势和低蹲准备姿势3种(图8-1)。

稍蹲　　　　　　半蹲　　　　　　低蹲

图8-1

1.准备姿势技术要领

两脚自然开立,双腿适当屈膝;收腹,重心稍前倾,两臂自然放松于胸腹之间,两眼注视来球,放松,微动身体。

两脚左右开立同肩宽,屈膝提踵,含胸收腹,重心向前移,两手置于腹前,两眼注视来球。

2.准备姿势练习方法

(1)跟教师做徒手的模仿练习。

(2)前后两排面对面站立。一排做准备姿势,另一排一对一观察对面人做动作,帮助纠正错误的动作,两人交换进行。

(3)原地小步跑、高抬腿、快速倒步跑等,在跑的过程中看教师的手势或听口令、哨音做不同的准备姿势。

二、移动

移动是从起动到制动的过程。移动步法有并步、滑步、跨步、交叉步、跑步、综合步等。

1.移动技术要领

判断及时快反应,抬腿弯腰移重心,关键快蹬第一步,移动最后跨大步,制动身稳步法灵。

2.移动练习方法

由原地徒手模仿到看手势移动再到接球的移动。

（1）学生站成两列横队，跟教师做徒手模仿各种移动练习。

（2）两人一组，一人做各种移动，另一人帮助纠正错误的动作。

（3）学生站成两列横队，成半蹲准备姿势，教师站在队伍中间，学生向教师手指的方向做各种步法的移动。

（4）以滑步和交叉步进行3米往返移动，手触及两侧线。

（5）从端线起以教师规定的步法进6米，退3米，如此连续往返行进到场地的另一端线。

（6）结合球的练习：两人一组，相距5~6米，用两个球，一个人将球滚向另一人侧面，另一人移动将球滚回。

（7）排成纵队立于网前，依次接教师抛向场地不同方向及不同弧度的球。

三、垫球

垫球是排球的基本技术之一。它是通过用手臂或身体其他部位的迎击动作，使来球从垫击面上反弹出去的击球技术动作。

垫球技术按动作方法可分为正面双手垫球、体侧垫球、背垫球、单手垫球、挡球、滚翻垫球、鱼跃垫球、前扑垫球等。

常用双手垫球手型有抱拳式、叠指式、互靠式（图8-2）。

抱拳式　　　　　　　　叠指式　　　　　　　　互靠式

图 8-2

（一）垫球技术要领

1.正面双手垫球

成半蹲准备姿势，两臂夹紧腕下压插到球下，脚蹬地跟腰前臂垫，击点尽量在腹前，手臂靠拢对准球，手腕下压前臂击球（图8-3）。要点：轻球主动抬臂垫，重球撤臂缓冲垫。

图 8-3

2.体侧垫球

在接发球或防守时,身体来不及移动正对来球,则用双手在身体两侧垫击球的技术动作称为体侧垫球。

以右侧为例,当球向右侧飞来,右脚跨出一步,重心右移,两臂夹紧成叠指式向右伸出,左臂向下倾斜,用向左转腰和提右肩的动作配合两臂自右后下方向前截住球飞行路线,垫击球的后下部。但注意不要随球摆臂以免球从侧面飞出,在能正对来球情况下尽可能通过移动正对来球。

3.背垫球

背对击球方向,从体前向背后垫球称为背垫球。垫球时先迅速移动到球的落点下方,背对击球方向,两臂靠拢伸直,击球点高于肩,以抬头挺胸,展腹后仰动作,直臂向后上方抬送。

(二) 垫球技术练习方法

1.原地做徒手模仿教师垫球动作

听教师口令按节奏做,同时教师强调技术要点,纠正学生存在的错误动作。

2.垫固定球

一人持球在垫球人腹前一臂远的位置固定球,另一人垫固定球。

3.配合练习

(1)两人一组,相距 4~5 米,一抛一垫,要求抛、垫到位。

(2)两人一组,相距 3 米,左右抛球,另一人移动垫球。

(3)两人一组,相距 4~5 米连续对垫。

(4)两人一组,相距 9 米左右,一人发球,另一人将球垫到指定位置。

(5)三人一组,扣防练习,要求垫球到指定位置。

(6)自己连续垫球。

(7)转方向垫球。

四、传球

传球是用双手(或单手)在额前上方,利用蹬腿、伸臂协同一致的动作及手指、手腕的弹力完成击球的技术动作。

传球的动作较多,通常根据传球方向分为正面传、背传和侧传3类。

(一)发球技术要领

1.准备姿势

多采用稍蹲准备姿势,两脚左右开立,一前一后,约同肩宽,两膝稍弯曲,上体自然挺起,两手自然拾起,准备传球。

2.传球手形

当触球时,两臂弯曲,两腿适当分开,两手自然张开组成半球状,使手指与球吻合,手腕稍后仰,以拇指、食指和中指托住球的后下部,用拇指指腹,食指全部,中指二、三指节触球,无名指和小指在两侧触球部分较少(图8-4)。两拇指相对接近成"一"或"八"字形,两手间距以不漏球为宜。

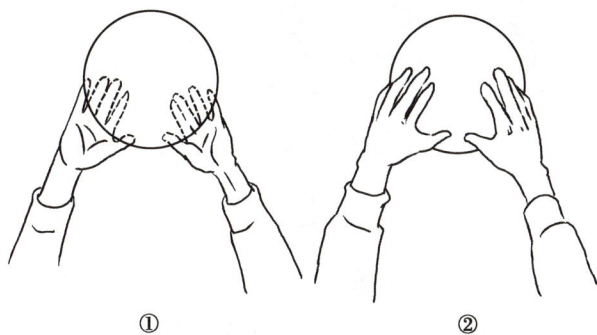

① ②

图 8-4

3.传球击球点

当来球接近额前时,开始向前上蹬地、伸膝、伸臂、两手迎击来球。击球点以在额前上方一球左右为宜。

4.传球技术要领

(1)正面传(图8-5)。稍蹲准备姿势,半球状手形,击球点在距离额前一球位置。蹬地、伸膝、伸臂伴送球,指腕缓冲弹击控制传出方向。

蹬地伸臂对正球,额前上方迎击球;触球手形成半球,指腕缓冲控制球。

图 8-5

（2）背传（图8-6）。向后上方传球称为背传。背传时上体比正面传稍后仰,身体重心在两腿之间,双手自然捎起置于脸前,两腿自然弯曲,击球点在额的上方,与正面传相比靠近头上部,背传手形与正面传相同,用力时以蹬地、伸膝、挺腰、展腹向上伸肘,同时以手指、手腕的弹力将球传出,与正面传相比,背传手腕用力幅度小,拇指向后上方用力较大,食指和中指向上辅助控制球的方向。

图 8-6

（3）侧传。身体侧对传球方向,利用蹬腿、躯干伸展及双臂侧伸的力量,将球向侧上方传出。该传球技术主要用于各种战术进攻,具有较强的隐蔽性,对身体的协调配合及传球的准确性要求较高。

（二）传球技术练习方法

徒手练习,结合移动和传球练习。

（1）排成两列横队,随教师口令做徒手传球练习。

（2）传固定球:一人持球在另一人额前,另一人以传球手形触球,向前上方用力做传球动作。两人一组,一人做徒手传球练习,另一人纠正错误的动作。

（3）近距离对墙15~20厘米连续传球,体会传球手形。

（4）每人一球，向自己头顶上方抛球，然后用传球手形接住，自我检查手形。

（5）连续自传，传球高度不低于50厘米。

（6）两人一组，相距3~5米，传对方抛到额前的球。

（7）两人一组，相距3~5米，做对传练习。

（8）顺网传球，在3号位自抛球，做向2号位或4号位的传球练习。

（9）教师在6号位或5号位向3号位抛球，学生在3号位向4号位或2号位传不同高度和弧度的球。

（10）4人一组沿边线四角传球，不能传对角线，要求先转身面对传球的方向，也可以边传边转身。

五、发球

发球是比赛的开始，同时又是一项有效的进攻技术。发球是后排右边队员在发球区由自己抛球，用一只手将球击入对方场区的一种击球方法。

发球一般分为发旋转球和发飘球两种。

根据发球的技术结构与性能主要可分为4种：正面上手发球（跳发球）、正面上手发飘球、正面下手发球和侧面下手发球。

（一）发球技术要领（右手击球为例）

1.正面上手发球

前后开立面对网，重心稍偏左后边；平托上抛1米高，抛在击球手的前上方，转体、收腹、带动手臂，全掌击球中下部，指、腕推压球上旋，快速鞭甩有力量（图8-7）。

图8-7

2.正面上手发飘球

抛球稍低略靠前，挥臂轨迹呈直线；掌根击球穿重心，击后突停不屈腕（图8-8）。

图8-8

3.正面下手发球

左手抛球低出手，右臂摆动肩为轴；击球一刹不屈肘，掌根部位击准球。

4.侧面下手发球

腹前低抛球，转体带摆臂；击球后下部，控制球路线。

（二）发球技术练习方法

先徒手模仿、学习抛球，近距离抛击练习，发全场。

（1）跟教师做徒手模仿练习，掌握徒手的完整动作方法。

（2）抛球练习，高度合适，距离身体远近合适，平托上送，将球平稳地垂直抛于右肩前上方，一次次抛准。

（3）结合抛球进行引臂和挥臂练习，抛球、引臂、击球动作要协调。

（4）近距离对墙发球，掌握抛击的协调用力，击正球。

（5）近距离隔网对发，熟练后站在发球区内发全场。

（6）在发球区内向对方场区发球。

（7）在发球区内向指定区域发球。

（8）结合接发球练习发球技术。

（9）连续发球，巩固技术，逐步学会手形和击球点的变化。

六、扣球

扣球是排球最重要的基本技术之一，也是排球基本技术中最难掌握的技术。扣球是队员跳起在空中将高于球网上沿的球有力地击入对方场区的一种击球方法。扣球动作包括助跑、起跳、空中击球、落地等环节。扣球技术可分为正面扣球、扣快球、单脚起跳扣球、自我掩护扣球、后排扣球等。

1.正面扣球技术要领

助跑步幅由小到大,速度、节奏由慢到快,一脚跨出另一脚并,双脚踏地向上跳,两臂体侧加速摆,腰腹发力带手臂,画弧挥臂如鞭甩,击球保持最高点,满掌击球后中部,手腕推压球上旋(图8-9)。

图 8-9

2.扣球技术练习方法

先分别练习助跑起跳、挥臂击球;再练习扣固定球、扣一般弧度抛球;最后练习扣二传球。

(1)学生成横队散开,按照教师的口令做原地起跳、一步助跑起跳、两步助跑起跳,注意动作的协调性。

(2)网前助跑起跳,学生成横队列于进攻线后,排横队听口令一起助跑起跳,强调摆臂的作用。

(3)集体徒手挥臂练习。

(4)对墙(或两人相对,相隔8~9米)自抛自扣或对墙连续扣反弹球。

(5)扣固定球。教师站在网前高台上,托球于网上沿,学生助跑起跳扣固定球。

(6)扣抛球。扣球者从4号位助跑起跳,把3号位抛来的球扣过网。

(7)扣二传球。扣球者从4号位助跑起跳,把3号位二传来球扣过网。

(8)教师在3号位,学生在4号位助跑起跳扣教师顺网抛来的球。

(9)降低球网,做原地的自抛自扣练习(将球扣过网)。

七、拦网

拦网是排球的基本技术之一,是队员靠近球网,将手伸向高于网上沿阻挡对方击球过网的技术动作。

拦网可分为单人拦网和集体拦网(二人或三人拦网)。

(一)单人拦网技术要领

拦网判断是关键,及时起跳莫提前;半蹲起跳稍含胸,手臂平行尽量伸;两臂相距一球径,10个指头自然张;看清动作拦路线,触球一瞬要用力;手成弧形包住球,球遇盖帽拦回去(图8-10)。

图 8-10

(二)拦网技术练习方法

(1)原地在网前做徒手的拦网起跳动作练习。

(2)由3号位向2号、4号位移动拦网徒手练习。

(3)两人隔网站立,一人双手持球于网上沿,另一人原地起跳拦固定球。

(4)两人隔网站立,一人将球沿网抛起,另一人做原地起跳拦抛球。

(5)低网扣拦练习:两人一组,原地一扣一拦。

(6)教师站立在高台上扣球,学生原地起跳拦高台扣球。

第三节 排球运动的基本战术

排球战术是队员在比赛中,根据临场竞赛情况的发展变化,以及排球运动规律,采用合理的技术,互相之间有意识、有目的、有组织的个人和集体配合行动。

一、个人战术

个人战术是指运动员根据临场情况有目的地应用技术动作,以达到有效地进攻和防守的目的,包括发球、一传、二传、三击、拦网及后排防守的个人战术。

二、集体战术

集体战术是指运动员为了突破对方防守或抑制对方进攻所采用的有意识、有目的、有组织的集体配合行动。

1.阵容配备

根据队员的特长及本队的战术思想,安排队员在场上的位置,以便最大限度地发挥该队技术和战术水平。

2.阵容配备的主要形式

(1)"四二配备"。场上有 2 个二传手、2 个主攻手、2 个副攻手。

(2)"五一配备"。场上有 1 个二传手,其余全是主攻手。

(3)"三三配备"。场上有 3 个二传手、3 个主攻手。

三、进攻战术

进攻战术由一传、二传和扣球 3 个环节组成,主要有"中一二""边一二""插上"3 种形式。

1."中一二"进攻阵形

由 3 号位队员担任二传,将球传给 2 号、4 号位进攻。这种进攻形式简单、便于组织,但战术变化较少。

2."边一二"进攻阵形

由 2 号位将球传给 3 号、4 号位进攻,这种阵形战术配合较复杂,除组织 3 号、4 号位定位扣球外,还可组织"快球""掩护""拉开""交叉"等战术变化。

3."插上"进攻阵形

后排一队员在对方发球后跑到网前担任二传,将球传给 2 号、3 号、4 号位进攻。

四、防守战术

防守战术是指接对方扣、传、垫、拦网或处理过来的球所组织的进攻,包括后排防守、拦网、调整二传、反击扣球和保护等环节。

1.接发球站位阵型

通常采用 5 人接发球和 4 人接发球站位阵型。

2.接扣球防守阵型

接扣球防守阵型主要有无人拦网的防守阵型(站位方法与 5 人接发球的站位基本相同)、单人拦网防守阵型,以及双人拦网的"心跟进"防守阵型、"边跟进"防守阵型等。

第九章　足球

足球运动是目前全球体育界最具影响力的单项体育运动,故有世界第一大运动的美称。它是以脚支配球为主,但也可以使用头、胸部等部位触球(除守门员外,其他队员不得用手或臂触球;如果守门员出了本方的禁区,那么也不能用手或臂触球)的两个队在同一场地内进行攻守的体育运动项目。一场精彩的足球比赛,吸引着众多观众,已成为电视节目中的重要内容;有关足球的报道,占据着世界各种报刊的重要篇幅,已成为人们生活中不可缺少的组成部分。

第一节　足球运动的锻炼价值与作用

一、足球运动的特点

1.整体性

足球比赛每队有 11 人上场参赛。场上的 11 人思想要统一,行动要一致,攻则全动,守则全防,整体参战的意识要强。只有形成整体的攻守,才能取得比赛的主动权及良好的比赛结果。

2.对抗性

足球运动是一项竞争激烈的对抗性项目,比赛中双方为争夺控制权,达到将球攻进对方球门,而又不让球进入本方球门的目的,展开短兵相接的争斗,尤其是在两个罚球区附近时间、空间的争夺更是异常凶猛,扣人心弦。一场高水平的比赛,双方因争夺和冲撞倒地达 200 次以上,可见对抗之激烈。

3.多变性

足球运动是一项技术上多彩多姿、战术上变幻莫测、胜负结局难以预测的非周期性运动项目,比赛中运用技、战术时要受对方直接的干扰、限制和抵抗。技、战术是依临场中具体情况而灵活机动地加以运用和发挥的。

4.强负荷

足球比赛中,运动员要在近 8 000 平方米的场上奔跑 90 分钟,跑动距离少则 6 000 米,多则 1 万米,而且还要伴随完成上百个有球和无球的技术动作,若平局后须决定胜负的比赛则要加时 30 分钟,如仍无结果,还须以踢点球决定胜负,因而运动员的能量消耗很大。一名运动员在一场激烈的比赛后体重可下降 2~5 千克。

5.易行性

足球竞赛规则比较简练,器材设备要求也不高。一般性足球比赛的时间、参赛人数、场地和器材也不受严格限制,因此是全民健身中一项十分易于开展的群众性体育运动项目。

二、足球运动的锻炼价值与作用

1.有利于良好的心理品质及思想品德的形成

经常参加足球运动,不仅对自身良好性格的形成能产生巨大的影响,还可以培养人的意志力、自制力、责任感,以及勇敢顽强、机智果断、坚韧不拔、勇于克服困难、团结协作、密切配合、集体荣誉感、守纪律等思想品德。

2.有利于增强体质、促进健康

足球运动是全面锻炼和强健体魄的良好手段,是全民健身活动中一项行之有效的体育运动项目。经常参加足球运动,可以提高人们的力量、速度、灵敏、耐力、柔韧等身体素质,并能使人的高级神经活动得到改善,尤其能增强人体的心血管系统、呼吸系统等的功能,从而促进人体的健康。据测定,一名优秀足球运动员的肺活量比正常人要多 2 000~3 500 毫升,安静时的心率要比正常人低 15~22 次/分。

3.有利于精神文明建设

足球已成为我国许多城市中人们生活的一部分。人们从踢足球比赛中得到情绪体验、从看足球比赛中得到艺术享受、从谈论足球中得到思想交流,足球运动丰富了人们的业余文化活动,提高了人们的生活质量。足球已成为一些城市的政治、经济、文化、生活的重要组成部分。它吸引着千千万万的市民,反映了城市的精神面貌,是城市形象的标志之一,是精神文明建设的重要载体。

4.有利于振奋民族精神

在重大国际足球比赛中,足球能激发人们团结拼搏、进取向上的精神和爱国主义热情。

第二节 足球的基本技术与练习方法

一、颠球

颠球是指运动员用身体的各个有效部位连续地触击球,并加以控制尽量使球不落地的技术动作。

1.双脚脚背颠球

脚向前上方摆动,用脚背击球,击球时踝关节固定,击球的下部。两脚可交替击球,也可一只脚支撑,另一只脚连续击球。击球时用力均匀,使球始终控制在身体周围。

2.双脚内侧、外侧颠球

抬脚屈膝,用脚的内侧或外侧向上摆动,击球的下部,两脚内侧或外侧交替击球。

3.大腿颠球

抬腿屈膝,用大腿的中前部位向上击球的下部,两腿可交替击球,也可一只脚作支撑,用另一侧的大腿连续击球。

4.头部颠球

两脚开立,膝盖微屈,用前额部位连续顶球的下部。顶球时,两眼注视球,两臂自然张开,以维持身体平衡。

二、控球

1.拖球

拖球是以前脚掌触球的上部,将球由前向后或由左(右)向右(左)进行拖拉的动作。当拖球到位后,一般均以脚内侧做一下挡球动作,然后进入下一动作。

2.拨球

拨球是指持球者用脚腕类似抖拨的动作,用脚背内侧或外侧触球,使球向侧面或侧后方、侧前方滚动。用脚背内侧拨球称为"内拨",用脚背外侧拨球称为"外拨"。一般是在与对手相持时,在对手伸腿抢球的一刹那,以拨球技术从对手的一侧越过。

3.扣球

扣球是指持球者突然转身变向,以踝关节的急转压扣动作,用脚背内侧或外侧触球,使球向侧面或侧前(后)方改变方向。用脚背内侧扣球称为"内扣",用脚背外侧扣球称为"外扣"。当扣球动作完成后,身体重心应立即跟上,迅速进入下一个动作。

三、运球

运球

1.前脚掌拉球练习

(1)动作要领。

①将前脚掌放在球的上部或侧上部,另一脚在球的侧后方支撑,然后触球脚向后下方用力将球拉回。

②回拉球一般都是在躲开或引诱对方出脚抢球的瞬间将球拉回造成对方抢球落空,使其重心随抢球脚前移,趁对方难以返回的瞬间将球迅速推送出去越过防守者(图9-1)。

② ①

图 9-1

（2）练习方法。

①原地前脚掌拉球练习。

方法:根据老师所做示范动作模仿练习。

提示:拉球时注意触球部位,拉球与拨球的力量适中,控制好球,身体重心随球移动,注意动作协调性。

②有目标方向的前脚掌拉球练习。

方法:根据老师规定的拉球方向,运用正确的技术动作完成练习。

提示:拉球时注意抬头,要改变球的运行方向,身体重心跟随球的方向变化而移动。

2.原地脚内侧推拨球

（1）动作要领。

①两脚内侧触球。

②拨球时,膝关节稍弯曲,上体前倾,身体重心随球的方向左右移动。

③运球时脚后跟提起,脚内侧推拨球的后中部分。

（2）练习方法。

①原地脚内侧推拨球练习。

方法:根据老师所做示范动作模仿练习。

提示:推拨球时注意触球部位,触球力量适中,控制好球,身体重心随球的方向左右移动。

②有目标方向的脚内侧推拨球练习。

方法:根据老师规定的推拨方向,运用正确的技术动作完成练习。

提示:推拨球时注意抬头,要改变球的运行方向,身体重心跟随球的方向变化而移动。

3.脚背外侧运球

该动作的特点是灵活性、可变性强,可做直线、弧线和向外变向运球,易于控制运球方向和发挥运球速度,并便于对球进行保护。

（1）动作要领。

①跑动中,身体自然放松,步幅稍小。

②运球脚在身体正面提起,膝稍内扣,脚跟提起,脚尖内转。

③在迈步前伸着地前,用脚背外侧推拨球(图9-2),随后脚顺势落地。

（2）练习方法。

①直线运球练习。

方法:单人练习,确定行进路线自主练习时进行。

① 踝关节内扣 ② ③ ④ 踝关节发力拨球 ⑤

图 9-2

②运球绕杆练习。

方法:在做变向时交换运球脚。

4.脚背内侧运球

该动作的特点是控球稳,运球速度较慢,适用于掩护性运球或运球变向(图9-3)。

(1)动作要领。

①跑动中,身体自然放松,步幅稍小。

②运球腿屈膝提起,脚尖稍外转,使脚背内侧正对运球方向。

③运球脚落地前用脚背内侧推拨球,使球随身体前进。

(2)练习方法。

①直线运球练习。

方法:单人练习,确定行进路线自主练习时进行。

②运球绕杆练习。

方法:在做变向时交换运球脚。

图 9-3

5.脚背正面运球

该动作的特点是直线推拨,速度快,但路线单一,前进时前方需有较大的纵深距离,多用在运球前方一定距离内无对手阻拦时(图9-4)。

① ② ③

图 9-4

（1）动作要领。

①运球时身体持正常跑动姿势，上体稍前倾，步幅不宜过大。

②运球腿提起，膝关节稍屈，髋关节前送，提踵，脚尖下指。

③在着地前用脚背正面部位触球后中部将球推送前进。

（2）练习方法。

①直线运球练习。

方法：单人练习，确定行进路线自主练习时进行。

②规定距离的运球练习。

方法：教师规定脚背正面运球距离，两人合作，运用正确的动作完成练习。

四、踢球

1.脚内侧踢球

该动作的特点是能减少传球失误，是争取比赛主动权的重要手段。因为脚内侧踢球的触球面积大，因而有利于对传球方向作出精确控制，在快速传切配合和"二过一"战术中被较多采用，是中短距离传球的主要脚法（图9-5）。

① ② ③ ④ ⑤

图 9-5

（1）动作要领。

①直线助跑，即助跑方向与传球方向一致，助跑最后一步适当加大。

②踢球腿由后向前屈膝摆动，当膝关节接近球的垂直面时，小腿加速前摆，大腿稍上提，同时膝外展。

③脚尖上翘，用脚内侧（足弓）部位击球的后中部（图9-6）。

④踢球腿在击球后继续前伸推送，并保持用力方向与地面平行。

（2）练习方法。练习时，应把注意力集中在某个技术环节上，通过大量重复练习提高自己对动作细节的感知和控制能力。

图 9-6

①踢固定球。

方法：两人一组，一人将球踩在地面固定，另一人做原地（或加助跑）摆腿击球动作，力量稍小，主要是体会动作要领。

②两人对传练习。

方法：两人互传地滚球，力量稍轻，注意动作的规范性。

2.脚背内侧踢球

动作特点：踢球腿摆腿自然，有利于发挥腰腿部大肌群的力量，故踢球力量大，主要用于长传球和远射（图9-7）。

图9-7

（1）动作要领。

①斜线助跑在不影响摆腿发力的同时更有利于击球脚形的控制。

②支撑脚落地时，身体重心应偏向支撑脚一侧并屈膝缓冲，保持重心的稳定。

③用脚背内侧击球的后下部，同时脚尖包向球的外侧（图9-8）。

④前摆送球的方向应指向传球目标。

图9-8

（2）练习方法。

①对墙踢固定球练习。

方法：初学阶段在助跑环节上可简化，采用一步助跑，这样有利于支撑脚的准确选位并将注意力更多集中到脚形的控制上。

②踢球腿摆动模仿练习。

方法：先在地面确定一个支撑脚落地点，然后加一步、两步或多步助跑，反复练习。

③两人对传练习。

方法：两人相距25～30米，踢定位球或活动球。

3.脚背正面踢球

脚背正面踢球的技术特点是利用小腿的快速摆动,以及比较坚实的脚背部位触球,使球产生急速变形,促使球高速飞行,形成极具威胁的射门,也常用于长传球(图9-9)。

①　　　②　　　③　　④　　⑤

图9-9

(1)动作要领。

①助跑方向无严格限定,但无论直线或斜线助跑,最后支撑脚落地时必定指向传球或射门方向。

②为了提高球速,特别强调小腿的加速摆动,击球力量应瞬间爆发。

③用脚背正面击球后中部,部位靠近脚踝(图9-10)。

④摆送阶段身体应随球跟进,小腿前摆平直送球,大腿不可向上提拉。

(2)练习方法。

①小腿快速摆动踢球。

方法:助跑跨上一小步,快摆小腿弹踢。可以自己对墙练习,也可以两人对传练习。

②运球射门。

方法:从不同角度运球,插入罚球区后射门。

图9-10

③两人配合射门练习。

方法:运球摆脱后射门;传球配合后射门。

4.脚背外侧踢球

脚背外侧踢球动作的特点是预摆动作小,出脚快,能利用膝关节、踝关节的灵活变化改变出球的方向和性质,是实用性较强的技术手段(图9-11—图9-14)。

(1)动作要领。

①脚背外侧踢球的动作方法类似脚背正面踢球,只是摆踢时脚面绷直,脚趾向内扣紧、斜下指。

②用脚背外侧击球的后中部,击球后,踢球腿顺势前摆着地。

图 9-11

图 9-12　　　　　　　　　　　　　　　图 9-13

③踢地滚球时,踢球脚同侧的来球多用直线助跑,支撑脚在球侧后约 25 厘米处落位,异侧来球则多用斜线助跑,支撑脚一般距球 10~15 厘米。其他动作则类似踢定位球。

(2)练习方法。

①练习时,应把注意力集中在某个技术环节上,通过大量重复练习提高自己对动作细节的感知和控制能力。

②踢固定球。

方法:两人一组,一人将球踩在地面固定,另一人做原地(或加助跑)摆腿击球动作,力量稍小,主要是体会动作要领。

图 9-14

五、停球（接球）

1.脚内侧停地滚球

停球（接球）

脚内侧停地滚球是最常用的停球技术,其特点有利于技术的衔接,可根据临场形势需要,借助脚形、停球角度和力量的调整直接完成停球摆脱、停传球、假动作过人等隐蔽而实用的技术变化。有两种方式可选择:缓冲式停球和切压式停球。

（1）动作要领。

①缓冲式停球动作要领:较适合接停球速快、力量大的来球。

②切压式停球动作要领:停球过程中有主动加力动作,实战中可以对停球位置作出各种变化控制,有利于技术的衔接。

（2）练习方法。

①个人练习。

方法:结合对墙踢球技术练习,接停反弹回来的球。

②结合两人传球的练习。

方法:在脚内侧传球练习中,结合进行停球练习。

2.脚内侧停反弹球

脚内侧停反弹球技术是处理空中下落球的理想选择,相比胸部停球、大腿停球和脚内侧空中停球,能够比较容易地一次把球停到地面,减少了过渡调整的环节,有利于完成快速衔接技术动作。

（1）动作要领。

①准确判断落点,并及时选择支撑脚位置,踏在落点的侧前方。

②停球腿提起,在落点的后上方等球反弹。

③触球时机应选择在球刚刚反弹离开地面的瞬间。

④力量控制,可以采取被动触球缓冲,或者根据需要加力推压,把球停到适当的位置。

（2）练习方法。

①原地停手抛球。

方法:持球上抛,停落地反弹球。练习球的线路、落点稳定,便于初学时掌握基本动作要领。

②结合颠球练习停反弹球。

方法:在颠球过程中,颠球几次后颠一次高球,然后练习停反弹球,如此反复进行。

③两人相距 15~20 米,结合掷界外球进行停反弹球练习。

④两人结合脚背内侧长传球练习停反弹。

3.挺胸式停球

该动作的特点主要用来处理齐胸高度的来球,多见于接停长传球。但是,胸部停球不能一次把球停到地面,不利于作出快速的技术衔接,所以一般利用脚内侧、外脚背和脚底反弹球进行调整(图 9-15)。

① ② ③ ④ ⑤

图 9-15

(1)动作要领。

①准确判断球的运行方向和落点,调整站位面对来球。

②两脚前后开立,重心落在两腿之间,屈膝稳定身体,两臂自然置于体侧。

③当球接近身体垂直面时,上体稍后仰,同时蹬地、展腹、挺胸,使球弹起改变运行方向,然后落于体前。

(2)练习方法。

①两人一组停手抛球。

方法:两人相距 4~5 米,互掷手抛球(球的运行弧线稍高),把球停起后用手接住,再回抛给对方。

②结合脚内侧停反弹球。

方法:练习形式同上。要求练习者将胸部停球与脚内侧停反弹球结合,球停至地面后回传给同伴。

③3 人颠球练习中结合胸部颠球。

方法:3 人三角形站位,连续颠球,每人颠球数次后颠传高球给同伴。

4.头顶球

头顶球技术是传球、射门、抢截的有效手段,特别是争高空球时头顶球技术最为重要。

头顶球技术的特点是争取时间,不需要等球落地就可以在空中直接处理或破坏球,因此它可以争取时间与空间上的优势和主动。

头顶球应该用前额骨触球。因前额骨是头部最坚硬、最平坦和最宽大的部分,它处于头的正前方和两眼的上方,便于在顶球时观察来球及周围的情况,而且出球准确有力。头顶球一般分为正额顶球和额侧顶球两种。具体方法有原地、助跑、跳起(单脚和双脚)和鱼跃顶球等。

头顶球

(1)动作要领。

①正额原地顶球。面对来球,两脚前后开立,膝微屈,重心放在两脚上。顶球前,上体先后仰,重心移到后腿上,两臂自然摆动,保持身体平衡,两眼注视来球。顶球用力蹬地,两腿迅速伸直,上体由后向前快速摆动,借腰腹及颈部力量,用前额正面将球顶出。顶球过程中,身体重心从后腿移到前腿(图9-16)。

图 9-16

要领:睁眼,伸展,收腰反弓。

②单脚跳起顶球。起跳前要有3~5步的助跑。最后一步踏跳时要用力,步幅要稍大些,踏跳脚以脚跟先着地再迅速移到脚掌,同时另一腿屈膝上提,两臂向上摆动。身体腾起后上体随之后仰。顶球时,上体由后向前摆动,借助腰、腹和颈部力量将球顶出,然后两脚自然落地(图9-17)。

图 9-17

③双脚跳起顶球。两膝先弯曲,然后两脚蹬地向上跳起,同时两臂屈肘上摆,上体后仰,两眼注视来球,接着两臂自然张开,以保持身体平衡。当跳到最高点并在来球接近身体垂直线时,收腹、甩头,用正额将球顶出(图9-18)。

图 9-18

要领:睁眼,伸展,收腰反弓。

(2)练习方法。

①一人一球练习,自抛自掷。

②两人一球练习,一人抛球,一人回顶球。

③两人一球练习,相互抛球,同时练习顶球。

第三节　足球运动的基本战术

一、集体战术配合

集体战术是指两个或两个以上队员在比赛中为了完成全队攻防任务而采用的局部协同作战的配合方法,它包括"二过一"战术配合、"三过二"战术配合等进攻战术。

1."二过一"战术配合

顾名思义,"二过一"是两个进攻队员,通过传球配合突破一个防守队员。"二过一"是集体配合的基础,可以在任何场区、位置上运用这种方法来摆脱对方的抢截或突破防线。"二过一"是两个进攻队员之间相距10米左右,进行一传一切的配合。要求传球平稳及时,一般多以脚内侧、脚外侧等脚法传低平球为主。传球的位置尽可能在接球人脚下或前面两三步远的地方。

2."三过二"战术配合

"三过二"是在比赛中局部地区3个进攻队员通过连续配合突破两个防守队员的防守。由于这种配合有两个同队队员可以同时接应传球，因此使持球队员传球路线更多，且进攻面更大。

二、全队进攻战术

全队进攻战术是指比赛中一方获得球后，通过队员之间的传递配合达到射门的目的而采用的配合方法。与局部进攻战术相比较，全队进攻战术的进攻面比较广，全员均应参加进攻和快速反击等。

1.边路进攻

利用球场两侧地区发起进攻的方法叫边路进攻。边路进攻是全队进攻战术的主要形式之一，其主要特点是有利于发挥进攻速度，打破对方防线，制造缺口。常用的战术有两翼齐飞、声东击西。

2.中路进攻

中路进攻是利用球场中间区域组织的进攻，这种进攻虽能直接射门，但难度最大，因中路防守最为严密，靠前的攻击手必须是反应极其敏锐、意识强、技术好、敢于冒险、速度快和善于路位策应的队员。常用战术有不断为站桩前锋喂球的强力中锋战术。

3.快速反击

比赛中当攻方进攻时，后卫线往往压至中场附近，防守人数也由于插上进攻和助攻而相对减少，此时如能抓住对方防区空隙较大和回防较慢的机会，乘其失球发动快速反击，往往能取得良好的效果。快速反击是最有威胁的进攻手段，有效的进攻在于突然快速反击，但其难度较大，既要冒险，又要有准确、快速的传切配合技能。快速反击要有组织，配合要极为默契，必须进行专门性的训练，否则很难在比赛中实施。常用战术有后卫长传等。

三、定位球战术

定位球战术是指在比赛中，利用"死球"后重新开始比赛的机会组织进攻与防守配合的战术方法。定位球战术包括中圈开球、角球、任意球、点球、掷界外球等。

在势均力敌的高水平比赛中,定位球战术有时起着决定胜负的作用。在配合上要利用简练的一次配合取得射门机会,配合越复杂成功率就越低。故要进行专门性的练习,才能在比赛中奏效。

四、简单战术技巧

1.补位

补位是足球比赛中局部地区集体配合进行防守的一种方法。当防守过程中一个防守队员被对手突破时,另一个队员则立即上前进行封堵。

2.围抢

围抢是指比赛中在某局部位置上,防守一方利用人数上的相对优势(通常是两三个队员)同时围堵对方的持球队员,以求在短时间内达到抢断或破坏对方的目的。

3.造越位战术

造越位战术是利用规则而设计的一种防守战术,是一种以巧制胜的省力打法,因而成为一种重要的防守手段。但由于其配合难度较大,搞不好会适得其反,让对手钻空子,因而此战术往往被水平较高的球队所采纳,但在一场比赛中也不能多次运用。

4.全队防守战术

全队防守战术可分为两种基本类型:盯人紧逼防守(人盯人防守),即在规定的范围内盯人紧逼,不交换看守;区域紧逼防守(盯人和区域相结合),即现今流行的综合防守,紧逼和保护相结合,在个人的防区内紧逼,交替看守。盯人防守即各自都有明确的防守对象,如对方左边锋大幅度地斜插至右路,则右后卫紧跟盯防,不交替看守。防守最根本的原则是紧逼和保护。只有紧逼才能有效地主动抢断,压制对方技术的优势而获取主动权;保护是为了更好地紧逼和控制空当。

五、比赛阵型

1.阵型的发展和演变

为了适应攻守战术的需要,全队队员在场上的位置排列和职责分工称为比赛阵型。各阵型的名称是按队员排列的形状而定的。自19世纪中期世界上有了第一个足球比赛阵型,至今日的"四三三""三五二""四二四"等,以及某些国家所采用的"混凝土式防守""锁链式防守"等,都是沿着这一个客观规律演变和发展的。

2.各个位置的职责

(1)边后卫的职责。边后卫主要是防守对方的边锋及其他进攻队员在边路的活动,破坏对方由边路发动的进攻,还可利用插上助攻式运球来直接威胁对方球门。

(2)中后卫的职责。中后卫有突前中后卫和拖后中后卫之分。前者主要任务是盯守对方突前的最有威胁的中锋,因而又被称为盯人中后卫;后者则主要担负整个防线的指挥任务,其站位经常处于其他防守队员后面,一般称为自由中后卫。

(3)前卫的重要职责。前卫通常称为中场队员。中场是一个非常重要的区域,往往控制了中场也就得到了比赛的主动权,因此比赛各队往往都在中场投入较大力量。前卫的主要任务是控制中场,不仅是防守的屏障,也是进攻的主要发起者。

(4)前锋的重要职责。前锋多在中前场活动,接应前卫或后卫的传球,负责最后将球踢入对方球门得分,是进攻的终结者。

(5)守门员的重要职责。守门员负责把守本队球门,防止对方球员将球踢入球门得分。

足球运动是一项对抗性的运动项目,它是由进攻和防守这对矛盾组成的。足球战术是指比赛双方为了充分发挥个人与集体的特长,取得比赛胜利所采用的手段和方法。根据攻防的基本特点,足球战术可分为进攻战术、防守战术、比赛阵型三大部分。在进攻和防守战术中,又分别包括个人、集体与全队的攻防战术。

守门员技术

第十章 羽毛球

羽毛球运动具有灵活性和协调性,能增强肌肉力量与短时间高功率的爆发力及速度耐力,能培养练习者勇敢、顽强、沉着、灵活、果断、精诚合作的精神,使练习者身心得到较全面的发展。

第一节 羽毛球运动的锻炼价值与作用

羽毛球运动的特点是全面锻炼,场地设备简单,基本技术易学,适应性较广泛,无论是比赛还是一般性的健身活动,都具有一定的娱乐性与较高的锻炼价值。据统计,大强度羽毛球运动员的心率可达到每分钟 160~180 次,中强度羽毛球运动员的心率可达到每分钟 140~150 次,低强度羽毛球运动员的心率可达到每分钟 100~130 次。打羽毛球时快速移动需要速度,扣杀需要力量,对拉多回合需要耐力,扑救球需要灵敏和柔韧,双打又需要极快的反应与判断,因此,长期进行羽毛球运动可以全面提高身体素质,增强体质。

羽毛球运动对抗性强、竞争激烈、运动量大,可以使练习者心理素质得到很好的锻炼。在紧张激烈的比赛中,不仅需要充沛的体力、过硬的基本功与技战术的灵活运用,还需要坚定的信念、顽强的意志品质和拼搏精神。团体比赛、双打项目还可以培养团队意识与团结互助的集体主义观念。

第二节 羽毛球的基本技术与练习方法

羽毛球技术是指运动员在比赛中所采用的动作方法的总称。羽毛球的基本技术包括手法和步法两大类。手法有握拍法、发球法、接发球法和击球法；步法有上网步法和后退步法两大类。

一、手法

（一）握拍法（正、反手握拍法）

握拍及准备姿势

1.正手握拍法

握拍时，先用左手拿住拍颈，使拍面与地面垂直，再张开右手，使手的小鱼际肌靠在拍柄底托处，虎口对准拍柄的内侧小棱边，小指、无名指和中指并拢握住拍柄，食指与中指稍微分开，食指和拇指环扣住拍柄（图10-1）。正手发球、右场区各种击球及左场区头顶击球等，一般采用这种握法（以右手握拍为例，后同）。

2.反手握拍法

在正手握拍的基础上拍柄稍向外转，食指收回，拇指第二指节顶贴在拍柄内侧的宽面上，其余4指并拢握住拍柄，手心空出。

图 10-1

（二）发球法

按发球的基本姿势可分为正手发球和反手发球；按发出的球在空中飞行的弧线，可分为高远球、平高球、平快球、网前球。

发球技术

1.正手发球

发球站位在靠近中线一侧、离前发球线1米左右的位置。身体左肩侧

对球网,左脚在前,脚尖向网,右脚在后,脚尖稍向右侧,两脚距离与肩同宽,身体重心放在右脚上。准备发球时,右手握拍向右后侧举起,肘部微屈,左手拇指、食指和中指夹住球,举在腹部右前方,然后放开球,挥拍击球。击球时,身体重心由右脚移至左脚上(图10-2)。

① ② ③ ④ ⑤

图 10-2

2.反手发球

发球站位可在前发球线后10~15厘米及中线附近,也可在前发球线后及边线附近。面向球网,两脚前后开立(右脚或左脚在前均可),上体稍前倾,身体重心在前脚上。右手臂屈肘,用反手握拍将球拍横举在腰间,拍面在身体左侧腰下。左手拇指与食指与捏住球的2~3根羽毛,球托朝下,球体或球托在球拍前对准拍面。击球时,前臂带动手腕朝前横切推送,使球的飞行弧线略高于网顶,下落到对方前发球线附近(图10-3)。

① ② ③ ④ ⑤

图 10-3

(三)接发球法

接发球的站位主要有单打站位和双打站位。

1.单打站位

单打站位于离前发球线1.5米处。在右发球区要站在靠近中线的位置;在左发球区则站在中间位置。该站位主要是防备对方直接进攻反手部位,一般左脚在前,右脚在后,双膝微屈,收腹含胸,身体重心放在前脚上,后脚脚跟稍抬起。身体半侧向球网,球拍举起在身前,两眼注视对方(图 10-4)。

2.双打站位

由于双打发球区比单打发球区短 0.76 米,发高远球易被对方扣杀,所以双打发球多以发网前球为主。接发球时要站在靠近前发球线的地方。双打接发球准备姿势和单打的接发球姿势基本相同,略有区别的是身体前倾较大,身体重心可以随意放在任何一脚,球拍举得高些,在球到网上最高点时击球,争取主动,但要注意右场区对方发平快球突袭反手部位。

图 10-4

(四) 击球法

羽毛球击球技术方法包括击高球、吊球、杀球、搓球、推球、勾球、扑球、抽球、挑球等,每一种技术又分为正手击球法和反手击球法。

本书主要讲解高球。高球分为正手、反手和头顶 3 种手法。

1.正手高球

首先要判断来球的方向和落点,侧身后退,使球处在自己的右肩稍前上方的位置。左肩对网,左脚在前,右脚在后,身体重心在右脚上。左臂屈肘,左手自然高举,右手持拍,手臂自然弯曲,将球拍举在右肩上方,两眼注视来球。击球时,右上臂后引,随之肘关节上提明显高于肘部,将球拍后引至头部,自然伸腕(拳心朝上)。然后在后脚蹬地、转体收腹的协调用力下,以肩为轴,上臂带动前臂快速向前上方甩腕,在手臂伸直的最高点击球(图 10-5)。正手高球也可起跳击球。

① ② ③ ④ ⑤

图 10-5

2.反手高球

当对方将球击到己方左后场区时用反手击高球。首先判断对方来球的方向和落点,迅速将身体转向左后方,移动步伐,最后一步用右脚前交叉跨到左侧底线,背对网,身体重心在右脚上,使球处在身体右上方。击球前,迅速换成反手握拍法,持拍于右胸前,拍面朝上。击球时,以上臂带动前臂通过手腕的闪动,自下而上地甩臂,将球击出。在最后用力时,要注意拇指的侧压力与甩腕的配合,以及两腿蹬地转体的全身协调用力(图 10-6)。

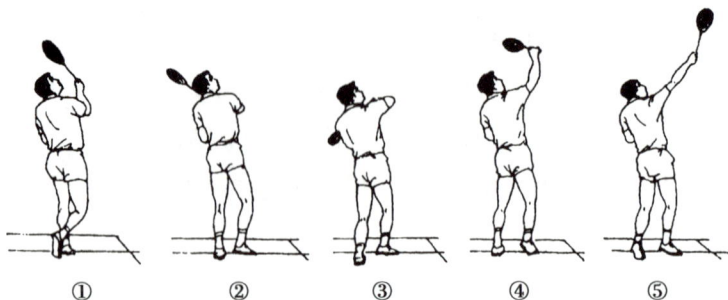

图 10-6

3.头顶高球

当球飞向本方左侧后场时,面对球网后退,身体充分向左后侧伸展、持拍臂与左手同时直接上举,并将球拍引至身体左侧上方。在下肢用力蹬伸、腰腹充分向右前方屈体的配合下,利用肩关节、肘关节充分内旋,并带动伸肘关节和屈腕的力量,向前上方甩臂挥拍击球。在球拍与球接触的瞬间,迅速握紧球拍将球击出。

二、步法

基本步法

(一)上网步法

从中心位置移动到网前击球的步法称为上网步法。上网步法可根据个人习惯采用交叉步、并步、垫步或蹬跨步。如果站位靠前场,可用两步交叉步上网;若站位靠后场,则采用三步交叉跨步的移动方法。为了加速上网,还可采用蹬步上网。

右边上网的步法:可采用两步或三步交叉步加蹬跨步移动的方法,也可采用垫一步再跨一大步移动的方法上网。

左边上网的步法:同右边上网,只是移动方向是朝左边网前的。

(二)后退步法

从中心位置移动到后场各个击球点的位置上击球的步法称为后退步法。后退步法一般都用侧身后退,以便于到位后挥拍击球。如果是右脚稍前的站位,则先完成右脚后蹬、髋部右后转成侧身站位,然后采用三步并步后退或交叉步后退。

（1）正手后退（右场区）步法：一般采用侧身后退步法，有利于到位后挥拍击球，多采用并步加跳步。

（2）头顶击球（左场区）步法：一般采用侧身后退步法，移动方向是向左后场，采用后交叉步加跳步。

三、羽毛球主要基本技术的练习方法示例

1.正手发高球和正手挑球技术的练习

（1）正手向上颠球。

（2）用吊线球进行正手挑球。

（3）对墙发球；在场地上正式发球。

2.后场高手击球（高、吊、杀）技术的练习示例

（1）按技术动作要领，持拍、引拍、挥拍、击球，还原练习。

（2）原地进行起跳转体90°着地后即返回原地，再反复起跳并完成上手挥臂动作的练习。

（3）多球式喂球或一对一陪练式喂球练习。

3.网前高点搓、推技术练习示例

（1）定点多球式喂球、搓球、推球练习。

（2）两人隔网对练搓球。

（3）多球上网定点（或不定点）搓球、推球练习。

4.接吊与接杀技术练习示例

（1）正手接吊球挑与反手接吊球挑。

（2）正手接杀放网与反手接杀放网。

5.步法练习

单个基本步法：踮步、并步、蹬步、交叉步、跨步的反复练习。

后场击球技术

网前技术

中场接杀球技术

四、羽毛球结合比赛的各种球路练习

战术演练

1.单项技术的重复练习

两人分边对打直线或对角线高球练习；两人各一边，做一吊一挑练习。

2.组合技术练习

吊上网搓、推练习；头顶杀上网搓、推练习。

3.一点吊两点或两点吊一点练习

一人在指定位置原地起跳击高球到对方两底角，另一人在两底角移动击高球到指定位置；一点吊两点练习；两点吊一点练习。

4.多球练习

多球发球练习；多球高、吊、杀一点或两点练习；多球搓、推、挑练习；多球综合练习；多球步法练习。

5.球路练习

固定球路高吊上网练习；固定球路高杀上网练习；半固定路线高吊轮攻练习。

第三节　羽毛球竞赛规则简介

一、比赛规则

1.场地

单打场地长为 13.40 米，宽为 5.18 米；球场中间挂一张网，其两端高为 1.55 米，网中央离地面高为 1.524 米；双方各占网的一边，每边的场区前有前发球线，通过此线中点与端线中点连成的一条中线，把场区分成左、右发球区（只在发球和接发球时起作用）。双打场地与单打场地的不同处是场地宽为 6.10 米，且离端线前 0.76 米处有一条横线叫后发球线。竞赛场地的划分如图 10-7 所示。

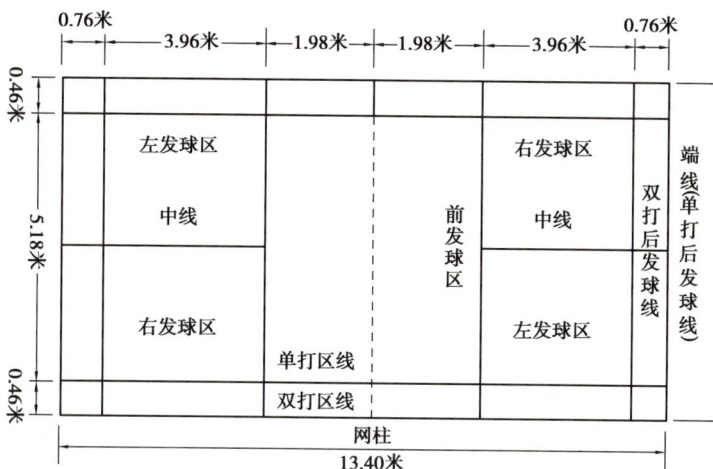

图 10-7

一场比赛采用三局两胜制,一方先胜两局即结束比赛。比赛不受时间限制,先得 21 分且至少领先对方 2 分的一方获胜,即结束一局的比赛,然后交换场区,继续比赛。如在第三局(决胜局)中,某方先得 11 分时,也应交换场区。

2.选择发球或场区

由裁判员召集双方掷挑边球,先选择者只能挑选其中之一。

二、发球次序和方位

1.双打

每局先由右发球区第一发球员发到对方右发球区内,由对方第一发球员接球。每局开始,先发球队只有一次发球权,以后每队都有两次发球权。每次换发球时,都由右发球区队员开始。发球队每得一分,同队两队员互换左右发球区,由原发球员继续发球,对方站位不动。发球队分数为零或双数时,第一发球员应在右区,分数为单数时,第一发球员应在左区。

2.单打

发球员得分为零或双数时,双方都站在右发球区内,得分为单数时,双方都站在左发球区。单打出现平分后的发球方位同双打。

三、违例与犯规

(1)发球时,双脚不能触线,必须有一部分与地面接触,不能移动;球与球拍的接触点不能超过腰部;同时,球拍框必须明显低于握拍;不能做晃动球拍的假动作。

(2)接球员在接发球时也不能移动;不能做影响对方发球的行动;发球时任何一方都不允许无故延误发球。

(3)击球时不能连续两次击球,双打时不能连续两人各击一次;不能持球或有拖带动作。

(4)比赛进行中任何人不得触及网或网柱;不能过网击球;身体任何部位不能侵犯对方场区。

(5)在网前不允许高举球拍(超过网高)以企图把球拦击过去,但可以在低于网高时用球拍保护脸部,以免被球击中。

(6)发球擦网后,若球落在合法区内即为好球,落在界外即为失误,但挥拍没有击中球,可以重发。

第十一章 乒乓球

第一节 乒乓球运动概述

一、乒乓球运动的发展和重大赛事

自 1926 年 12 月在英国伦敦举行了第 1 届世界乒乓球锦标赛以来，乒乓球这个 19 世纪的"宫廷游戏"，经历了巨大变化，发展成遍及世界五大洲的竞技体育运动，并于 1988 年被列入奥林匹克运动会的正式竞赛项目。

二、大学校园乒乓球运动

乒乓球运动在我国有良好的群众基础，有着巨大的生命力。随着乒乓球运动的迅速普及，有条件的各大、中、小学都开展了乒乓球运动。如清华大学、北京大学早在 20 世纪五六十年代就面向学生开设了乒乓球课，并组织了各校之间的友谊赛。

目前，许多有条件的学校都开设了乒乓球教学课，乒乓球运动极为普及和深受大学生的喜爱，学生选课热情高涨。乒乓球运动以它本身特有的优势吸引着广大大学生的兴趣，是校园体育中的一项热门课程。

第二节　乒乓球的基本技术与练习方法

一、握拍法

目前世界上流行的握拍法不外乎两种：一是直拍握法；二是横拍握法。中国和亚洲其他国家的传统是使用直握拍，而欧洲各国的传统则是使用横握拍。不同的握拍法各有不同的优缺点，从而产生了各种不同的打法。初学者可以根据各自的习惯和爱好，选择适合自己的握拍法。

握拍及准备姿势

（一）直拍握法

直拍握法的特点是正反手都用球拍的同一拍面击球，一般情况下不需要两面转换，出手较快；正手攻球快速有力，攻斜线、直线球时拍形变化不大，对手不易判断，便于从速度、球路和力量上取得主动；手腕动作灵活，发球可作较多变化；但反手攻球时，因受身体阻碍较难掌握，不易起重板；攻削交替时手法变化大，影响击球的速度和准确性；防守时照顾面积较小。

1.直拍快攻型握法

拍前，以食指第二关节和拇指第一关节扣拍；拍后，其余3指弯曲斜形重叠，以中指第一关节贴于球拍的1/3上端。此法简称中钳式（图11-1）。

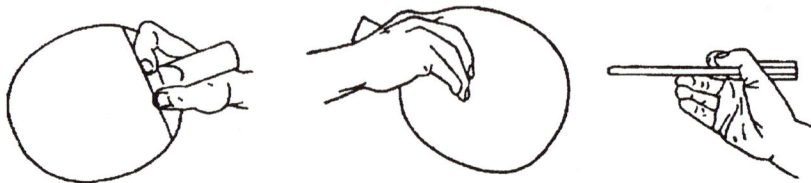

图 11-1

2.直拍弧圈类的握法

拍前，拇指紧贴在拍柄的左侧，食指扣住拍柄，形成一个大环状，紧握拍柄；拍后，3指自然弯曲，用中指第一关节顶住球拍的中部（图11-2）。

图 11-2

3.直拍削球的握法

大拇指弯曲,紧贴拍柄的左侧,用力下压,其余 4 指自然分开托住拍的后面。正手削球时,尽量使球拍后仰,减小来球冲力;反手削球时,拍后 4 指灵活地把球拍兜起,使拍柄向下(图 11-3)。

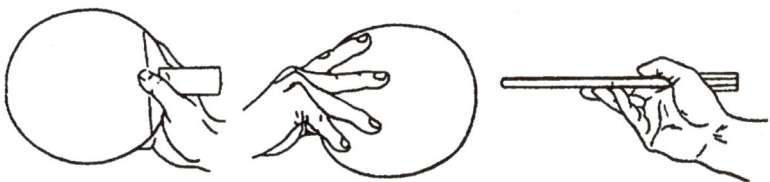

图 11-3

(二)横拍握法

横拍握法的特点是照顾面比直拍大,攻球和削球时握拍的手法变化不大;反手攻球不受身体阻碍,便于发力;削球时用力方便,易于发挥手臂的力量和掌握旋转变化。但在还击左右两面来球时,需变换击球拍面;攻斜、直线球时调节拍形的幅度大、动作明显,易被对方识破;台内正手攻球也较难掌握。

横拍的基本握法:以中指、无名指、小指自然地握住拍柄,拇指在球拍正面轻贴中指旁边,食指自然伸直斜于球拍的背面,虎口轻微贴拍。此握法又称为"八"字式(图 11-4)。

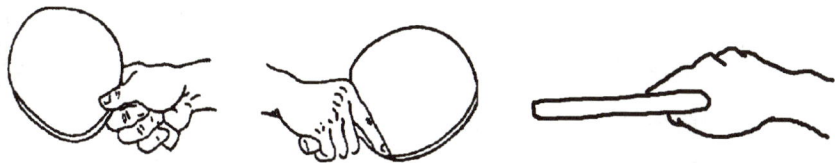

图 11-4

横拍握法分浅握和深握两种,握法基本相同。浅握,虎口稍离球拍;深握,虎口紧贴球拍。横拍握法,正手攻球时食指要加力,并稍微向上移动帮助压拍;反手攻球或快拨时,拇指要加力,并稍微向上移动帮助压拍(图 11-5)。

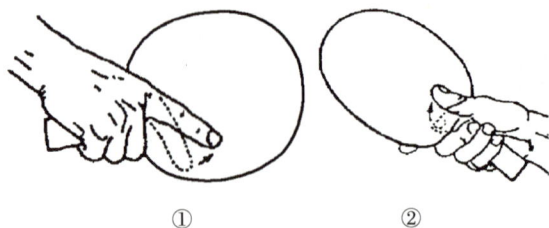

①　　　　　②

图 11-5

二、基本站位、基本姿势和基本步法

（一）基本站位和基本姿势

乒乓球运动员的基本站位是根据个人的不同类型打法和个人的特点来确定的。基本站位如与个人打法特点相适应，则有助于发挥其技术之所长。由于乒乓球的打法类型不同，运动员基本站位也略有区别。

左推右攻打法的基本站位在近台中间偏左；两两攻打法的站位在近台中间；弧圈球打法的站位在中台偏左；削球打法的站位在中远台附近。

正确的基本姿势要求（以右手握拍为例）：两脚开立略比肩宽，左脚稍在前，膝微屈，前脚掌着地，上体自然前倾，含胸收腹，重心前移，背部略呈弧形。略收下颌，两眼注视来球。持拍手臂自然弯曲，置于身体右侧，肘略外张，手腕放松，置拍于腹前，离身20~30厘米。

练习提示：基本姿势是一切基本技术的开始和终止。不论运动水平达到何种程度，都必须要重视每击完一球后迅速恢复还原到基本姿势，以便进行下一个击球动作。

（二）基本步法

由于来球的落点不断变化，要准确地还击每个来球，除必须具备快速的反应和良好的身体素质外，还要靠正确、灵活的步法，及时移动身体到最佳的击球位置。常用的步法主要有单步、跨步、并步、侧身步、交叉步5种。

基本步法

1.单步

在来球角度不大的情况下，击球时多采用单步。即以一脚前脚掌为轴，另一脚向前、后或左、右移动一步（图11-6）。

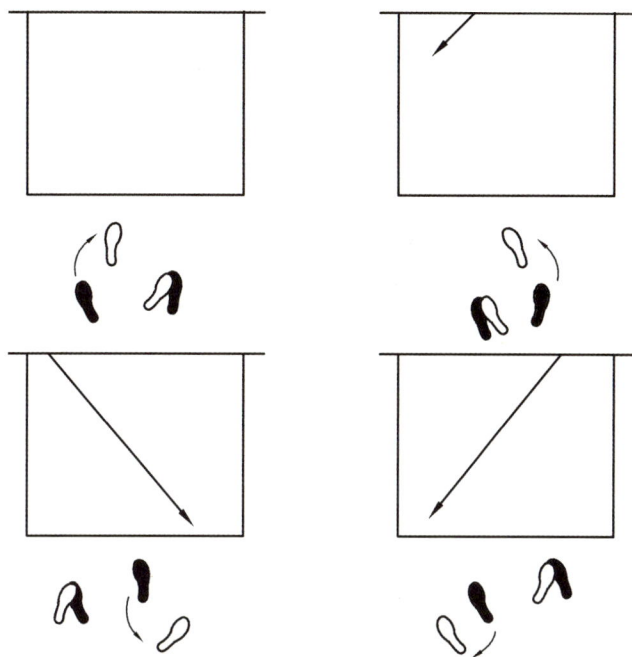

图 11-6

2.跨步

在来球离身体较远、速度较快的情况下,击球时多采用跨步。跨步即以一脚向前、向后、向右的不同来球方向跨出一大步,身体重心随即移动到摆动腿上,另一脚迅速跟上(图 11-7)。

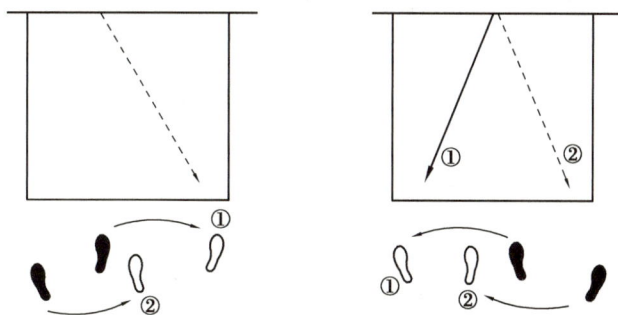

图 11-7

3.并步

在来球速度不算太快的情况下,从基本站位向左、右移动时多采用并步(换步)。即先以与来球异方向的脚向另一脚并一步,然后与来球同方向的脚再向来球的方向迈一步迎击来球(图 11-8)。

4.侧身步

在来球逼近身体的情况下,击球时多采用侧身步。即左脚先向左跨出一步,然后右脚随即向左后方移动;也可以是左脚先向前插上,右脚向左后方移动(图11-9)。

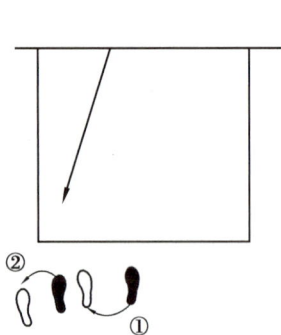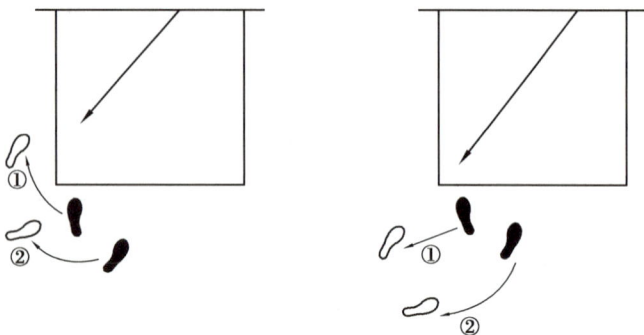

图 11-8   图 11-9

5.交叉步

在来球远离身体的情况下,击球时多采用交叉步。即先以与来球反方向的脚向来球方向移动,并超过另一脚,然后另一脚随即向来球方向移动(图11-10)。

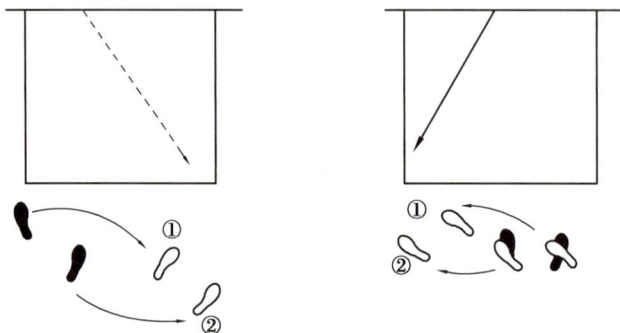

图 11-10

步法练习的方法:

(1)徒手模仿练习,熟练掌握个人打法中常用的步法。

(2)利用多球进行步法练习,要求练习者跑动到位。开始时供球速度慢一些,难度小一些,随着水平的提高,逐渐加快速度和增加难度。

(3)有目的地重点解决主要步法问题,有针对性地安排步法练习内容。

(4)步法练习和专项体能练习结合起来,以增强下肢启动速度和力量。

(5)做某一种步法练习时,可规定组数和次数,或要求在规定时间内完成一定的组数和次数。

三、发球和接发球技术

发球和接发球是乒乓球的重要基本技术,是相互推动向前发展的。发球技术的提高能促进接发球技术的提高。反之,接发球技术的提高又能促进发球技术的进一步提高。

(一) 发球基本技术

发球是每分比赛的开始。发球可不受对方干扰而按自己的战术意图进行。球发得好,可以直接得分或者为自己的第二板创造进攻机会,也可以压制对方第一板的攻势,从而打乱对方的战术意图。发球是初学者必须掌握的技术之一。

发球主要由抛球和挥拍击球两个动作组成。抛球是前提,击球部位和挥拍方向是决定发球质量的关键。用力大小和第一落点的远近是发球变化的条件。发球的种类有:高抛、低抛与下蹲;正手、反手与侧身;速度、落点、混合旋转和单一旋转等。初学者先学习平击发球和正手发奔球,待发球的准确性有所提高,基本上能够掌握发斜、直线球之后,再学发同一手法不同旋转的球,以及其他难度较大的发球。下面主要介绍以下 3 种发球技术。

1.平击发球

动作要领:

(1)发球时持球手将球向上轻轻抛起(不得低于规则允许的高度),同时持拍手向后引拍,大臂自然靠近身体右侧。

(2)当球从高点下降时,持拍手以肘为轴,前臂向右前方横摆击球。

(3)向前挥拍时,拍面稍前倾,击球中上部。

(4)击球后第一落点应在球台的中区。

2.正手发奔球(图 11-11)

图 11-11

动作要点：

(1)当持球手将球向上抛起后,持拍手随即向右后上方引拍,手腕放松,拍面较竖直。

(2)当球从高点下降时,大臂带动前臂由右后方向左前方挥摆,同时腰也由右向左转动。

(3)当拍面触球的一瞬间,拇指用力压拍,右肩、手腕同时从后向前使劲抖动,球拍沿球的右侧中部向中上部摩擦球。

(4)发球的第一落点要靠近端线。

3.反手发急上旋长球(图 11-12)

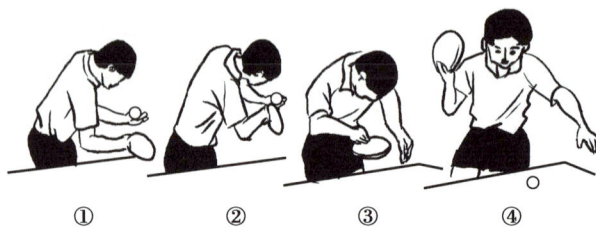

图 11-12

动作要点：

(1)发球时持球手将球向上轻轻抛起,同时持拍手向后引拍,上臂自然地靠近身体右侧。

(2)当球从高点下降时,持拍手以肘为轴,前臂向右前方横摆发力击球。

(3)触球时拍面稍前倾,摩擦球的中上部,使球快速前进并具有一定的上旋。

(4)球离拍后,第一落点要在球台端线附近。

4.发球的练习方法

(1)徒手做发球前的准备姿势,模仿抛球和发球的动作。

(2)在台前练习发球到对方台面。

(3)先练习发斜线球,后练习发直线球;先练习发不定点的球,后练习发定点球;先练习发长球,后练习发短球。

(4)练习发各种旋转性能的球。

(5)练习用同一种手法发不同旋转和落点的球。

(6)结合个人技术特点,练一两套质量高的特长发球。

(7)在实战中,大胆运用已掌握的发球技术。

(二)接发球基本技术

乒乓球比赛首先是从发球和接发球开始的,但是接发球技术的运用要根据对方的发球方法与来球性能来决定接发球的方法。如果比赛中接发球技术差就会造成被动,导致心理上的紧张和畏惧,造成一连串失误。相反,如果接发球技术好,不仅可以直接得分,还可以破坏和限制对方的抢攻,从而为自己的进攻创造有利的条件。

1.接发球的技术要点

接发球的手段有很多,通常采用推挡、搓球、攻球、削球等技术来回击。

2.接发球的方法

(1)接急球的方法。当对方用反手发左角急球时,来球速度快,一般用推挡回接,如回斜线应尽可能地把角度回得大些,注意手腕外旋,拍触球的左侧面,使对方难以侧身抢攻和快变直线;有时也可回中路靠右或以直线反袭空当。如果用抽球或削球回接则必须稳步后退,等来球前进力减弱些再回击,这样易于发挥自己的力量与提高准确性。如对方发过来的是急下旋球,可用推挡去回接(必须使拍面先略后仰,用拍触球的左侧下部,同时手腕外旋将球推过去),还可以用推下旋方法去回接(等球跳到高点期时,拍形稍仰,手腕固定地往前下方推出去)。如用侧身回接急下旋球,既要适当加大提拉的力量,又要注意加快小臂内旋的速度,这样才易将球回得准确。用反手攻球回接时,同样既要适当加大提拉的力量,又要注意加快小臂外旋的速度。横拍两面攻选手,可用反手拉弧圈的方法回接。首先要稍后退,拍形稍前倾,在球的下降期击球的中部或下中部,将球拉过去。用搓球回接时,由于来球的前进力强,所以搓时首先应后退,等来球前进力减弱时,再向前下方用力将球搓过去。但由于回接速度慢,容易造成被动,不宜过多采用。

(2)接短球的方法。当对方发来近网的短球时,可用以短回短的方法,把球也回到对方近网处,使其不易发力进攻。要使球的落点回得短,则应注意在上步接球时身体保持稳定。特别在击球时,必须控制住身体的前冲力量,在球拍触球的刹那间控制住板形(接上旋球拍行稍下压一些,接下旋球拍形稍仰些),迅速减力,做回收的动作,将球按过去。还可以用快攻的方法回接。当球跳到高点期时,拍形稍前倾击球的中上部,靠手腕和小臂的力量迅速发力回击。回接下旋球时要注意适当加大提拉的力量。

3.接发球的练习方法

(1)选好合适的站位。比赛中根据发球方站位,预测来球落点和准备采用何种方法接球而站位,一般不宜过远或过近,多离台30~40厘米,左右距离以能击好大角度来球为宜。

(2)准确识别发球的旋转和落点。接发球的关键是要自始至终注视来球,尤其是发球方球拍与球接触瞬间的动作,包括触球部位、球拍移动方向、用力程度等。

4.推挡球

推挡球的技术特点是站位近、动作小、击球早、球速快、变化多。推挡包括快推、加力推、减力推等技术,这里主要介绍快推。

（1）技术要点。站位离台30～40厘米，偏左半台1/3处。两脚开立，比肩略宽，左脚稍前。初学时可以右脚稍前，两脚前后相距半脚。击球前，执拍手臂贴身，前臂外旋屈肘成100°，后撤引拍成半横状，拍面垂直。击球时，上臂带动前臂向前稍微向上辅助用力推击，触球瞬间食指压拍，拇指放松，中指顶拍背，手腕加力外旋，拍形稍前倾，在腹前靠左侧离身约一前臂距离处，在来球上升期击球中部或中上部。击球后，手臂即刻止前顺势收回(图11-13)。

图 11-13

（2）练习方法。

①持拍模仿推挡动作。

②对墙做推挡练习。

③自己把球抛到本方台面上进行推挡练习。

④陪练者把球供到练习者反手位，练习者连续推挡，力量不要过大，落点不限。

⑤陪练者发平击球到练习者左半台的不同落点，使练习者在移动中做推挡练习。

⑥两人在台上对推，不限落点，又要动作正确，并能击球过网。

⑦两人在台上先推中线，再推直线和斜线，逐渐加快速度，体会快速推挡动作。

⑧一点推两点或不同落点。

⑨推、攻结合练习。陪练者攻球，练习者推挡，先定点，再有规律变化落点，最后不定点。

5.攻球

攻球是乒乓球技术中重要的组成部分，是比赛中争取主动、克敌制胜的重要手段。

攻球分为正手攻球、反手攻球和侧身攻球3个部分。各部分还包括近台、中远台、扣杀等各种技术。下面主要介绍学习正手近台快攻、正手中远台攻球和正手快拉球3种。

攻球

（1）正手近台快攻。近台快攻具有站位近、动作小、速度快、有一定力量的特点。运用得当可为扣杀创造机会，也可直接得分。

技术要点：站位离台约40厘米，左脚稍前，身体与端线约成30°。击球前，前臂稍内旋向右侧引拍,并与端线平行,大拇指压拍,球拍成横立状,拍面垂直成80°前倾,重心偏右。击球时,当球从台面弹起时,前臂快速发力,在右胸正前方一前臂距离处迎击上升期来球,触球中上部,使拍面沿球体小弧形转动,同时重心通过轻微转腰快速完成从右脚到左脚的转换。击球后,顺势将球拍挥至左额前方,并迅速还原,手臂肌肉放松,准备下一板连续击球(图11-14)。

图 11-14

(2)正手中远台攻球。其特点是力量较重,进攻性较强,常采用交叉步和跨步移动。

技术要点:站位中远台,左脚在前,身体与端线成45°。击球前,执拍手臂微屈肘,向右后方引拍,前臂与地面略平行。球拍呈半横状,拍面约垂直,击球时,右脚蹬地,上体左转,在上臂带动下以前臂发力为主,由右、后、下向左、前、上挥拍,在胸、颈部正前方一前臂加一球拍距离处,手腕控制拍面角度,在来球高点期或下降前期,触球中上部和中部,击球后,重心转至左脚前掌,再迅速"反弹"放松还原,做下一次击球准备(图11-15)。

图 11-15

(3)正手快拉球。快拉球通常也叫拉攻或提拉球,是一项对付下旋球的重要技术。它具有速度较快、动作较小、线路活和命中率高的特点。

技术要点:站位比快攻稍远,击球前整个手臂放松,前臂略下沉。拉球时,前臂发力为主,在来球高点期或下降前期,手腕同时向前向上用力转动球拍摩擦来球,制造上旋弧线。拉球时,要判断好来球下旋程度,调整用力大小和方向,调节拍面角度和触球部位(图11-16)。

(4)攻球练习方法。

①反复徒手挥拍练习,并结合步法一起练。

②多球训练:供球者先发定点球,练习者连续正手攻球,体会动作的正确性;再供落点有

变化的球,练习者在移动中正手攻球;最后供落点无规律变化的球,练习者经判断后再移动步法正手攻球。

图 11-16

③陪练者用推挡,练习者用正手攻球,先定点、定线路,然后有规律地变化落点,最后进行无规律的一点推不同落点的练习。

④对攻练习:先练 1/2 台右方斜线对攻,再练直线对攻,逐渐过渡到 2/3 台移动中对攻,并要有一定的数量和速度。

6.搓球

搓球是近台还击下旋球的一种基本技术,搓球可分为反手搓球和正手搓球;慢搓和快搓;加转搓球和搓不转球等。这里主要学练反手加转慢搓。

搓球

(1)技术要点。站离球台约 50 厘米,右脚稍前,上体竖直,重心居中。击球前,手臂引拍至左肩处,屈肘成80°,手腕内收(微勾),拍面稍后仰。击球时,以肘关节为轴前臂发力带动手腕迅速向前下方挥拍,同时伸肘,前臂略内旋和上翘手腕,在左胸前一前臂距离处,迎来球下降后期,击球中下部,并向底部摩擦。击球后,手臂肌肉放松,并随即收回还原,准备下次击球(图 11-17)。

图 11-17

(2)练习方法。

①徒手模仿搓球动作。

②练习者自己向球台抛球,待球弹起后将球搓过网。

③陪练者用多球发下旋球,练习者将球搓回对方球台。

④陪练者发有一定旋转的球,练习者以相反线路将球搓回对方球台。

⑤陪练者用多球固定线路发下旋球到正、反手,练习者正手和反手结合搓球,先慢后快,先长后短。

⑥两人对搓,然后练习者在搓中结合正、反攻球。

7.弧圈球

弧圈球技术是现代较先进的进攻技术,是比赛取得胜利的重要手段。正手弧圈球可分为正手拉加转弧圈球和正手拉前冲弧圈球,这里主要介绍学习正手拉加转弧圈球。

弧圈球

(1)技术要点。两脚开立,右脚在后,准备击球时,身体向右扭转,右肩略低于左肩,略收腹,手臂自然下垂,球拍后引的幅度较小,身体重心落在右脚上。击球时,右脚蹬地向左转,腰带动肩,在来球的下降期,拍面稍前倾,摩擦击球的中部或中部偏上位置。击球点离网近时,以前臂和手腕发力为主;击球点离网远时,应以上臂发力为主(图 11-18)。

① ② ③ ④ ⑤

图 11-18

(2)练习方法。

①徒手模仿拉弧圈球动作。

②陪练者用多球发中路出台的下旋球,练习者连续拉弧圈球。

③陪练者推挡,或正手攻,或削球,练习者连续拉弧圈球。

④两人对搓,固定一方搓中转拉。

⑤练习以上内容时,可先拉固定落点,再拉非固定落点;先 1/2 台连续拉,后 2/3 台直至全台连续拉。

⑥二点对一点的推拉练习。

⑦不同落点对一点的推、拉、攻结合练习。

⑧对拉或发球、接发球抢拉练习。

⑨拉、扣结合练习。

第三节 乒乓球的基本战术

一、发球抢攻战术

发球抢攻是一种先发制人的战术,特别是以攻为主的选手,常以此作为一种重要得分手段。发球抢攻是指利用旋转多变的发球控制对方,使对方回球较高,再配合有效的进攻来取得主动,以给予对方较大的威胁,是比赛中常用的一种战术。它具有速度快、突发性强的特点。发球抢攻战术的运用效果主要取决于发球质量和进攻能力。常用的发球抢攻战术主要有以下4种。

1.正手发转与不转球抢攻

它一般以发至对方中路或右方的短球为主,配合左方长球。开始先发短的下旋球为好,以控制对方不能抢攻或抢拉,然后再发不转球抢攻。发不转球时,一般也先发短的,或发至对方攻势较弱的一面;如果对方吃球,还可适当发一些长球到其正手。若能发到似出台又未出台的落点,则效果更好(图11-19)。

2.侧身用正手发高、低抛左侧上、下旋球后抢攻

侧身用正手发高、低抛左侧上、下旋球的落点为:发至对方中左短、左大角、中左长、中右(向侧拐弯飞行正好至对方怀中)和右短,配合一个直线奔球(图11-20)。

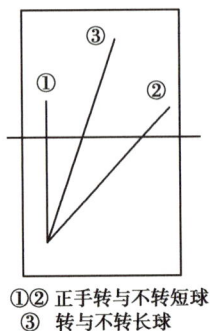

①② 正手转与不转短球
③ 转与不转长球

图 11-19

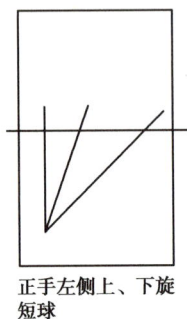

正手左侧上、下旋
短球

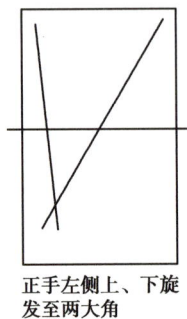

正手左侧上、下旋
发至两大角

图 11-20

左手执拍的选手采用此套发球抢攻的战术威胁更大。一般多用侧身发高抛至对方右近网,对方轻拉至反手,可用推挡狠压(也可用侧身攻)一板直线,或直接得分,或为下板球的连续进攻制造机会;若对方撇一板正手拉球,可用正手攻一斜线至对方反手。

3.反手发右侧上、下旋球抢攻

这类战术适合擅长反手进攻的选手运用,一般多发至对方中右近网或半出台落点,然后用正、反手抢攻对方反手,也可发长球至两大角。一般发至对方正手位时,对方常会轻拉直线,可用反手抢攻斜线;若发至对方反手位时,还可伺机侧身抢攻(图 11-21)。

反手发右侧上、下旋球抢攻,应注意出手动作要快。对方接发球的一般规律是:你发短球,对方接球也短。发短抢攻者应有这方面的意识。

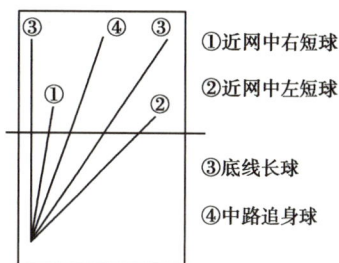

①近网中右短球
②近网中左短球
③底线长球
④中路追身球

图 11-21

4.反手发急球后抢推、抢攻

反手发急上旋球至对方反手后,侧身抢攻。要求急球必须发得快、力量大、线路长,并最好能有一个直线急球配合。擅长反手推挡的选手,或遇到反手推攻较差的对方选手,可采取发急下旋球后用推挡紧压对方反手,再伺机侧身攻的战术。

二、接发球战术

常用的接发球战术有以下 3 种:

(1)接发球抢攻或抢拉是对付对方发的各种上旋球、侧上、下旋球的一种积极主动的接发球方法。当对方发球时,注意力要高度集中,判断对方发球的旋转、落点和速度,如果发的是长球或半出台球,应及时移动步法,抢到最佳击球点,大胆采用抢攻或抢冲接发球。

(2)用推(拨)接发球,将球回到对方弱点位置。运用这种接发球战术时,应击球速度快、弧线低、落点刁。

(3)用搓接发球,当对方发强烈的下旋短球或侧下旋短球时,可以快搓摆短配合快搓两角底线长球,争取先抢拉或进攻。

接发球针对性要强,如果对手追身球能力弱,接发球时就往追身位快点或抢冲。如果对手攻短球能力弱,接发球时就快搓摆短。总之,要破坏对方的发球抢攻技术为自己下板(第四板)抢攻创造条件。

击球部位、拍面角度、击球时期

三、对攻战术

对攻战术是双方形成对攻局面后的战术，在主动、相持、被动3种情况下均会出现，双方通过速度、力量、旋转、落点以及节奏转换的变化，相互控制或在对攻中拼实力，以争得主动，战胜对方。对攻战主要运用正、反手攻球、推挡、弧圈球等技术手段，其中以上旋球为主。常用的对攻战术主要有以下3种：

1.压对方反手，伺机正手攻或侧身攻

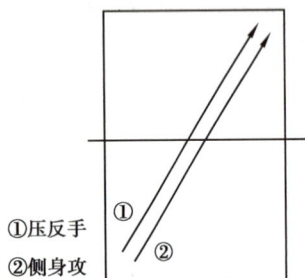

它一般用来对付反手较弱或进攻能力不强的对手。压对方反手时，可用推挡、反手攻或弧圈球。反手准备侧身前，应主动制造机会，或突然加力一板，或攻压一板中路，或攻压一板大角度，尽量避免盲目侧身（图11-22）。

①压反手
②侧身攻

图 11-22

2.压左调右（压反手变正手）

自己反手不如对方反手时，主动变线避实就虚。对方侧身攻的意识极强，用变其正手的方法，既可偷袭空当，又可牵制对方的侧身攻。对付正手位攻击力不够强的选手时，自己正手好，主动变对方正手位后伺机正手攻；自己反手攻击力很强，可在变对方正手位时直接得分或取得主动。此战术有利于左手执拍的选手，因变线的角度大，右手执拍的选手往往被动。

3.调右压左

运用方法是，先打对方正手位，将其调到正手位并被迫离台后，再打其反手位。但注意，调正手位的这板球要狠，否则易遭对方攻击。

适用于对方左半台进攻能力较强，压对方反手位不占优势时。如快攻手在对付擅长侧身抢攻的单面攻选手时常采用此战术。另外，还可用于对付正手位进攻能力不很强，或反手位只能近台、不擅离台的直拍快攻选手。

四、拉攻战术

拉攻战术是进攻型打法对付削攻结合打法的主要战术。运用拉球上旋、落点变化打乱对手阵脚，使对方疲于奔命。进行扣杀或拉弧圈球时要有威力。常用的拉攻战术主要有以下两种：

1.拉一角突击另一角或拉两角突击空当（图 11-23）

先用上旋球拉左杀右、拉右杀左，或者交叉拉对方两角，把对方拉离球台露出空当后，突击其破绽处。

2.拉不同落点突击中路、直线或拉中路突击空当（图 11-24）

拉不同落点使其多点移动，不能稳定位置削球，伺机突袭中路或直线；或者连续拉对方中路追身，使其常处于让位削球状态，让位失调时，则扣、攻、冲其空当。

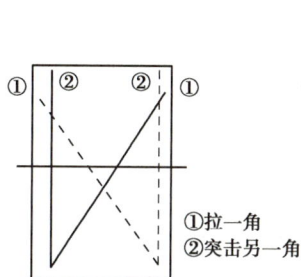

图 11-23

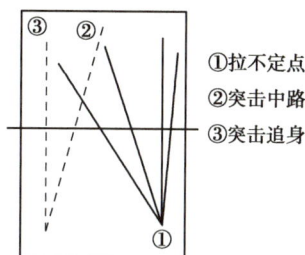

①拉不定点
②突击中路
③突击追身

图 11-24

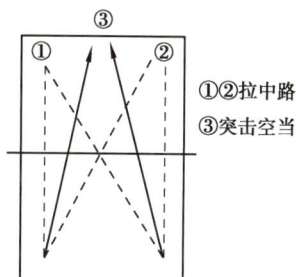

①②拉中路
③突击空当

五、搓攻战术

搓攻是利用快、慢搓球为过渡性手段，经过搓球的旋转、速度、落点变化，控制、组织、制造机会，进行突击扣杀、拉、冲弧圈球，所以也称为搓中突击、搓中转拉（冲），是进攻型、削攻型打法必备的辅助战术。常用的搓攻战术有以下 3 种：

1.搓转与不转球，制造机会，伺机突出

利用搓转与不转球的变化配合落点，出现机会，进行突击、扣杀或拉、冲弧圈球，取得主动。可以先搓加转下旋，交替用相似方法搓出转与不转球，择机进攻。起板时出手要快，落点要刁钻。

2.快搓加转短球，配合快搓两大角，然后突击（图 11-25）

利用快搓加转下旋球至左、右方近网，迫使对手贴近球台，突然又用快搓至左方或右方大角度，用这种时间差、落点差，再配合旋转变化，对方动作稍一缓慢，易出机会，然后拉、扣、冲袭击。

3.搓逼反手大角，变直线，伺机进攻（图 11-26）

先用加转搓球遏制住对方反手位大角度，视其准备侧身，注意力集中在反手时，突变直线伺机进攻。一般用于对付反手进攻能力不强的对手。

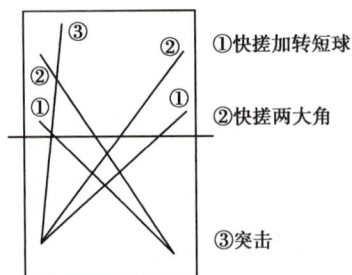

①快搓加转短球

②快搓两大角

③突击

图 11-25

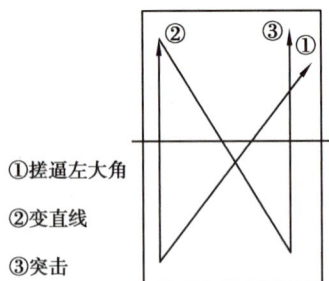

①搓逼左大角

②变直线

③突击

图 11-26

六、双打战术

双打战术,原则上和单打一样。比赛中,不能光顾自己打球,要为同伴创造条件。加强团结、加强合作,是双打打出风格、打出水平的先决条件。两人配合时应注意以下6点:

(1)发球人发球时,可以用手势或暗语,使同伴了解要发出什么球,以便做好回击的准备。另外,同伴也可以主动暗示发球者发什么球,直接为自己下一板发球抢攻或抢拉制造机会。

(2)控制好落点。这样不但可使对方难以发挥攻势,还可迫使对方将球回到自己同伴容易攻击的位置。

(3)紧盯一点杀空位。把对方两人挤在一边,然后再杀相反方向。

(4)交叉打两角。在对方左右移动中突击空当。

(5)在混合双打中,最好以一人抵住对方强手,另一人对付对方的弱手。

(6)同伴发球时,要适应、熟悉对方回球的落点和旋转性能,以便提高发球抢攻的命中率。

第四节　乒乓球竞赛规则简介

一、定义

(1)重发球:不予判分的回合。

(2)击球:用握在手中的球拍或持拍手手腕以下部分触球。

(3)端线:球台的端线,包括端线两端的无限延长线。

(4)阻挡:对方击球后,处于比赛状态的球尚未触及本方台区,也未超过比赛台面或其端线。

二、合法发球

(1)发球时,手掌张开伸平,球应是静止状态;在发球方的端线之后和比赛台面的水平面之上。

(2)发球员须用手将球几乎垂直地向上抛起,不得使球旋转,并使球离开手掌之后上升不少于16厘米。

(3)当球从抛起的最高点下降时,发球员方可击球。

三、合法还击

对方发球或击球后,本方必须使球直接越过或绕过球网装置,或触及球网装置后再触及对方台区。

四、发球、接发球和方位的选择

(1)选择发球、接发球和这一方、那一方的权利应由抽签来决定。中签者可以选择先发球或选择先在某一方。

(2)当一方运动员选择了先发球或选择了先在某一方后,另一方运动员应有另一个选择的权利。

五、一局和一场比赛

(1)比赛中先得11分的一方为胜一局。如打到10分平后,先得2分的一方在此局为胜。

(2)团体赛一般采用五局三胜制,单项赛常采用七局四胜或九局五胜制。

六、乒乓球比赛场地及器材

（1）赛区空间应不少于长 14 米、宽 7 米、高 4 米，地面应平坦、坚硬、不滑。

（2）标准乒乓球台由两块台桌组成，每块长为 1.37 米，总长为 2.74 米；台面宽为1.525米，厚为 0.035 米；台面与地面相距 0.76 米；乒乓球台四周是宽为 0.02 米的白线，分别称为端线和边线；台面中间宽为 0.003 米的白线为中线。桌上架长为 1.83 米，高为 0.153 米的球网。

第十二章　网球

第一节　网球运动概述

一、网球运动的起源与发展

现代网球运动起源于 19 世纪。1873 年,英国人温菲德少校最先对草地网球的玩法作了几条简单的规定,成为网球运动最早的规则之一。1881 年,英国草地网球协会宣告成立,并制定了一系列的规定,使网球运动成为一项正式的比赛项目。

1877 年,在英国温布尔顿举行了第一届草地网球锦标赛。温布尔顿网球赛是历史最悠久的世界网球比赛,已经有一百余年的历史。目前,世界上举办了许多国际性的公开赛,其中最有影响的赛事有英国温布尔顿网球赛、美国公开赛、法国公开赛、澳大利亚公开赛、戴维斯杯男子团体赛、联合会杯女子团体赛等。

二、网球运动的价值

经常参加网球运动,能培养人准确的判断能力、快速的反应能力,并能提高人的速度、耐力、灵敏度等素质。由于网球是通过脚的跑动移位、手臂的击球来完成技术战术动作,因此对调节肌肉用力的感觉和发展协调性有积极作用。同时,网球运动是一项老少皆宜的运动,长期坚持网球运动,能使青年人保持青春活力和健美形态,能使老年人保持旺盛精力,延缓衰老。

每当你坐在电视机前欣赏着激动人心的世界网球大赛时,看到各国网坛群英精湛的球技和出色的表演,或当你看到我国网坛健儿忘我的拼搏厮杀,你工作一天的疲劳会消逝,你紧张一天的精神会放松,你遇到的一切烦恼会忘却……尤其是运动员那生龙活虎的矫健身姿和机智灵活的战略战术,会令你全神贯注、神采飞扬,尽情地领略网球给你带来的温馨和愉悦。此时,你身心完全地投入,忘记了时间,忘记了烦恼,甚至忘记了自我,眼随网球走、心随比分飞。这是一种消遣,是一种娱乐,是一种休息,是一种观摩,又是一项智力的开发,还是一次情操的陶冶。

第二节　网球的基本技术

一、握拍法

握拍是打网球的第一步,也是十分重要的技术。正确的握拍会使技术动作掌握和提高得更快、更好。

(一)东方式握拍法

东方式握拍法又分正手握拍法和反手握拍法。

1.正手握拍法

正手握拍法的动作要领:正手握拍和平时与人握手的姿势十分相似,由拇指与食指形成"V"字形,虎口放在球拍把手的右上斜面,食指与其余3指分开,握住拍柄(拍柄如图12-1所示);拇指稍弯曲,握住左垂直面;手掌根与拍柄齐平,如图12-2所示。

底线正手握拍

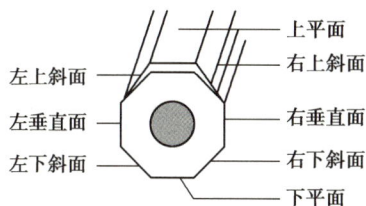

上平面
右上斜面
左上斜面
左垂直面
右垂直面
左下斜面
右下斜面
下平面

图 12-1

图 12-2

2.反手握拍法

反手握拍的动作要领:反手握拍是在正手握拍的基础上,手沿逆时针方向旋转两个平面,即拇指和食指的"V"字形虎口在把手的左上斜面,如图 12-3 所示;其他手法基本与正手相同。

反手握拍

(二)中国式握拍法

图 12-3

中国式握拍法的动作要领:由拇指和食指的"V"字形虎口放在球拍把手的上平面与左上斜面的交界线上,掌根贴住上平面,与拍柄下端齐,食指与其余 3 个手指稍微分开,握住拍柄。

(三)西方式握拍法

西方式握拍法的动作要领:将球拍放在地面上,用手抓起来(俗称"一把抓"),即拇指直伸压住拍柄上平面,食指下关节握住右上斜面,手掌根贴住右下斜面,与拍柄下端平齐。西方式反手握法是在正手的基础上,手腕按顺时针转动,拇指直压拍子左垂直面,食指下关节压住上平面,手掌根部贴住左上斜面,与拍柄下端齐。简单来说,就是把拍柄上下平面颠倒过来,正、反用同一拍面击球。

二、准备姿势

准备姿势的动作要领:面对对方场区站立,两脚开立略宽于肩,两膝微屈,上体略前倾,脚跟稍抬起,重心置于两脚前脚掌间;右手握拍柄,左手握拍颈部位,持拍于体前;两眼注视对手或来球。

三、正手击球法

正手击球是网球运动中最主要的打法，也是最可靠的进攻性击球手段。

正手击球

（一）动作要领

在准备姿势中判断来球后，即开始转动上体和肩，同时球拍后拉，重心移到靠后的脚上；向后拉拍时，球拍不要下垂，拍头应高于手腕；击球时，踏出前脚，重心前移，腰部转动带动手臂和球拍，向前挥拍击球，注意绷紧手腕、紧握球拍；击球后，球拍继续向前挥动至左肩前上方，完成挥拍跟球运动，如图 12-4 所示。

图 12-4

（二）练习方法

（1）挥拍练习，体会动作要领。

（2）自己抛球，待球落地弹起后击球练习。

（3）对墙击球练习。

（4）两人一组，一人送球，一人正手击球练习。

（5）两人正手击球对练，可进行斜线、直线练习。

（6）正手击球斜、直线结合练习。

四、反手击球法

反手击球

（一）反拍上旋球

反拍上旋球的动作要领：击球前将拍改为东方式反手握法；身体向左侧转，重心在后脚上；球拍后摆，拍头略低，击球时右脚向前腾，转腰带动上臂、前臂向前上方挥拍，手腕绷紧，握紧球拍，击球后继续向上做随挥动作，至右肩前上方。

（二）反抽下旋球

反抽下旋球的动作要领：反抽下旋球时采用中国式握法；球拍后摆时拍头上翘起，击球时向前向下挥拍，拍面略仰，手腕绷紧，重心自后向前移；击球后手臂继续向前做随球动作，如图12-5所示。

（三）双手反拍击球

双手反拍击球的动作要领：双手反拍击球时右手用反拍握法，左手用正拍握法，转动身体向左后拉拍，拍略低于来球；击球时右脚跨步向前，重心前移，转腰带动双手挥拍向前向上，在腰部高度、膝部前击球；击球后随势挥拍至左肩前上方结束，如图12-6所示。

图12-5　　　　　　　　　　　　　　　图12-6

（四）练习方法

（1）挥拍练习，体会动作要领。

（2）自己抛球落地弹起后击出。

（3）对墙击球。

（4）一人送球，另一人反拍击球。

（5）两人一组，反拍击球对练。

（6）各种线路的结合练习。

五、发球

发球是网球运动的一种主要技术，好的发球可直接得分或为争取主动创造条件。

（一）发球的基本要求

1.正确的站位

在端线后两脚开立与肩同宽，前脚与端线成45°，身体侧对球网，重心在后脚上。

2.持球与抛球

持球时，可手持两个球或一个球，用拇指和另外两三个手指的顶部拿着将要发的球；抛球时手臂向身体的右前上方直臂抬起，到肩部与头部之间位置时撒手将球推向空中，尽量使球垂直上抛，球落下时在身体前脚的右前方，不要在头顶上。

3.引拍和击球

当抛球手向上时，握拍手也应向后上方运动，为击球做好准备，如两手配合不协调时，可采用"计数"法。先把球和球拍都放在齐胸处，数"一"时双手往下放，数"二"时两手往上，但抛球手在前，持拍手放身后，数"三"时击球。击球的高度在身体和握拍手臂充分伸展时球拍的上部。

（二）切削发球

切削发球的动作要领：采用反手握拍法，站在端线后7~10厘米处，身体侧对球网；发球时将球和球拍置于与胸同高，抛球时球拍后引在背后，肘关节抬起，身体向后屈；当球拍从后向前上方挥动时，要加快手臂挥拍速度，同时身体充分伸展，并在最高点击球；击球瞬间手腕向前扣击，拍面从球的后部向前上擦击，使球产生旋转；击球后，球拍向前下左侧落下，重心前移，向前上步。

（三）平击发球

平击发球的动作要领：平击发球时要尽可能地用力击球，其动作方法基本同切削发球，只是在击球的一刹那,拍面不绕球切削,而是正对球的后部用力击打;要充分利用身体、手臂的力量,以及身体重心向前的力量。

(四)发球的练习方法

(1)原地徒手做抛球、挥拍练习。

(2)持球手向上抛球练习。

(3)多球练习发球。

(4)不同落点的发球练习。

(5)不同力量和旋转的发球练习。

截击和高压握
拍、击球技术

六、截击球

截击技术是单、双打比赛中网前取得成功的关键,是一项不可缺少的技术。

(一)正拍截击球

正拍截击球的动作要领:准备时膝盖要弯曲,重心稍前,球拍在身前;采用中国式握拍法;击球前必须转动上体和肩部,带动球拍向后;击球时握紧球拍,绷紧手腕,在身体前面15~50厘米处迎击球;拍头上翘,拍面稍向后仰,向前向下挥拍击球,如图12-7所示。

图 12-7

图 12-8

(二)反拍截击球

反拍截击球的动作要领:击球前要转肩使上身和球飞来的路线呈平行方向,同时球拍后摆至肩部,拍头向上;击球时拍向前做简短的撞击动作,在身体前面击球;拍触球时,手腕绷紧,握紧球拍,如图12-8所示。

(三)截击球的练习方法

(1)正、反拍截击球挥拍练习。

(2)对墙近距离击空中球。

(3)两人一组,在网前练截击球。

(4)两人一组,一人发球,一人在网前练习截击。

七、高压球

高压球是将对方挑出的防御性的高球凌空或落点弹起后向前下打出,绝大多数高压球可用正拍击球。

(一)动作要领

侧身对网,移动到球下落的稍后方;准备击球时在身前举起球拍,然后球拍后引至肩后;击球时前臂将拍向下挥动,整个手臂伸直,触球时手腕用力下压,拍面向下。

(二)练习方法

(1)徒手挥拍练习。

(2)一人抛高球,另一人练习高压球。

(3)一人在底线挑高球,另一人练习高压球。

(4)不同落点的高压球练习。

八、挑高球

挑高球分防守型和进攻型两种。防守型挑高球是在双方胶着时摆脱困境;进攻型挑高球是在对方上网时将球挑到对方后场较深处,使之被动或失误。

(一)动作要领

准备时将球拍做好充分的后摆;击球时向前上挥拍,打球的下部,手腕绷紧,挥拍动作要尽可能地向前向上送出。

（二）练习方法

（1）徒手挥拍练习。

（2）自抛球挑高球练习。

（3）两人挑高球练习。

（4）一人挑高球,一人高压球或抽球练习。

第三节 网球的基本战术

一、战术的指导思想

（一）"稳"字当头

比赛中要有耐心,击球要稳,不要滥用自己还不熟悉的打法或想一下把对方置于死地,因为这样打球所付出的比收获的多;一般击球落点在距边线 60 厘米以内的区域。

（二）把球打深

无论是进攻型还是防守型的选手,都应遵循一个原则,即把球打深,使球的落点在离端线60~90 厘米处,以便自己有充裕的时间对回击作出反应,并能阻止对方上网,以及缩减对方回球的角度。

（三）争取上网截击

上网截击可以增大自己的击球范围,让对方疲于应付或失误,同时提高了球速,使对方来不及调整位置接球。

二、单打战术

(一)发球上网

发球时发出质量较高的球,使对方的回球不至于力量太凶猛或落点太刁钻;同时,自己应果断地上网,移动到发球线与网之间,利于发挥速度和角度优势造成对方失误。如果机会不是很好,第一次截击可将球打深,落点为对方的弱侧,然后利用第二次截击得分。

(二)底线打法

底线打法首先要将球打深,使球落在端线前而不是发球线附近;同时,利用落点调动对方或抓住对方的弱点作为突破。在有机会的情况下,可上网截击。

(三)综合打法

根据对手的情况,采用不同的打法。如果对方频频上网,可采用挑高球迫使他退回去;如对方底线技术很好,可适当放一些小球诱使他上前,然后再用力将球打深来调动他。综合打法就是将底线和上网两种打法结合起来,根据场上情况随机应变。

三、双打战术

双打是业余网球比赛的主要项目。由于双打对体力要求较低,适合各种年龄层次的人参加。

(一)双打的站位

双打比赛一般是控制网前的队赢分。发球员和接球员都应做好击球后上网的准备。双打时一般让技术水平较高的选手站在左区,或者由正拍技术较好的选手站在右区,反拍技术较好的选手站在左区。发球和接发球时的站位一般是发球员站在中点与单打线的中间,发球员的同伴站在发球线和球网之间,可稍偏向单打边线;接球员站在右区端线靠近单打线处,接球员的同伴站在发球线前边,略靠近中线。

(二)双打的配合

双打要求两名队员配合得像一个人,才能发挥出最高水平。比赛中,两人相互间的距离不能拉开 3.5 米以上,以利于并肩战斗。当同伴移动到自己区域截击时,自己应迅速补位;当同伴退到底线接高球时,自己也不应继续留在网前,而应后退,使两人处于最佳防守位置;当对方上网时,自己可以挑进攻性高球,迫使对方退回后场。

第四节　网球竞赛规则简介

一、选择权

(1)第一局比赛开始前以掷钱币的方法来决定选择权。

(2)选择发球或接发球,对方选择场区。

(3)选择场区,对方选择发球或接发球。

二、发球

发球员在发球前,应先站在端线后、中点和边线的假定延长线之间的区域里,然后用手将球向空中抛起,在球接触地面前用球拍击球,为合法发球。若抛球后又决定不击球而将球用手接住,不算失误。

三、脚误

(1)发球员在整个发球过程中,不得通过行走或跑动改变原来的位置,否则为脚误。如果发球员两脚轻微移动而未变更原位,不算行走和跑动。

(2)两脚只准站在端线后、中点和边线的假定延长线之间,不能触及其他区域。

四、发球员的位置

每局开始时,发球员应先从右区端线后发球,得 1 分后,应换到左区发球(双分时在右区,单分时在左区)。发出的球,应落在对角的对方发球区内或其周围的线上。

五、发球失误

(1)发出的球,在落地前触及固定物(球网、中心带、网边白布除外)。

(2)未击中球。

六、第二次发球

发球员第一次发球失误后应在原发球位置上进行第二次发球。

七、重发球

合法的发球触及球网、中心带、网边白布后仍落在对方发球区内,或发球触及球网、中心带、网边白布后,在落地前触及接球员身体或其穿戴物上时,则须重发球。

八、交换场地

双方在每盘的单数局结束后,以及每盘结束双方局数之和为单数时交换场地。

九、发球员得分

发出的球在落地前触及接球员的身体或穿戴物。

十、接球员失分

下列任何一种情况,均判失分:

(1)在球第二次着地前未能还击过网。

(2)还击的球触及对方场区界线以外的地面、固定物或其他物件。

(3)还击空中球失败(场外空中球也算)。

（4）比赛中故意用球拍拖带或接住球，或故意用球拍触球超过一次。

（5）"活球"期间，运动员的身体、球拍及其他任何物件触及球网、网柱等或对方场区。

（6）来球尚未过网即在空中还击。

（7）在运动员球拍以外的任何部位触球。

（8）抛拍击球。

十一、胜一局

运动员每胜 1 球得 1 分，先得 4 分胜一局，双方各得 3 分时为"平分"；"平分"后，一方先得 1 分时为该运动员占先；"占先"后再得 1 分，就胜一局，即净胜 2 分才算该局结束。

十二、胜一盘

（1）一方先胜六局为胜一盘。当双方各胜五局时，一方必须净胜两局为胜一盘。

（2）当双方各胜六局时，可用平局决胜制来决定，即先得 7 分者胜该局及该盘。

步法练习

底线全方位
准备姿势

正反手多回合
练习

第十三章　武术

武术是以技击动作为主要内容，以功法、套路和格斗为主要运动形式，注重内外兼修的中国传统体育项目。武术在漫长的发展中，形成了独具特色的运动风格、丰富多彩的内容形式、深邃的文化意蕴。武术具有健身、防身、修性、竞技、娱乐等多方面的社会功能，是一项具有广泛社会价值和民族文化特色的群众体育活动。

第一节　武术的锻炼价值与作用

一、提高素质，健体防身

系统地进行武术训练，对人体速度、力量、灵巧、耐力、柔韧等身体素质要求较高，人体各部位"一动无有不动"，几乎都参加运动，使人的身心都得到全面锻炼。实践证明，经过长期的武术锻炼，对外能利关节、强筋骨、壮体魄；对内能理脏腑、通经脉、调精神。武术运动还讲究调息行气和意念活动，对调节内环境的平衡、调养气血、改善人体机能、强身健体十分有益。

武术以技击动作为主要内容，因而通过武术锻炼，不仅能够达到增强体质的目的，还能够学会攻防格斗技术，特别是武术功力训练，更能发挥技击的实效性。

二、锻炼意志,培养品德

练武不仅要有吃苦耐劳的精神,还需要磨炼"冬练三九、夏练三伏"、常年有恒、坚持不懈的意志。经过长期锻炼,武术可以培养人们勤奋、刻苦、果敢、顽强、虚心好学、勇于进取的良好习性和意志品质。

武术在中国几千年绵延的历史中,一向重礼仪、讲道德,"未曾习武先学礼,未曾习武先习德""尚武崇德"是武术的传统。通过练武习德可以培养尊师重道、讲礼守信,见义勇为、不凌弱逞强等良好道德情操,有益于社会精神文明建设。

三、竞技观赏,丰富生活

武术具有很高的观赏价值,无论是显现武术功力与技巧的套路表演,还是斗智较勇的对抗性散手比赛,都能引人入胜,给人以美的享受,丰富人们的文化生活。

四、交流技艺,增进友谊

群众性的武术活动,是人们切磋技艺、交流思想、增进友谊的良好手段。随着武术在世界广泛传播,还可促进与国外武术爱好者的交流。许多国家武术爱好者通过习练武术了解并认识了中国传统文化,探求东方文明。武术通过体育竞技、文化交流等途径,在与世界各国人民友好交往中发挥着越来越大的作用。

第二节　武术的基本技术与练习方法

一、基本步型

1.弓步

两脚开立似弯弓,前弓后绷莫放松(图 13-1)。

练习方法:

(1)原地弓步站桩练习。

(2)结合手法做原地或行进间左右弓步练习。

(3)弓步负重练习。

(4)左右交替练习。

2.马步

两脚开立三脚半,挺胸立腰半蹲站(图13-2)。

练习方法:

(1)两人互拉双手半蹲成马步。

(2)独立扎马步。

(3)计时扎马步练习。

(4)轻跳落地直接扎马步。

(5)负重扎马步。

3.仆步

挺胸立腰髋下沉,一腿铺平一腿蹲(图13-3)。

图13-1   图13-2   图13-3

练习方法:

(1)仆步压腿练习。

(2)左右仆步转换练习。

(3)先把姿势放高一些,再做正确动作。

(4)结合手法练习,逐渐延长练习时间。

4.虚步

前后开立虚实分,挺胸立腰成半蹲(图13-4)。

练习方法:

(1)先做高姿势练习。

（2）结合手法做正确动作练习。

（3）逐渐延长练习时间。

5.歇步

两脚交叉腿全蹲,臀坐后跟把腰伸(图13-5)。

练习方法:

（1）开立步左转体下蹲——直立。

（2）右转体下蹲——还原。

（3）扶同伴双手进行练习。

（4）逐步延长练习时间。

（5）可结合上肢动作练习。

二、基本步法

1.插步

一脚经另一脚前横迈一步,两腿交叉(图13-6)。

  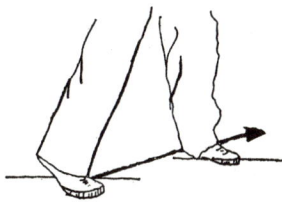 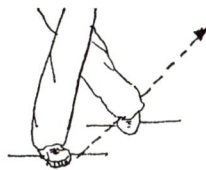

图13-4　　　　　　图13-5　　　　　　　　图13-6

练习方法:先练习下肢动作,然后再配合手法练习。

2.击步

后脚击碰前脚腾空落地(图13-7)。

练习方法:

（1）先练习原地跃起两脚碰击动作,并逐渐增加向前上跃起幅度。

（2）进行行进间练习和结合手法练习。

3.垫步

后脚提起向前脚处落步,前脚以脚掌蹬地前跳落步(图13-8)。

练习方法：

（1）先练习原地两脚移位动作。

（2）行进间练习。

（3）结合手法、腿法练习。

图 13-7

图 13-8

三、基本手形

1.拳

5指卷紧,拇指压于食指、中指第二指节上（图 13-9）。

2.掌

4指伸直并拢,拇指弯曲紧扣于虎口处（图 13-9）。

3.勾

5指撮拢成勾,屈腕（图 13-9）。

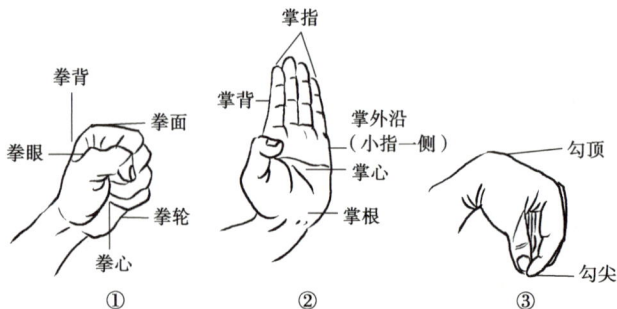

图 13-9

练习方法：

（1）反复握拳练习。

（2）手掌屈伸练习。

（3）手形变换练习。

（4）加强小肌肉群练习。

四、基本手法

1.冲拳

拳从腰间旋臂向前猛力冲击,力达拳面(图 13-10)。

练习方法:

（1）先慢做定势姿势,注意动作的准确性。

（2）做快速有力的冲拳练习。

（3）结合步形、步法做冲拳练习。

（4）肩部柔韧性练习。

2.架拳

前臂屈肘内旋,经体前上架于额前上方(图 13-11)。

练习方法:

（1）先慢做,体会上架位置。

（2）快速架拳练习。

（3）左右手交替架拳练习。

3.推掌

以掌外沿为力点向前猛力推出(图 13-12)。

练习方法:同冲拳。

4.亮掌

抖腕亮掌,臂成弧形举于头上(图 13-13)。

练习方法:

（1）抖腕练习。

（2）亮掌与转头练习。

图 13-10   图 13-11   图 13-12   图 13-13

五、基本腿法

1.蹬腿

由屈到伸猛挺膝,向前蹬出跟着力(图13-14)。

练习方法:

(1)扶固定物向前蹬腿,逐步增加蹬腿高度。

(2)左右腿交替蹬腿练习。

(3)行进间蹬腿练习。

(4)阻力与对抗练习。

(5)结合手法练习。

2.弹腿

由屈到伸猛挺膝,快速弹出尖着力(图13-15)。

练习方法:同蹬腿。

3.踹腿

由屈到伸猛挺膝,向侧踹出底着力(图13-16)。

练习方法:

(1)扶固定物向侧踹腿,逐步增加高度。

(2)左右腿交替踹腿练习。

(3)行进间踹腿练习。

(4)阻力与对抗练习。

(5)结合手法练习。

图 13-14

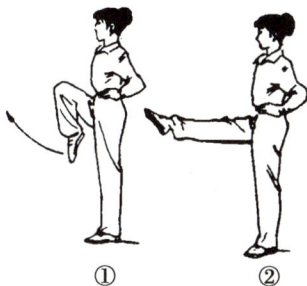

① ②

图 13-15

① ②

图 13-16

4.正踢腿

左脚上步直立,右腿挺膝,脚尖勾起向前额处猛踢(图 13-17)。

练习方法:

(1)压腿。

(2)扶固定物踢腿。

(3)左右脚交替的行进间踢腿。

(4)快速踢腿。

(5)对抗性练习。

5.侧踢腿

脚尖勾起,经体侧踢向脑后,其他同正踢腿(图 13-18)。

练习方法:同正踢腿。

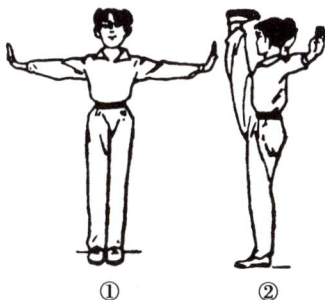

① ②

图 13-17

① ②

图 13-18

6.外摆腿

右脚上步,左脚尖勾紧,向右侧上方踢起,经面前向左侧上方摆动,直腿落在右脚内侧(图 13-19)。

练习方法:

(1)外摆腿练习。

(2)越过一定高度的摆腿练习。

7.里合腿

同外摆腿,唯由外向内合(图 13-20)。

练习方法:同外摆腿。

8.拍脚

支撑腿伸直,另一腿脚面绷平向上踢摆;同侧手在额前迎拍脚面,击拍要准确响亮(图 13-21)。

练习方法:

(1)踢腿练习。

(2)拍脚练习。

(3)快速连续拍脚练习。

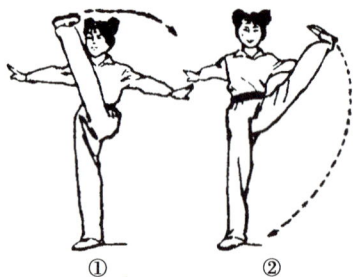  

图 13-19　　　　　图 13-20　　　　　图 13-21

9.伏地后扫腿

上身前俯,两手推地,支撑腿全蹲作轴,扫转腿伸直,脚尖内扣,脚掌擦地,迅速后扫一周(图 13-22)。

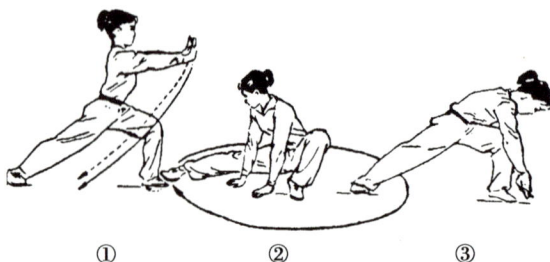

图 13-22

练习方法:

(1)弓步变仆步的转体沉髋练习。

（2）体会以拧腰带动扫腿的旋转动作，再逐步增加后扫腿的速度和力量。

（3）做以左脚掌为轴向后旋转的练习，再逐渐降低重心，做完整的后扫腿练习。

（4）结合手法、腿法练习。

六、基本跳跃动作

1.大跃步前穿

前跳距离须大于弓步，在空中挺胸抬头，肢体伸展（图13-23）。

练习方法：

（1）按上、下肢动作顺序练习。

（2）完整练习。

2.腾空飞脚

摆动腿高提，起跳腿上摆伸直，脚面绷平，脚高过肩，击手和拍脚连续快速、准确响亮（图13-24）。

练习方法：

（1）做原地或行进间拍脚练习。

（2）跳起上顶悬挂物体。

（3）做右腿蹬地起跳，左腿屈膝摆起，同时两臂上摆并在头上完成击响动作的踏跳练习。

（4）结合步法的完整技术动作练习。

图13-23

图13-24

3.旋风脚

摆动腿直摆或屈膝，起跳腿伸直，腾空转体270°，异侧手击拍脚掌，脚高过肩，击拍响亮，转体360°落地（图13-25）。

练习方法：

（1）原地或行进间的左外摆—右里合转体击响练习。

（2）不加腿法的抡臂转体360°的翻身跳练习。

（3）先转头看预定目标，然后做转体90°的击响练习。

（4）做转体180°、270°的击响练习。

（5）原地旋风脚练习。

（6）助跑上步旋风脚练习。

① ② ③ ④

图 13-25

4.腾空摆莲

摆动腿要高，起跳腿伸直外摆，脚面绷平，脚高过肩，两手依次击手拍脚共成三响，不能有一响落空（图13-26）。

练习方法：

（1）做左里合—右外摆的组合练习。

（2）上右腿起跳，摆扣左腿，从两手头上击响向右转180°。

（3）做360°的转体跳练习。

（4）助跑起跳的完整技术练习。

① ② ③ ④

图 13-26

七、平衡与跌扑动作

1.提膝平衡

支撑腿直立站稳,上体正直。另一腿在体前屈膝高提过腰,小腿垂扣内收,脚面绷直(图13-27)。

练习方法:

(1)做提膝平衡前先做弓步压腿、提膝抱腿等练习。

(2)提膝控腿练习。

(3)负重控腿练习。

2.望月平衡

支撑腿伸直或稍屈站稳,上体侧倾拧腰向支撑腿同侧方上翻,挺胸塌腰。另一腿在身后向支撑腿的同侧方上举,小腿屈收,脚面绷平,脚底朝上(图13-28)。

练习方法:

(1)控腿练习。

(2)结合手法练习。

(3)负重练习。

图13-27　　　　图13-28

3.扶地后倒

一腿支撑,屈膝降低身体重心,上身后倒,以背部、臀部和前臂及两掌同时着地(图13-29)。

练习方法:

(1)在垫子上做慢速的扶地后倒练习。

(2)在同伴帮助下练习。

(3)独立完成动作。

(4)逐步过渡到在草地或土地上做完整动作的练习。

4.抢背

一脚起跳腾空前跃,上身卷曲,肩、背、腰、臀依次着地翻滚,轻快圆滑,起身迅速(图13-30)。

练习方法:

(1)做前滚翻,体会收下颚、含胸、收腹把身体团紧的感觉。

(2)做以右手扶地的抢背动作。

(3)做腾空跃起的抢背动作。

(4)结合手法练习抢背动作。

图 13-29　　　　　　　　图 13-30

5.鲤鱼打挺

屈体使两腿上摆后迅速下打,挺腹振摆而起。两腿下打宽不过肩,起立轻快(图13-31)。

练习方法:

(1)在保护和帮助下体会动作。

(2)由高处向低处打挺展髋。

图 13-31

第三节 24 式简化太极拳

一、第一组

第一组动作示范

1. 起势

（1）身体自然直立，两脚开立。与肩同宽，脚尖向前；两臂自然下垂，两手放在大腿外侧；眼向前平看。要点是头颈正直，下颏微向后收，不要故意挺胸或收腹；精神要集中（起势由立正姿势开始，然后左脚向左分开，成开立步）。

（2）两臂慢慢向前扭举，两手高与肩平，与肩同宽，手心向下。

（3）上体保持正直，两腿屈膝下蹲；同时两掌轻轻下按，两肘下垂与两膝相对；眼平看前方。要点是两肩下沉，两肘松垂，手指自然微屈；屈膝松腰，臀部不可凸出，身体重心落于两腿中间；两臂下落和身体下蹲的动作要协调一致。

2. 左右野马分鬃

（1）上体微向右转，身体重心移至右腿上；同时右臂收在胸前平屈，手心向下，左手经体前向右下画弧放在右手下，手心向上，两手心相对成抱球状；左脚随即收到右脚内侧，脚尖点地，眼看右手。

（2）上体微向左转，左脚向左前方迈出，右脚跟后蹬，右腿自然伸直，成左弓步；同时上体继续向左转，左右手随转体慢慢分别向左上右下分开，左手高与眼平（手心斜向上），肘微屈；右手落在右胯旁，肘也微屈，手心向下，指尖向前；眼看左手。

（3）上体慢慢后坐，身体重心移至右腿，左脚尖翘起，微向外撇（45°~60°），随后脚掌慢慢踏实，左腿慢慢前弓，身体左转，身体重心再移至左腿；同时左手翻转向下，左臂收在胸前平屈，右手向左上画弧放在左手下，两手心相对成抱球状；右脚随即收到左脚内侧，脚尖点地；眼看左手。

（4）右腿向右前方迈出。左腿自然伸直，成右弓步；同时上体右转，左右手随转体分别慢慢向左下右上分开，右手高与眼平（手心斜向上），肘微屈；左手落在左胯旁，肘也微屈，手心向下，指尖向前；眼看右手。

(5)与(3)同,只是左右相反。

(6)与(4)同,只是左右相反。

(7)要点:上体不可前俯后仰,胸部必须宽松舒展;两臂分开时要保持弧形,身体转动时要以腰为轴;弓步动作与分手的速度要均匀一致;做弓步时,迈出的脚先是脚跟着地,然后脚掌慢慢踏实,脚尖向前,膝盖不要超过脚尖,后腿自然伸直;前后脚夹角为45°~60°(需要时后脚脚跟可以后蹬调整);野马分鬃式的弓步,前后脚的脚跟要在中轴线两侧,它们之间的横向距离(即以动作行进的中线为纵轴,其两侧的垂直距离为横向)应该保持在10~30厘米。

3.白鹤亮翅

(1)上体微向左转;左手翻掌向下,左臂平屈胸前,右手向左上画弧,手心转向上,与左手成抱球状;眼看左手。

(2)右脚跟进半步,上体后坐,身体重心移至右腿,上体向后右转,面向右前方,眼看右手;然后左脚稍向前移,脚尖点地,成左虚步,同时上体再微向左转,面向前方,两手随转体慢慢向右上左下分开,右手上提停于右额前,手心向左后方;左手落于左胯前,手心向下,指尖向前,眼平看前方。

(3)要点:完成姿势胸部不要挺出,两臂上下都要保持半圆形,左膝要微屈;身体重心后移和右手上提、左手下按要协调一致。

二、第二组

1.左右搂膝拗步

(1)右手从体前下落,由下向后上方画弧至右肩外侧,肘微屈,手与耳同高,手心斜向上;手由左下向上、向右下方画弧至右胸前,手心斜向下;同时,上体先向左转再向右转;左脚收至右脚内侧,脚尖点地;眼看右手。

第二组动作示范

(2)上体左转,左脚向前(偏左)迈出成左弓步;同时右手屈回右耳侧向前推出,高与鼻尖平,左手向下由左膝前搂过落于左胯旁,指尖向前;眼看右手。

(3)右腿慢慢屈膝,上体后坐,身体重心移至右腿;左脚尖翘起微向外缘,随后脚掌慢慢踏实,左腿前弓,身体左转,身体重心移至左腿,右脚收到左脚内侧,脚尖点地;同时左手向外翻掌由左后向上画弧至左肩外侧,肘微屈,手心斜向上,右手随转体向上,向左下画弧落于左胸前,手心斜向上;眼看左手。

(4)与(2)同,只是左右相反。

(5)与(3)同,只是左右相反。

（6）与（2）同。

（7）要点：前手推出时，身体不可前俯后仰，要松腰松胯；推掌时要沉肩垂肘、左腕舒掌，同时须与松腰、弓腿上下协调一致；搂膝拗步成弓步时，两脚跟的横向距离保持在约30厘米。

2.手挥琵琶

（1）右脚跟进半步，上体后坐，身体重心转至右腿上，上体半面向右转，左脚略提起稍向前移，变成左虚步，脚跟着地，脚尖翘起，膝部微屈；同时左手由左下向上挑举，高与鼻尖平，掌心向右，臂微屈；右手收回放在左臂时部里侧，掌心向左；眼看左手食指。

（2）要点：身体要平稳自然，沉肩垂肘、胸部放松；左手上起时不要直向上挑，要由左向上、向前，微带弧形；右脚跟进时，脚掌先着地，再全脚踏实；身体重心后移和左手上起、右手回收要协调一致。

3.左右倒卷肱

（1）上体右转，右手翻掌（手心向上）经腹前由下向后上方画弧，臂微屈，左手随即翻掌向上；眼的视线随着向右转体先向右看，再转向前方看左手。

（2）右臂屈肘折向前，右手由耳侧向前推出，手心向前，左臂屈肘后撤，手心向上，撤至左肋外侧；同时左腿轻轻提起向后（偏左）退一步，脚掌先着地，然后全脚慢慢踏实，身体重心移到左腿上，成右虚步，右脚随转体以脚掌为轴扭正；眼看右手。

（3）上体微向左转，同时左手随转体向后上方画弧平举，手心向上，右手随即翻掌，掌心向上；眼随转体先向左看，再转向前方看右手。

（4）与（2）同，只是左右相反。

（5）与（3）同，只是左右相反。

（6）与（2）同。

（7）与（3）同。

（8）与（2）同，只是左右相反。

（9）要点：前推的手不要伸直，后撤的手也不可直向回抽，随转体仍走弧线；前推时，要转腰松胯；两手的速度要一致，避免僵硬；退步时，脚掌先着地，再慢慢全脚踏实，同时前脚随转体以脚掌为轴扭正；退左脚略向左后斜，退右脚略向右后斜，避免使两脚落在一条直线上；后退时，眼神随转体动作先向左右看，然后再转看前手；最后退右脚时，脚尖外撇的角度略大些，便于接做"左揽雀尾"的动作。

三、第三组

第三组动作示范

1.左揽雀尾

（1）上体微向右转，同时，右手随转体向后上方画弧平举，手心向上，左手放松，手心向下，眼看左手。

（2）身体继续向右转，左手自然下落逐渐翻掌经腹前画弧至右肋前，手心向上；右臂屈肘，手心转向下，收至右胸前，两手相对成抱球状；同时，身体重心落在右腿上，左脚收到右脚内侧，脚尖点地；眼看右手。

（3）上体微向左转，左脚向左前方迈出，上体继续向左转，右腿自然蹬直，左腿屈膝，成左弓步；同时，左臂向左前方送出（即左臂平屈成弓形，用前臂外侧和手背向前方推出），高与肩平，手心向后；右手向右下落放于右胯旁，手心向下，指尖向前；眼看左前臂。本动作的要点是送出时，两臂前后均保持弧形；分手、松腰、弓腿三者必须协调一致；揽雀尾弓步时，两脚跟横向距离不超过10厘米。

（4）身体微向左转，左手随即前伸翻掌向下，右手翻掌向上，经腹前向上、向前伸至左前臂下方；然后，两手下捋，即上体向右转，两手经腹前向右后上方画弧，直至右手手心向上，高与肩齐，左臂平屈于胸前；同时，身体重心移至右腿；眼看右手。本动作的要点是下捋时，上体不可前倾，臀部不要凸出；两臂下捋须随腰旋转，仍走弧线，左脚全掌着地。

（5）上体微向左转，右臂屈肘折回，右手附于左手腕里侧（相距约5厘米），上体继续向左转，双手同时向前慢慢挤出，左手心向后，右手心向前，左前臂要保持半圆；同时，身体重心逐渐前移正成左弓步；眼看左手腕部。本动作的要点是向前挤时，上体要正直；挤的动作要与松腰、弓腿相一致。

（6）左手翻掌，手心向下，右手经左腕上方向前、向右伸出，高与左手齐，手心向下，两手左右分开，宽与肩同；然后，右腿屈膝，上体慢慢后坐，身体重心移至右腿上，左脚尖翘起；同时，两手屈肘回收至腹前，手心均向前下方；眼向前平看。

（7）上式不停，身体重心慢慢前移，同时，两手向前、向上按出，掌心向前；左腿前弓成左弓步；眼平看前方。本动作的要点是向前按时，两手须走曲线，手腕部高与肩平，两肘微屈。

2.右揽雀尾

（1）上体后坐并向右转，身体重心移至右腿，左脚尖里扣；右手向右平行画弧至右侧，然后，由右经腹前向左上画弧至左肋前，手心向上；左臂平屈胸前，左手掌向下与右手成抱球状；同时，身体重心再移至左腿上，右脚收至左脚内侧，脚尖点地；眼看左手。

（2）与"左揽雀尾"（3）同，只是左右相反。

（3）与"左揽雀尾"（4）同，只是左右相反。

（4）与"左揽雀尾"（5）同，只是左右相反。

（5）与"左揽雀尾"（6）同，只是左右相反。

（6）与"左揽雀尾"（7）同，只是左右相反。

（7）要点：均与"左揽雀尾"相同，只是左右相反。

四、第四组

1.单鞭（一）

第四组动作示范

（1）上体后坐，身体重心逐渐移至左脚上，右脚尖里扣；同时上体左转，两手（左高右低）向左弧形运转，直至左臂平举，伸于身体左侧，手心向左，右手经腹前运至左肋前，手心向后上方；眼看左手。

（2）身体重心再渐渐移至右腿，上体右转，左脚向右脚靠拢，脚尖点地；同时右手向右上方画弧（手心由里转向外），至右侧方时变勾手，臂与肩平；左手向下经腹前向右上画弧停于右肩前，手心向里；眼看左手。

（3）上体微向左转，左脚向左前侧方迈出，右脚跟后蹬，成左弓步；在身体重心移向左腿的同时，左掌随上体继续左转并慢慢翻转向前推出，手心向前，手指与眼齐平，臂微屈；眼看左手。

（4）要点：上体保持正直，松腰；完成式时，右臂肘部稍下垂，左肘与左膝上下相对，两肩下沉；左手向外翻掌前推时，要随转体边翻边推出，翻掌不要太快或最后突然翻掌；全部动作上下要协调一致；如果是面向南起势，单鞭方向（左脚尖）应向东偏北（约为15°）。

2.云手

（1）身体重心移至右腿，身体渐向右转，左脚尖里扣；左手经腹前向右上画弧至右肩前，手心斜向后，同时右手变掌，手心向右前；眼看左手。

（2）上体慢慢左转，身体重心随之逐渐左移；左手由脸前向左侧运转，手心渐渐转向左方；右手由右下经腹前向左上画弧，至左肩前，手心抖向后；同时右脚靠近左脚，成小开立步（两脚距离 10~20 厘米）；眼看右手。

（3）上体再向右转，同时左手经腹前向右上画弧至右肩前，手心斜向后；右手向右侧运转，手心翻转向右；随之左脚向左横跨一步；眼看左手。

（4）与（2）同。

（5）与（3）同。

（6）与（2）同。

（7）要点：身体转动要以腰脊为轴，松腰、松胯，不可忽高忽低；两臂随腰的转动而运转，要自然圆活，速度要缓慢均匀；下肢移动时，身体重心要稳定，两脚掌先着地再踏实，脚尖向前；眼的视线随左右手而移动；第三个"云手"，右脚最后跟步时，脚尖微向里扣，便于接"单鞭"动作。

3.单鞭（二）

（1）上体向右转，右手随之向右运转，至右侧方时变成勾手；左手经腹前向右上画弧至右肩前，手心向内；身体重心落在右腿上，左脚尖点地；眼看左手。

（2）上体微向左转，左脚向左前侧方迈出，右脚跟后蹬，成左弓步；在身体重心移向左腿的同时，上体继续左转，左掌慢慢翻转向前推出，成"单鞭"式。

（3）要点：与"单鞭（一）"相同。

五、第五组

1.高探马

（1）右脚跟进半步，身体重心逐渐后移至右腿上；右勾手变成掌，两手心翻转向上，两肘微屈；同时身体微向右转，左脚跟渐渐离地；眼看左前方。

（2）上体微向左转，面向前方；右掌经右耳旁向前推出，手心向前，手指与眼同高；左手收至左侧腰前，手心向上；同时左脚微向前移，脚尖点地，成左虚步；眼看右手。

（3）要点：上体自然正直，双肩要下沉，右肘微下垂；跟步移换重心时，身体不要有起伏。

2.右蹬脚

（1）左手手心向上，前伸至右手腕背面；两手相互交叉，随即向两侧分开并向下画弧，手心斜向下；同时左脚提起向左前侧方进步（脚尖略外撇）；身体重心前移，右腿自然蹬直，成左弓步；眼看前方。

（2）两手由外圈向里圈画弧，两手交叉合抱于胸前，右手在外，手心均向后；同时右脚向左脚靠拢，脚尖点地；眼平看右前方。

（3）左右两手弧分开平举，肘部微屈，手心均向外；同时右腿屈膝提起，右脚向右前方慢慢蹬出；眼看右手。

（4）要点：身体要稳定，不可前俯后仰；两手分开时，腕部与肩齐平；蹬脚时，左腿微屈，右脚尖回勾，劲使在脚跟上；分手和蹬脚须协调一致；右臂和右腿上下相对；如果是面向南起

第五组动作示范

势,蹬脚方向应为正东偏南(约 30°)。

3.双峰贯耳

(1)右腿收回,屈膝平举,左手由后向上、向前下落身体前,两手心均翻转向上,两手同时间下画弧分落于右膝盖两侧;眼看前方。

(2)右脚向右前方落下,身体重心渐前移,成右弓步,面向右前方;同时两手下落,慢慢变拳,分别从两侧向上、向前画弧至面部前方,成钳形状,两拳相对,高与耳齐,拳眼都斜向内下(两拳中间距离 10~20 厘米);眼看右拳。

(3)要点:完成时,头颈正直,松腰、松胯,两拳松握,沉肩垂肘,两臂均保持弧形;"双峰贯耳"式的弓步和身体方向与"右蹬脚"式方向相同;弓步的两脚跟横向距离同"揽雀尾"式。

4.转身左蹬脚

(1)左腿屈膝后坐,身体重心移至左腿,上体左转,右脚尖里扣;同时两拳变掌,由上向左右画弧分开平举,手心向前;眼看左手。

(2)身体重心再移至右腿,左脚收至右脚内侧,脚尖点地;同时两手由外围向里圈画弧合抱于胸前,左手在外,手心均向后;眼平看左方。

(3)两臂左右画弧分开平举,肘部微屈,手心均向外;同时左腿屈膝提起,左脚向左前方慢慢蹬出;眼看左手。

(4)要点:与"右蹬脚"式相同,只是左右相反;左蹬脚方向与右蹬脚成 180°角(即正西偏北,约 30°)。

六、第六组

1.左下势独立

(1)左腿收回平屈,上体右转;右掌变成勾手,左掌向上、向右画弧下落,立于右肩前,掌心斜向后;眼看右手。

(2)右腿慢慢屈膝下蹲,左腿由内向左侧(偏后)伸出,成左仆步;左手下落(掌心向外)向左下,顺左腿内侧向前穿出;眼看左手。要点是右腿全蹲时,上体不可过于前倾,左腿伸直;左脚尖须向里扣,两脚脚掌全部着地;左脚尖与右脚跟踏在中轴线上。

(3)身体重心前移,左脚跟为轴,脚尖尽量向外撇,左腿前弓,右腿后蹬,右脚尖里扣,上体微向左转并向前起身;同时左臂继续向前伸出(立掌),掌心向右,右勾手下落,手尖向后;眼看左手。

(4)右腿慢慢提起平屈,成左独立式;同时右勾手变掌,并由后下方顺右腿外侧向前弧形

第六组动作示范

摆出,屈臂立于右腿上方,肘与膝相对,手心向左;左手落于左胯旁,手心向下,指尖向前;眼看右手。要点是上体要正直,独立的腿要微屈,右腿提起时脚尖自然下垂。

2.右下势独立

(1)右脚下落于左脚前,脚掌着地;然后左脚前掌为轴,脚跟转动,身体随之左转;同时左手向后平举变成勾手,右掌随着转体向左侧画弧,立于左肩前,掌心斜向后;眼看左手。

(2)与"左下势独立"(2)同,只是左右相反。

(3)与"左下势独立"(3)同,只是左右相反。

(4)与"左下势独立"(4)同,只是左右相反。

(5)要点:右脚尖触地后必须稍微提起;然后再向下仆腿;其他均与"左下势独立"相同,只是左右相反。

七、第七组

第七组动作示范

1.左右穿梭

(1)身体微向左转,左脚向前落地,脚尖外撇,右脚跟离地,两腿屈膝成半坐盘式;同时两手在左胸前成抱球状(左上右下);然后右脚收到左脚的内侧,脚尖点地;眼看左前臂。

(2)身体右转,右脚向右前方迈出;屈膝弓腿,成右弓步;同时右手由脸前向上举并翻掌停在右额前,手心斜向上;左手先向左下再经体前向前推出,高与鼻尖平,手心向前;眼看左手。

(3)身体重心略向后移,右脚尖稍向外撇,随即身体重心再移至右腿,左脚跟进,停于右脚内侧,脚尖点地;同时,两手在右胸前成抱球状(右上左下);眼看右前臂。

(4)与(2)同,只是左右相反。

(5)要点:完成姿势面向斜前方(如面向南起势,左右穿梭方向分别为正西偏北和正西偏南,均约30°);手推出后,上体不可前俯;手向上举时,防止引肩上耸;一手上举,一手前推与弓腿松腰上下协调一致;做弓步时,两脚跟的横向距离同"搂膝拗步"式,保持在30厘米左右。

2.海底捞针

(1)右脚向前跟进半步,身体重心移至右腿,左脚稍向前移,脚尖点地,成左虚步;同时身体稍向右转,右手下落经体前向后、向上提抽至肩上耳旁,再随身体左转,由右耳旁斜向前下方插出,掌心向左,指尖斜向下;与此同时,左手向前、向下画弧落于左胯旁,手心向下,指尖向前;眼看前下方。

（2）要点：身体要先向右转，再向左转；完成姿势，面向正西；上体不可太前倾；避免低头和臀部外凸；左腿要微屈。

3.闪通臂

（1）上体稍向右转，左脚向前迈出，屈膝弓腿成左弓步；同时右手由体前上提，屈臂上举，停于右额前上方，掌心翻转斜向上，拇指朝下；左手上起经胸前向前推出，高与鼻尖平，手心向前；眼看左手。

（2）要点：完成姿势上体自然正直，松腰、松胯；左臂不要完全伸直，背部肌肉要伸展开；推掌、举掌和弓腿动作要协调一致；做弓步时，两脚跟横向距离同"揽雀尾"式（不超过10厘米）。

八、第八组

第八组动作示范

1.转身搬拦捶

（1）上体后坐，身体重心移至右腿，左脚尖里扣，身体向右后转，然后身体重心再移至左腿；与此同时，右手随着转体向右、向下（变拳）经腹前画弧至左肋旁，掌心向下；左掌上举于头前，掌心斜向上；眼看前方。

（2）向右转体，右拳经胸前向前翻转撇出，拳心向上；左手落于左胯旁，掌心向下，指向前；同时右脚收回后（不要停顿或脚尖点地）即向前迈出，脚尖外撇；眼看右拳。

（3）身体重心移至右腿上，左脚向前迈一步；左手上起经左侧向前上画弧拦出，掌心向前下方；同时右拳向右划收到右腰旁，拳心向上；眼看左手。

（4）左腿前弓成左弓步，同时右拳向前打出，拳眼向上，高与胸平，左手附于右前臂里侧；眼看右拳。

（5）要点：右拳不要握得太紧；右拳回收时，前臂要慢慢内旋画弧，然后再外旋停于右腰旁，拳心向上；向前打拳时，右肩随拳略向前引申，沉肩垂肘，右臂要微屈；弓步时，两脚横向距离同"揽雀尾"式。

2.如封似闭

（1）左手由右腕下向前伸出，右拳变掌，两手手心逐渐翻转向上并慢慢分开回收；同时身体后坐，左脚尖翘起，身体重心移至右腿；眼看前方。

（2）两手在脚前翻掌，向下挺腹前再向上、向前推出，腕部与肩平；手心向前，同时左腿前弓成左弓步；眼看前方。

（3）要点：身体后坐时，避免后仰，臀部不可凸出；两臂随身体回收时，肩、肘部向外松开，不要直着抽回;两手推出宽度不要超过两肩。

3.十字手

(1)屈膝后坐,身体重心移向右腿,左脚尖里扣,向右转体;右手随着转体动作向右平摆画弧,与左手成两臂侧平举,掌心向前,肘部微屈;同时右脚尖随着转体稍向外撇,成右侧弓步;眼看右手。

(2)身体重心慢慢移至左腿,右脚尖里扣,随即向左收回,两脚距离与肩同宽,两腿逐渐蹬直,成开立步;同时,两手向下经腹前向上画弧交叉合抱于胸前,两臂撑圆,腕高与肩平,右手在外,成十字手,手心均向后;眼看前方。

(3)要点:两手分开和合抱时,上体不要前俯;站起后,身体自然正直,头要微向上顶,下颌稍向后收;两臂环抱时须圆满舒适,沉肩垂肘。

4.收势

(1)两手向外翻掌,手心向下,两臂慢慢下落,停于身体两侧;眼看前方。

(2)要点:两手左右分开下落时,要注意全身放松,同时气也徐徐下沉(呼气略加长);呼吸平稳后,把左脚收到右脚旁,再走动休息。

第十四章　游泳

游泳是人类在与大自然斗争中产生和发展而来的。在大约 5 000 年前新石器时代晚期，陶器上的一些图案可能就描绘了我们的祖先潜在水中猎取水鸟的泳姿。随着社会的发展，游泳逐渐成为人们增强体质及生产、生活、军事的需要，并逐渐发展成为体育运动的比赛项目。现代游泳始于英国，目前标准的竞技泳姿有蛙泳、自由泳、仰泳、蝶泳 4 种。

第一节　游泳运动的锻炼价值与作用

游泳是在水中进行的一种技能活动。人类在千百年的生存过程中学会了游泳。随着人类社会的发展，游泳还成为一种重要的竞技和娱乐项目。

一、游泳是一种生存技能，能够保障生命安全

人类生活的地球上大约有 3/4 的面积被海洋覆盖，江、河、湖、海星罗棋布，游泳能力成了人类保证自身生存的重要条件之一。世界上有许多国家的教育部门将游泳列为学校的必修课程，培养学生的游泳技能。

二、游泳能够有效地改善体质，促进身心健康

游泳运动是最受欢迎的健身项目之一。游泳运动能给人带来心理上的愉悦，塑造健美

的体形,还能够增强心血管系统、呼吸系统、肌肉系统的机能,改善体温调节机制,增强体质,预防疾病,并运用到治疗康复中。同时,游泳运动能磨炼人的意志品质,促进心理健康和智能发展。游泳是一项可以终身进行锻炼的健身运动。

三、在生产建设和国防中起着重要作用

水是我们生存环境的一部分,从古代大禹治水到现代的三峡工程,人类一直为怎样利用水为人类造福而努力着。在渔业、水上运输和水利工程建设等领域,游泳技能对于工作人员的安全和效率十分重要。国防、战争、治安也离不开游泳,我国古代就十分重视水军的建设,如今,游泳也是军队训练的主要内容之一,对于执行水上任务和两栖作战至关重要。

四、休闲娱乐,情感交流

随着人民生活水平的提高和余暇时间的增多,游泳健身成为一种新时尚。人们通过游泳,既锻炼了身体,又促进了情感交流,还能达到娱乐休闲的目的。

第二节　游泳的基本技术与练习方法

一、蛙泳

蛙泳

(一)蛙泳技术

蛙泳是最古老的一种游泳姿势,因模仿青蛙的游泳动作而得名。蛙泳的特点是游时省力,呼吸方便,声响小,视野开阔。

1.身体姿势

在游进中,身体必须保持较好的流线型姿势,充分发挥手臂和腿的推进作用。

身体水平地俯卧水中,展胸、稍收腹、微塌腰,两腿并拢,两臂尽量伸直,颈部稍紧张,头略抬起,头置于两臂之间,眼睛注视前下方。身体与水面成5°~10°角。

当吸气时,下颏露出水面,肩部升起,这时身体与水面约成15°角。

2.腿部动作

蛙泳的腿部动作是推动身体前进的主要动力。它的主要动作由收腿、翻脚、蹬夹水和滑行4个紧密相连的阶段组成。

(1)收腿。收腿是为翻脚、蹬水创造有利的条件,同时既要减少阻力,又要考虑手腿配合的需要。开始收腿时,两腿随着吸气的动作,自然放下,同时两膝自然逐渐分开,小腿向前回收,回收时两脚放松,脚跟向臀部靠拢,边收边分。收腿时力量要小,两脚和小腿回收时要收在大腿的投影截面内,以减少回收时的阻力(图14-1)。

(2)翻脚。在蛙泳的腿部动作技术中,翻脚动作很重要,它直接影响蹬水的效果。收腿即将结束时,脚仍向臀部靠近,这时膝关节向内扣,同时两脚向外侧翻开,使脚和小腿内侧对好蹬水方向,这样能为大腿发挥更大力量做好积极准备。收腿与翻脚、蹬水是一个连续的完整动作。正确的翻脚动作应在收腿未结束前就已开始,在蹬水开始时完成。如果翻脚后,腿稍有停滞,就会破坏动作的连贯性并增大阻力(图14-2)。

图14-1   图14-2

(3)蹬夹水。蛙泳的腿部动作效果的好坏,完全取决于蹬夹水动作是否正确。蹬水应由大腿发力,先伸髋关节,其次是伸膝关节和踝关节,在向后蹬的同时向内夹水,脚的运动路线呈弧线(图14-3)。

蹬夹水的动作实际是一个连续的完整动作,只是蹬水在先,夹水在后。实际上在翻脚的动作中,两膝向内、两脚向外已经为蹬夹水固定住了唯一的方向(图14-4)。

图14-3   图14-4

(4)滑行。蹬腿结束后,双腿伸直并拢,脚距水面30~40厘米,随着蹬水效果向前滑行。

3.臂部动作

现代蛙泳技术强调充分发挥臂部划水的作用。臂部动作可分为开始姿势、抓水(也可称为"抱水"或"滑下")、划水、收手和向前伸臂5个阶段。

（1）开始姿势。当蹬水动作结束时，两臂自然向前伸直与水面平行，掌心向下，手指自然并拢，使身体成一条直线，形成较好的流线型。

（2）抓水。手臂前伸使重心向前，同时肩关节略内旋，掌心向外斜下方并稍勾手腕，两手分开向侧斜方压水，当手掌和前臂感到有压力时，就开始抓水。抓水动作一方面能给划水创造有利条件，另一方面还能产生身体上浮和前进的作用。

（3）划水。紧接抓水就开始加速划水，划水的方向是向侧、下、后、内方。划水时肘部保持较高的部位，划水主要阶段肘关节弯曲接近90°。

（4）收手。手划至肩前两臂夹角成120°时，臂外旋，肘向下、向内收在体侧下，两手掌心由向后转向内，再向上、内收到头前下方。收手结束时，肘关节应低于手，大小臂成锐角。

（5）向前伸臂。向前伸臂是通过伸直肘关节、肩关节来完成的。做此动作时，掌心由朝上逐渐转向下方，同时大小臂向前伸出。

4.臂与呼吸和臂、腿、呼吸完整配合

手臂滑下（抓水）的同时，开始逐渐抬头，保持腿部自然放松、伸直的姿势。手臂划水时，头抬至眼睛出水面，腿保持不动。当收手时开始收腿，并稍向前挺髋，这时头抬至口出水面，并进行快速、有力的吸气。伸手臂的同时低头，用鼻或口鼻进行呼气，并且在手臂伸至将近1/2处时，进行蹬夹水的动作，之后，让身体伸展滑行一段距离，等速度降低时进行第二个周期的动作。

（二）蛙泳的练习方法

1.熟悉水性

（1）水中行走。在浅水区，两臂体前自然放松在水中行走，感受水的浮力，寻找在水中平衡的感觉，克服对水的恐惧心理。

（2）浸水和呼吸。

①浸水。手扶池壁，深吸气后闭气下蹲，头部浸入水中，在水中吐气，停留片刻后浮出水面。如此反复练习。

②呼吸。手扶池壁，或双手扶肩，吸气后闭气下蹲，呼气睁眼看自己或同伴吐出的水泡，呼完气后浮出水面。如此反复练习。

（3）漂浮。

①抱膝浮体，站立深呼吸后，下蹲低头，抱膝团身，闭气放松，使身体自然漂浮起。然后松开双手，使双脚下垂，双手前伸向下轻压水，抬头。

②漂浮展体。抱膝浮体后,臂、腿伸直成俯卧姿势,自然漂浮。

（4）滑行。背向池壁站立,臀部靠近池壁,深吸气低头,两腿屈膝蹬壁,同时头浸入水中,两臂伸直向前滑行。

2.水中练习

（1）臂和呼吸配合练习。

①水中两脚开立,上体前倾,两臂前伸,做臂部动作。划水时不要用力,主要体会划水路线和收手的动作。

②同上练习,配合呼吸,臂下划时抬头吸气,收手时低头闭气,臂前伸时吐气,借助划水前进力,两脚可在水中向前走动。

③双人练习,练习者俯卧水面上,同伴站在练习者两腿之间,抱住练习者的腰部或大腿,做臂部动作和呼吸配合练习。

（2）臂、腿和呼吸的完整配合练习。

①在蹬壁滑行中,先做一次划臂动作,再做一次腿的收、翻、蹬夹动作。手臂和腿交替进行,以建立臂先腿后的技术概念。

②在上述练习基础上,逐步过渡到连贯的配合练习。

③在上述练习基础上,加上抬头呼吸的动作,呼吸次数可由腿和臂配合两次、呼吸一次,过渡到腿和臂配合一次、呼吸一次的完整练习。

二、自由泳

自由泳

（一）自由泳技术

在各种泳姿中,自由泳（也称爬泳）速度最快,因此在比赛中,人们都采用自由泳。

1.身体姿势

自由泳时,身体应伸直成流线型,几乎水平地俯卧在水面上。稍收腹,脸部和前额浸入水中,臀部接近水面,身体纵轴与水面构成 $3° \sim 5°$ 角,头与身体纵轴成 $20° \sim 30°$ 角,眼睛视线应向前下方,身体绕纵轴有节奏地自然转动 $35° \sim 45°$。

2.腿部动作

打腿的主要作用是维持身体平衡,使下肢不致下沉并产生一定的推进力。两腿上下打水从髋关节开始用力,以大腿带动小腿做鞭状上下交替打水,打腿幅度以两脚跟的垂直距离

30~40 厘米为宜,向下打水时膝关节自然弯曲成 160°角。打腿时,两脚稍向内扣,主要向下用力打水。

3.臂部动作(图 14-5)

图 14-5

手臂划水是自由泳的主要动力来源。臂部动作由抱水、推水、提肘出水、空中移臂、入水组成。

(1)抱水。屈腕、屈肘,手掌用力向身体后侧抱水,感觉像往怀里抱着一个大圆球。

(2)推水。推水是前进的主要动力,推水要有力且有效。抱水后,将弯曲的手臂向身体后方推水逐渐打直,划水到大腿处。这个动作要点是肩部要有一个旋转,手臂配合肩部动作,大臂内旋,大臂带动小臂向后推水。向后推水后,在屈臂到伸臂的加速过程,手掌从内向上、从下向上划至大腿旁。

(3)提肘出水。推水到大腿旁后,掌心转向大腿,出水时小指向上,手臂放松,屈肘。大臂带动小臂,肘部上提,带动手臂和手出水面。屈肘大概为 100°。

(4)空中移臂。提肘后,向身体前方移臂,肘高于手,手感觉像是插入水中的。

(5)入水。完成空中移臂后,手自然放松入水。手的入水点尽量向头部前方伸。入水时手指伸直并拢,手指首先触水,然后是小臂,最后是大臂自然地插入水中。

4.两臂的配合技术

自由泳两臂的正确配合是保障前进速度均匀性的重要条件,并且还有利于发挥肩带力量积极参与划水。根据划水时两臂所处的位置,可以把手臂的配合技术分为 3 种:前交叉、中交叉、中前交叉和后交叉。优秀运动员一般都采用中前交叉的技术。前交叉是指一臂入水时,另一臂已前摆至肩前方,与水平面成 30°左右的夹角,前交叉有利于初学者掌握自由泳动作和呼吸。中交叉是指一臂入水时,另一臂处在向内划水阶段,与水平面成 90°角。后交叉是指一臂入水时,另一臂划至腹下,与水平面成 150°左右的夹角。

5.手臂和呼吸的配合技术

自由泳技术中的呼吸技术较为复杂,它的好坏将直接影响划水力量、速度、耐力的发挥。

自由泳呼吸和手臂的配合:一次呼吸 N 次划水($N>2$)。吸气时,头随着肩、身体的纵向转动转向一侧,使头在低于水面的波谷中吸气。此时,同侧臂正处在出水转入移臂的阶段。一般是在两臂各划水一次的过程中进行一次呼吸,以向右边吸气为例:右手入水后,嘴和鼻开始慢慢呼气。右臂划水至肩下,开始向右侧转头和增大呼气量。右臂推水即将结束时,则用力呼气。右臂出水时,张嘴吸气,至空中移臂的前半部为止,并开始转头还原。然后,直至臂入水结束,有一个短暂的闭气过程,脸部转向前下。头部稳定时,右臂入水,再开始下一个慢慢呼气的过程。

6.完整配合

完整配合即呼吸、手臂和腿的配合。由于手臂是产生推进力的主要来源,因此在配合中,呼吸和腿的动作都应该服从于手臂动作的需要。呼吸、手臂和腿的配合比例主要有 3 种:1:2:2(即 1 次呼吸,2 次手臂动作,2 次打腿的动作);1:2:4;1:2:6。也有极少数优秀运动员采用1:2:8的技术。长距离自由泳采用 4 次打腿或不规则打腿结合 6 次打腿,打腿趋于加强。

(二)自由泳的练习方法

1.腿部动作

(1)陆上模仿练习。坐在池边或岸边,上体后仰,两腿伸直稍内旋,在水中做上下交替打水模仿练习,脚腕放松(图 14-6)。

图 14-6

(2)水中练习。

练习一:手扶池壁或池底,身体成水平姿势,两腿交替上下打水,先直腿打水,再过渡到鞭状打水,两腿打水幅度不宜太大(图14-7)。动作基本掌握后可加转头呼吸。

练习二:滑行打自由泳腿(图14-8)。

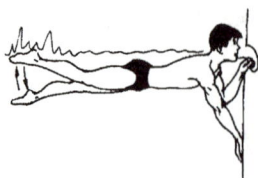 

图 14-7　　　　　　　　　　图 14-8

练习三:手握浮板,脸浸入水中,打爬泳腿,可重复一定距离。直至打水能前进时,结合抬头和转头呼吸练习(图14-9)。

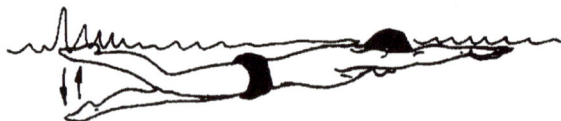

图 14-9

2.臂部动作及其与呼吸的配合

(1)陆上模仿练习。

练习一:两腿开立,上体前倾,模仿自由泳划臂动作(图14-10)。

练习二:同侧臂开始划水时呼气,推水时转头吸气(图14-11),吸气后头迅速转回,手再入水。

图 14-10　　　　　　　　　　图 14-11

(2)水中练习。

练习一:站在浅水中,做侧转头呼吸练习。

练习二:练习方法同上,在走动中练习,要求划水时适当用力,注意手掌对水,推水时掌心向后,体会划水路线及水感。

练习三:大腿夹浮板帮助下肢浮起,身体平衡,做单臂划水,逐步过渡到完整的手臂与呼吸配合。

3.完整配合

练习一:滑行打腿,单臂划水,向同侧转头呼吸,逐步过渡到两臂完整配合,以上练习掌握较好的可练两侧呼吸。

练习二:距离逐渐加长,在反复练习中改进和提高技术水平。

三、仰泳

(一)仰泳技术

仰泳也叫背泳,是身体仰卧水中进行游进的一种姿势。因为脸在水面上,具有易于呼吸、比较省力的特点。

1.身体姿势

仰泳时身体平直仰卧水中,胸部自然伸展,头和肩稍高于臀,后脑浸入水中,微收下颏,眼看后上方,身体纵轴线与水平面构成较小的迎角,使身体形成良好的流线型姿势。

2.头部技巧

在仰泳技术中,头起着"舵"的作用,并可以控制身体左右转动。头应保持相对稳定,不要上下左右晃动,但颈部肌肉不要过分紧张,后脑处在水中,水位在耳际附近,两眼看腿部的上方。

3.腰部姿势

在仰泳游进过程中,腰部肌肉要保持适度的紧张,以不至于使身体过分平直和屈髋成坐卧姿势为前提。肋上提,不要含胸。快速游进时,身体的迎角能使体位升高,水平较高的运动员不仅肩和胸部会露出水面,而且腹部也经常会露出水面。

4.腿部技巧

当腿部动作下压结束时,由于水对小腿的阻力和大腿肌肉的牵制,大腿与小腿构成135°~140°角,小腿与水平面构成40°~45°角(图14-12)。

此时打小腿弯曲到最大程度,小腿和脚对水面较大。上踢动作的开始,就需要用脚打的力量和速度来进行,并逐渐加大到最大力量和速度。当打腿向上移动超过水平面就结束向上的动作,此时膝关节接近水面。随后小腿和脚也依次结束向上,使膝关节充分伸展,构成向下鞭打的动作(图14-13)。

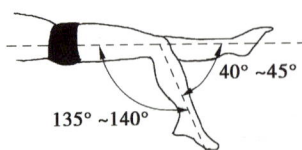

图 14-12

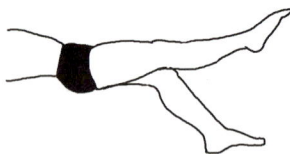

图 14-13

仰泳腿部动作同爬泳腿部动作相似，不同之处在于，仰泳膝关节弯曲角度比爬泳稍大，约为135°，打腿的幅度约为45厘米。仰泳的腿部动作是"上踢下压"，即屈腿上踢，直腿下压，以髋关节为轴，大腿发力，带动小腿和脚，以鞭状踢水的形式来完成。在任何情况下，不要让膝关节或脚尖露出水面，踢水时，脚背稍内旋以加大对水面积，踝关节放松灵活，是仰泳踢水产生前进力的关键。

5.臂部动作

一个完整的臂部动作分为入水、抱水、划水、出水和空中移臂5个阶段（图14-14）。

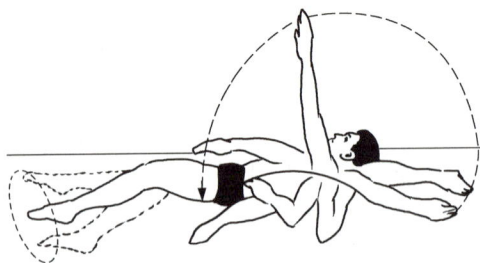

图 14-14

（1）入水。借助移臂的惯性，臂部自然伸直，掌心向侧后方。入水点在身体纵轴延长线与肩的延长线之间，手掌与前臂构成150°~160°角，手心朝外，小指先入水。手臂入水的顺序是上臂先入水，接着手掌和前臂几乎同时入水，入水动作自然、放松。

（2）抱水。抱水是为划水创造有利的条件。手臂入水后要利用移臂时所产生的惯性积极下划到一定的深度，手掌向下、向左或右移动，通过伸肩、屈肘、上臂内旋和屈腕的动作，配合身体的转动，使手掌和前臂对准水并有压力的感觉。当完成抱水动作时，肘部微屈150°~160°，手掌距水面30~40厘米，臂与身体纵轴构成约40°角，肩保持较高的位置。

（3）划水。划水动作是推动身体前进的主要动力。划水动作包含拉水和推水两个连贯的阶段。整个划水动作由抱水开始，划到大腿侧下方为止。

拉水阶段：前臂内旋，手掌上移，肘部下降，使屈肘程度加大，尽快使手掌至上臂能保持与前进方向垂直，从而加大对水面积。当手掌划至肩侧时，屈臂程度最大，角度为70°~110°，手掌距水面10~15厘米，肩轴与水平面约成45°角。

推水阶段：推水是在手臂划过肩侧时开始的，这时肘关节和上臂应逐渐向身体靠近，同时用力向脚的方向推水。当推水将结束时,小臂内旋做加速转腕下压的动作,掌心转向下。推水结束后,手臂要伸直,手掌在大腿侧下方距臀部10~15厘米,距水平面40~50厘米。整个划水的路线成"S"形。

(4)出水。正确出水动作是在压水的同时提肩,使肩露出水面,由肩带动上臂、前臂和手依次出水。

(5)空中移臂。手臂出水后,应迅速沿着肩的垂直面向前移动。臂要伸直,移臂的后阶段肩关节要充分伸展。

6.两臂配合技术

仰泳两臂的配合采用"连接式"的技术,即当一臂划水结束时,另一臂已入水并开始划水;一臂处于划水的中部,另一臂正处于移臂的一半。在整个臂的动作过程中,两臂几乎都处在完全相反的位置。

7.腿、臂与呼吸的配合技术

仰泳配合技术一般是在一个动作周期内做6∶2∶1配合,即腿踢水6次,两臂划水各1次,呼吸1次。一臂移臂时开始吸气,然后做短暂的憋气,当另一臂移臂时进行呼气。

(二)仰泳的练习方法

1.腿部动作

(1)陆上模仿。仰卧池边,双腿绷直,大腿用力,直腿下压。

在上面练习的基础上,进行直腿下压、屈腿上踢的练习。大腿带动小腿发力,踝关节放松,体会上踢的"鞭状"动作。

(2)水中练习。坐在池边,小腿在水中分别进行直腿、屈腿的练习。

双臂置于体侧,双手掌向下压水,身体平躺做仰泳的腿部练习。

2.臂部动作

(1)陆上模仿。两脚稍分开站立,从单臂划水过渡到双臂划水,在做双臂划水时,身体要绕纵轴转动。

同上练习,仰卧池边,进行双臂划水练习。

(2)水中练习。一手臂扶住支撑物(池边、同伴或水线),另一臂进行划水练习。

把腿置于水线上或由同伴抱住,进行双臂的划水练习。

3.完整配合技术

水上仰卧踢腿,一臂置于体侧,另一臂划水。

从双臂置于体侧踢腿开始,然后两臂交替划水,每个动作做完都可以稍微停顿休息,但腿要一直做踢水的动作。

做完整配合练习,逐渐加长游进的距离。

四、蝶泳

(一)蝶泳技术

蝶泳技术是在蛙泳技术动作基础上演变而来的,从外形看,好像蝴蝶展翅飞舞,所以人们称它为"蝶泳"。由于它的腿部动作酷似海豚,所以又称为"海豚泳"。

1.身体姿势

蝶泳的身体姿势与其他泳姿不同,它没有固定的身体位置。身体俯卧水中,躯干和腿联合做有节奏的上下波浪形打水动作,游进时两臂、两腿的动作左右对称。蝶泳在游进中,以横轴(腰际)为中心,躯干和腿做有节奏的摆动,发力点在腰腹部。然后以大腿带动小腿,两腿一起做上下的鞭状打水动作。而这些动作与头和臂部的动作紧密联系在一起,形成蝶泳所特有的波浪形动作,因此前进时身体的阻力较小。

2.躯干和腿的动作

蝶泳腿打水动作是由腰部发力,大腿带动小腿做鞭状动作形成的,它和躯干动作紧密联系在一起。

蝶泳打水时,两腿自然并拢,脚跟稍微分开成内"八"字形。当两腿在前一划水周期向下打水结束后,两脚处于最低点,膝关节伸直,臀部上抬至水面,髋关节屈成约160°角(图14-15)。

然后两腿伸直向上移动,髋关节逐渐展开,臀部下沉(图14-16)。

当两腿继续向上时,大腿开始下压,膝关节随大腿下压,动作自然弯曲,大腿继续加速向下(图14-17)。

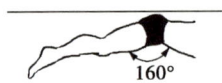 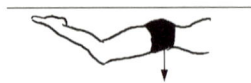 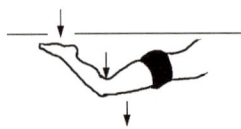

图 14-15　　　　　　　图 14-16　　　　　　　图 14-17

随着屈膝程度的增加,脚抬至接近水面时,臀部下降到最低点。当膝关节弯曲成 110°~ 130°角时,脚向上抬至最高点,并准确向下后方打水(图14-18)。

当脚向下打水时,踝关节放松,脚面绷直,然后和小腿随大腿加速向后下方推水。双脚继续加速向下后方打水,动作尚未结束时,大腿又开始向上移动,当膝关节完全伸直时,向下打水的动作即结束(图 14-19)。

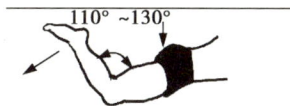
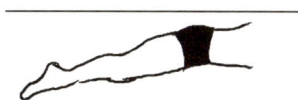

图 14-18　　　　　　　　　　　　图 14-19

3.臂部动作

蝶泳臂的划水动作是产生推进力的主要因素,并且相对其他姿势来说是较大的。蝶泳臂的技术是两臂在头前入水,同时沿身体两侧做曲线向后划水,划水结束时,两臂经空中前移再做第二次划水。

蝶泳臂的动作由入水、抱水、划水、推水、出水、空中移臂 6 部分组成。

(1)入水。蝶泳臂入水点基本是在肩的延长线上,两臂同时入水。入水时,肘稍屈并略高于小臂,手掌领先,并与水面约成 45°角,然后带动小臂和大臂依次入水。在入水阶段,由于前臂外侧旋转动作,掌心由向外侧积极转向外侧后方(图 14-20)。

(2)抱水。臂入水后,手和前臂继续外旋,进入抱水阶段。抱水时,手的运动方向为向外—向后—向下。随着前臂的外旋,掌心由向外侧后方转为向后方(图 14-21),接着进入划水阶段。

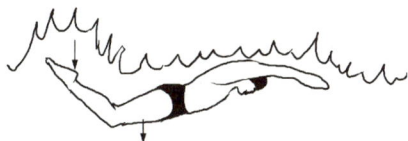
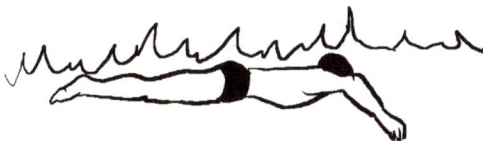

图 14-20　　　　　　　　　　　　图 14-21

(3)划水。在臂进入划水阶段时,前臂和手掌是划水的主要对水面。屈肘,使肘部保持较高的位置。前臂外旋动作和逐步加大屈臂的动作是同时进行的。当两臂划至肩下方时,小臂和大臂成 90°~100°角(图 14-22);当两手划至腹下时,两手距离最近(几乎碰到一起),然后转入推水动作。

(4)推水。当两手距离最近时,双手做弧形向外推水的动作。手的运动方向为向外—向上—向后。推水的前半部,手有较大的向后运动的分量,推水路线较直;推水的后半部,手有较大的向外、向上的运动分量。推水时,由于小臂内旋,掌心由划水的向后转为向外侧后方。

(5)出水。当两臂推水至髋关节两侧时,利用推水的惯性,提肘出水。提肘出水动作在推水结束前即已开始。在两臂推水尚未结束时,两肘已开始做向上提起的动作,这时掌心向外后侧(图 14-23)。

图 14-22

图 14-23

(6)空中移臂。当推水结束提肘出水后,两臂即向空中前移,开始移臂时肘关节微屈,手掌向上,肘先于手出水,两臂放松内旋,沿身体两侧低平的抛物线前摆(图 14-24)。开始移臂时稍用力,利用臂的离心力向前摆出。移臂时速度要快,否则会造成身体下沉。

图 14-24

4.臂和呼吸的配合动作

蝶泳的呼吸是借助两臂划水的后部推水动作,同时需后部肌肉大幅度伸展,使头抬至口露出水面时吸气。吸气的速度要快,头必须在臂入水前回到原来的位置,慢呼气或者稍憋气后呼气。蝶泳的呼吸一般是一次划水一次呼吸,但是为了加快游进的速度,也可采用两次以上的划水动作之后,再做一次呼吸的技术。

(1)臂腿呼吸的配合(即完整的配合动作)。蝶泳臂、腿、呼吸的配合比例一般为 1:2:1,即 1 次手臂动作,2 次腿的动作,1 次呼吸。当然在某些情况下,也有做 N 次($N>1$)臂、腿配合再做一次呼吸的技术。两次打腿的力量一般是第一次轻、第二次重,要有所区别。

(2)完整的配合技术是两臂入水时做第一次向下打腿,臂抱水时腿向上;当两臂划至腹部下时,开始做第二次向下打腿的动作,并且抬头吸气。推水结束时打腿也结束。移臂时,腿又向上准备做下一周期的打腿动作;移臂的前部,头部还处在水面,移臂过身体的横肘时低头。

(二)蝶泳的练习方法

1.躯干和腿部动作

(1)陆上模仿。原地站立,两脚尖内扣成内"八"字形,两臂上举或背于身后,做挺腹、提臀、伸膝的动作,体会腰腹腿的波浪形动作。

(2)水上练习。滑行先打爬泳腿,再过渡到两腿并拢打水。

重复以上练习,滑行后直接打蝶泳腿,并逐渐要求腰部上下摆动,即注意挺腹、屈膝、提臀和小腿及脚背压水的波浪形动作,刚开始时,动作幅度可小些。

手握浮板,两臂伸直,抬头或低头均可,巩固腿的动作技术。

2.臂部动作和呼吸的配合

(1)陆上模仿。脚并拢站立,身体前倾,做蝶泳臂的划水动作,体会划水路线和转肩的动作。

同上练习,配合呼吸,推水时抬头吸气,用低头转肩来带动移臂,入水后呼气。

(2)水中练习。站在浅水处做陆上模仿练习,体会手的划水路线及划水对身体的推动作用。

同上练习,在两臂向后划水的同时两脚蹬水使身体向前上方跃起前扑,随即抬头吸气,而后低头,两臂经空中前移在肩前方入水,然后收腿站立。

3.完整配合技术

(1)陆上练习。两脚内扣站立,两臂前移时,屈膝,入水时伸膝,划水时屈膝,推水时伸膝,逐渐配合呼吸动作。

(2)水上练习。由滑行打腿开始,两臂前伸,一边慢呼气一边打腿,等需要吸气时,双臂做一次划水的动作,随即抬头吸气,然后继续打腿,如此循环练习。

重复以上练习,逐渐过渡到 3 次打腿必须做 1 次划臂和 1 次呼吸的动作,并稍微要求屈臂划水和空中移臂的动作。

重复以上练习,要求 2 次打腿、1 次划臂和 1 次呼吸的完整配合技术,从能做一个配合动作到多个配合动作,逐渐增加游进的距离。

第三节　游泳比赛欣赏与规则简介

一、出发

自由泳、蝶泳、蛙泳在出发台上出发,仰泳在水中出发。运动员有两次出发机会。第一次抢跳后被召回,再进行第二次出发,这一次出发如果犯规将不被召回,比赛后犯规运动员被取消资格。在比赛开始前,发令员的短哨音示意运动员脱外衣,长哨音示意上出发台。口令是"各就位",出发信号是枪声、哨音、电笛或口令。

二、比赛和犯规

1.犯规规定

游泳比赛中有下列情况之一,均为犯规,将被取消录取资格:游出自己的泳道(2.5米);干扰、阻碍其他运动员;转身时未触池壁;在池底站立(自由泳除外);在池中跨越和行走;使用或穿戴任何有利于其速度、浮力的器具;潜泳距离超过15米;未按泳势的规定比赛。

2.接力比赛犯规规定

接力比赛中任何一名队员犯规即算该队犯规。本队前一名运动员尚未触及池壁,而后一名运动员已出发,应算犯规;如果该队队员重新返回并以身体任何部分触及池壁再游出时,不作犯规论。

3.各项泳式的比赛规定

(1)自由泳。自由泳比赛中,可以采用任何泳式,大多数运动员都选择了传统的爬泳。转身或到达终点时,可用身体的任何部位触池壁。在混合泳里面,自由泳实际上有着严格的规定:在自由泳阶段,运动员必须使用爬泳,除了比赛开始和转身阶段他们可以在水下游15米,在比赛过程中,身体的一部分必须一直保持在水面以上。

(2)仰泳。

①出发时,运动员要面向出发台,并用两手握着扶手,其脚部(包括脚趾在内)不得露出水面。

②任何运动员在头、肩、手或手臂触及池边做终点触池或转身触池前,必须保持仰泳的正确位置,当中包括身体可以转动,但不能大于90°(头的位置则不在此限)。

③转身触池后,运动员可以做出任何转身动作,但在脚离开池边前,身体要恢复仰泳的正确位置。

(3)蛙泳。

①从出发及转身后的手部动作开始,运动员的身体必须保持俯卧姿势,双肩也要与水面平行。

②两臂和两脚的所有动作都应同时并在同一水面上进行,不容许有爬泳及蝶泳的腿部打水动作。双手必须在胸前及在水面下划前及划后,除了在出发后的划水或转身后的划水,手部不能超越臀部。无论何时,双手及双脚的动作必须对称。

③在转身及到达终点时,双手必须同时触及池端(在水面上或水面下均可)。

④在每个完整动作周期内,运动员头的一部分应露出水面。只有在出发和每次转身后,

运动员可在全身没入水中时,手臂做一次充分的向后划至腿部的动作和一次蹬腿动作,但第二次划臂至最宽点并在两手向内划水前,头必须露出水面。

(4)蝶泳。

①运动员的双手必须同时在水面上前移及在水面下划水。在出发及转身后,运动员的身体必须保持俯卧,双肩与水面平行,双腿的动作也要同时进行。规则虽然容许双脚上下同时摆动,双腿及双脚也不须同一水平,但双腿或双脚交替打水的动作却是不允许的。

②在转身及完成比赛时,运动员的双手必须同时触及池端(在水面上或水面下均可),而且双肩也要与水面平行。

③出发及转身后,运动员在浮上水面前,脚部可做一次或多次的踢腿,但双手却只可以做一次划水动作。

熟悉水性

第十五章 团操

第一节 健美操

一、健美操概述

健美操是在音乐伴奏下，以身体练习为基本手段、以有氧运动为基础，达到增进健康、塑造形体和娱乐目的的体育运动。它起源于生活，起源于人类对于人体健美的追求，集体操、舞蹈、音乐等为一体。

健美操是一项以有氧运动为基础，以健、力、美为特征，融体操、舞蹈、音乐为一体的身体练习。它既是健身美体、陶冶情操的大众健身方式，又是竞技运动的一个项目。在长期的实践过程中，健美操已从一项单纯的健身运动逐步发展成为一项独立的体育竞赛项目，在运动形式、动作技术特征及竞赛组织方法等方面有其自身特点。健美操发展史不长，但是深受广大群众的喜爱。健美操不仅突出动作的"健"和"力"，而且更强调"美"。

健美操与其他体育项目一样，由群众健身、娱乐开始兴起，逐步引入表演、竞技。健美操体现了人体在柔韧、协调、力量、节奏感、审美及表现力等方面的综合能力。从健美操发展情况和总体任务看，健美操可分为竞技性健美操和健身性健美操两大类。健身性健美操所具有的普及性，为竞技性健美操的产生和发展奠定了坚实的群众基础；而竞技性健美操技术动作的不断创新、观赏性的不断增强，又极大地奠定了广泛的群众基础。根据健美操运动的不同特性,按动作的难易、运动强度的强弱及不同层次的需要,我国制定了《健美操等级运动员规定动作》和《健美操大众锻炼标准》,为我国健美操运动的普及和发展创造了条件。

(一)健美操的分类

目前,世界健美操和我国健美操种类繁多,分类方法也各不相同。因此,根据健美操的目的和任务,可以将其分为健身性健美操、竞技性健美操和表演性健美操三大类。

1.健身性健美操

健身性健美操,也称为大众健美操,是集健身、娱乐、防病为一体的群众性、普及性健身运动。健身性健美操的主要目的在于健身,因此,其运动强度和动作难度相对较低,可为社会不同年龄、层次、性别、职业的人选用。根据不同的需要,健身性健美操还可从不同的角度进一步分类和命名。

2.竞技性健美操

竞技性健美操是根据竞赛规则与规程的要求组编的一套具有较高艺术性、以比赛取得优异成绩为主要目的的健美操。竞技性健美操只进行自编动作的比赛,有特定的比赛规则和评分方法,需完成一定的难度动作,对人体的心肺功能、身体素质、技术技能和艺术表现能力有较高要求,一般较适合于年轻人。竞技性健美操比赛共设 5 个项目:男子单人、女子单人、混双、混合三人、混合六人健美操。

3.表演性健美操

表演性健美操主要是以在表演中展示自己的价值和魅力;在观赏中陶冶情操、净化心灵、促进健美操活动的广泛开展;满足人们展开和表现自我的需要为目的,在特定的活动、场合或节日庆典中进行表演,集观赏、娱乐为一体的体育节目。

一般而言,健身性健美操用于表演极其普遍,竞技性健美操用于表演时可不受规则的限制。

健美操除上述分类法外,按一定的特征还可分为以下几类:

(1)根据练习者不同年龄阶段的特征,可分为幼儿健美操、儿童健美操、少年健美操、青年健美操、中年健美操和老年健美操。

(2)根据练习者的性别特征,可分为女子健美操和男子健美操。

(3)根据练习形式,可分为徒手健美操、持轻器械健美操和利用专门健美器械进行练习的健美操。

(4)根据人体解剖结构特征,按身体部位常可分为颈部健美操、肩部健美操、臂部健美操、胸部健美操、腰腹健美操、髋部健美操、腿部健美操和足踝健美操。

(5)根据动作的内容特征,可分为形体健美操、姿态健美操、跑跳健美操和垫面健美操等。

(二)健美操的特点

1.健身性健美操的特点

(1)保持有氧代谢过程:在有氧运动中,呼吸系统、心血管系统及大脑中枢神经都得到了良好的锻炼,特别是对于肥胖体形的人来说,在消除体内多余脂肪、调节脂肪静态平衡、保持健康、增强体质等方面具有良好的效果。

(2)注重个体差异:健身性健美操的动作套路形式多样化,节奏有快有慢、动作有难有易、套路有长有短、运动强度和运动量的大小可任意调节,适合于不同行业、不同阶层、不同年龄、不同性别、不同体质的人进行锻炼,各种人群都能从健美操练习中找到适合自己的锻炼方式,都能从健美操的练习中得到乐趣。

(3)广泛的适应性:健身性健美操练习形式多样,无论是公园、厅堂、家里等地方,都能很好地进行锻炼;同时,健美操也可借助于轻器械进行锻炼,如踏板、哑铃、健身球、橡皮筋等,所产生的锻炼效果是明显的;另外,水中健美操对中老年人和一些慢性病、身体创伤的康复病人能起到较好的辅助治疗作用。健身性健美操既可以在舞台上表演,也可以作为大小聚会中的一项娱乐活动。

(4)健身的安全性:健身性健美操是在平坦的地面上,附有欢快的音乐声,跟随快慢有序的节奏进行运动,十分安全且有效。

2.竞技性健美操的特点

(1)高度的艺术性。健美操的艺术性主要体现在其"健、力、美"的项目特征上。"健康、力量、美丽"是人类所追求的身体状况的最高境界,而健美操无不处处表现出"健、力、美"的特征,包含着高度的艺术性因素,使健美操不同于其他运动项目,这也正是人们热爱健美操运动的原因之一。

(2)高难度、高体能。竞技健美操的成套动作是连续的动作组合、柔韧性和力量,并在运用7种基本步法的同时,高质量、完美地完成各类难度动作,优秀的健美操运动员必须具备良好的身体素质、体能及漂亮地完成主要强度的难度动作的能力。因此,高体能、高难度是竞技性健美操的典型特点。

(3)强烈的节奏性。健美操之所以深受人们喜爱,是因为除了练习本身的功效性、动作的时代感,很重要的因素之一是现代音乐给健美操带来了活力。健美操动作与音乐强烈的节奏性使健美操练习更具有感染力,其比赛和表演更具有观赏性。

（4）仍保留着大众体育的特色。竞技性健美操起源于传统的健身性健美操,其本质和基础内容来源于健身性健美操。运动技术水平的高低取决于运动员本身的体能、素质及运用技巧的能力。不同年龄、不同体能的运动员,无论水平高低均可参加竞技性健美操运动。因此,高水平的竞技性健美操仍保留着大众化的特色。

二、健美操的基本动作和组合动作

（一）基本动作

1.常用手型

（1）掌型——5指伸直并拢。

（2）拳型——握拳,拇指在外。

（3）5指张开型——5指用力伸直张开。

2.常用的上肢动作

（1）举——臂伸直向某方向抬起。

（2）屈臂——前臂与上臂角度不断减小。

（3）伸臂——前臂与上臂角度不断增大。

（4）屈臂摆动——屈肘在体侧自然地摆动,可依次和同时进行。

（5）上提——直臂或屈臂由下至上提抬起,如屈臂前提、直臂侧提。

（6）下拉——臂由上举或侧上举拉至身体两侧。

（7）绕和绕环——以肩关节为轴,手臂在 180°～360°以内的运动称为绕,大于 360°以上的圆周运动称为绕环。

（8）冲拳——屈臂握拳,由腰间猛力向前冲拳。

（9）摆动——以肩关节为轴,手臂在 180°以内的运动称为摆动。

（10）交叉——两臂重叠成"X"形。

（二）健美操动作组合

1.组合（1）

第一个八拍（图 15-1）：

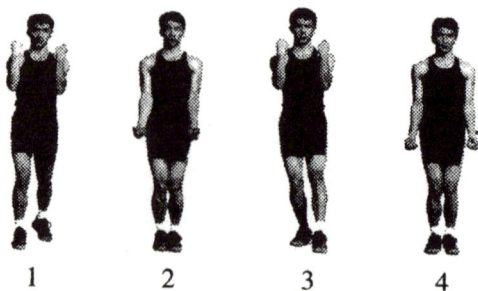

图 15-1

1—8 拍右脚做两个一字步,两臂胸前屈伸,一拍一动,手型成拳,拳心向下。

面向 1 点。

第二个八拍(图 15-2):

图 15-2

1—3 拍右脚开始向前走 3 步,两臂体侧低摆,手型成拳。

4—8 拍左右腿依次做 3 次吸腿跳,同时右转 360°,每次吸腿时击掌,手型成拳,击掌时变掌。

面向 1 点,顺时针方向转 360°。

第三个八拍(图 15-3):

1—8 拍右脚开始向右呈弧形走一圈,两臂体侧屈肘前后摆动,手型成拳。

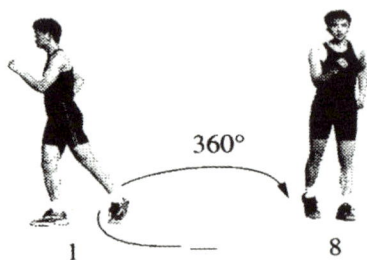

图 15-3

从 1 点逆时针方向走一圈至 1 点。

第四个八拍(图 15-4):

1—8 拍两脚同时起立 4 次,双臂由屈臂向前上方,前下方弹伸,一拍一动,手型成拳,拳心相对。

面向 1 点。

第五个八拍至第八个八拍动作同第一个八拍至第四个八拍动作,但方向相反。

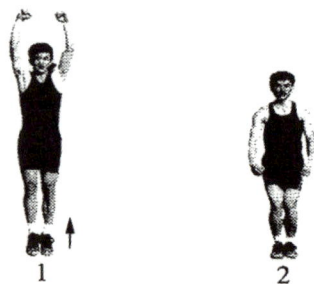

图 15-4

2.组合(2)

第一个八拍(图15-5):

图15-5

1—8拍右、左脚依次向右前方、左前方做4次并步跳,手臂随每次并步跳两臂屈肘摆至胸前击掌,手型成拳。

右前方并步跳向2点,左前方并步跳向8点。

第二个八拍(图15-6):

图15-6

1—8拍右脚开始做4个并步,走出"L"形,两臂伸至侧上举,然后下拉至髋两侧,一拍一动,伸臂时为掌,5指分开,掌心向前,下拉时为拳。

自1点开始,2拍时转向3点,6拍时转回1点。

第三个八拍(图15-7):

图15-7

1—4拍右脚做侧交叉步一次,4拍时左小腿后屈。

5—8拍同1—4拍,方向相反。

1—8拍两臂伸直前平举,然后向后拉至髋两侧,一拍一动,伸臂时为掌,掌心向下,后拉时为拳,拳心向上。

面向1点。

第四个八拍(图15-8):

图15-8

1—4拍右、左脚依次做侧步后屈腿一次。

5—8拍右脚向侧一步,左腿做后屈腿两次。

1—8拍两臂经前平举后拉至髋两侧,一拍一动,伸臂时为掌,掌心向下,后拉时为拳,拳心向上,躯干稍前倾。

面向1点。

第五个八拍至第八个八拍动作同第一个八拍至第四个八拍动作,但方向相反。

3.组合(3)

第一个八拍(图15-9):

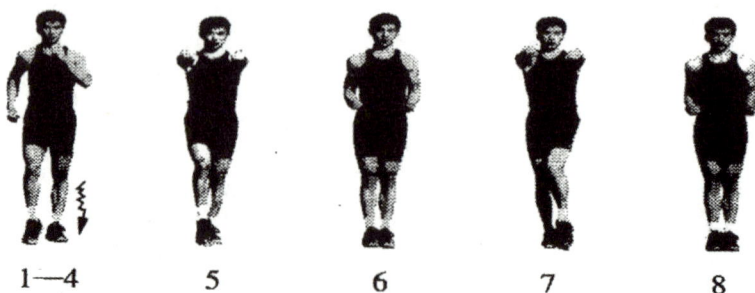

图15-9

1—4拍右脚开始向前走4步,两臂体侧屈肘前后摆动,手型成拳。

5—8拍前点地时两臂向前冲拳,然后收至腰间,一拍一动,手型成拳,拳心向下。

面向1点。

第二个八拍(图 15-10)：

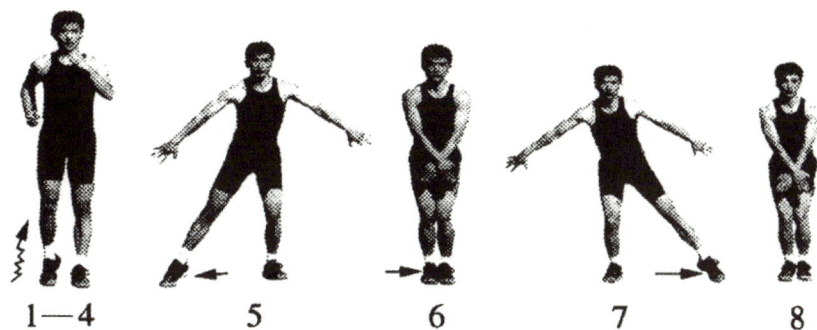

图 15-10

1—4 拍右脚开始向后退 4 步,两臂体侧屈肘前后摆动,手型成拳。

5—8 拍右、左脚依次做侧点地一次,侧点地时两臂经腹前交叉摆至侧下举,一拍一动,手型成掌,掌心向后。躯干点地时稍前倾。

面向 1 点。

第三个八拍(图 15-11)：

图 15-11

1—8 拍左脚开始分别向左后方、右后方做两次侧交叉步接后屈腿,走出">"形,两臂经前向后拉,一拍一动,手型前举时成掌,后拉时成拳。

1—4 拍面向 8 点,5—8 拍面向 2 点。

第四个八拍(图 15-12)：

图 15-12

1—8拍左脚开始依次做4次侧步后屈腿,两臂经胸前屈臂交叉向后拉,一拍一动,手型胸前臂交叉时为掌,后拉时为拳。

面向1点。

第五个八拍至第八个八拍动作同第一个八拍至第四个八拍动作,但方向相反。

4.组合(4)

第一个八拍(图15-13):

图15-13

1—8拍右、左脚依次做4个并步,两臂经胸前竖屈、上举、侧平举还原至体侧,两拍一动,手型1—2拍成拳,拳心向后,3—4拍掌心相对,5—6拍掌心向下,7—8拍还原至体侧。

面向1点。

第二个八拍(图15-14):

图15-14

1—8拍右、左脚依次做一个上步吸腿,还原直立,1拍两臂胸前交叉,2拍左臂侧举,右臂胸前平屈,3拍两臂胸前交叉,4拍还原至体侧,手型成拳。

面向1点。

第三个八拍(图15-15):

图 15-15

1—4 拍右脚向右后方做一个侧交叉步，1 拍右臂侧平举，左臂胸前平屈，2 拍右臂胸前平屈，左臂侧平举，3 拍同 1 拍动作，4 拍胸前击掌互握，手型成拳。

面向 2 点。

5—8 拍右腿抬起吸腿跳一次右弓步跳一次，吸腿跳时双手互握上举，还原。弓步时双手互握向右侧平伸，还原直立，双手互握，第七拍身体右转 90°。

面向 1 点。

第四个八拍（图 15-16）：

图 15-16

1—4 拍左脚向右后方做一个侧交叉步，1 拍两臂经提前交叉绕至侧上举，2 拍胸前屈臂交叉，3 拍侧平举，4 拍同 2 拍动作。

5—8 拍左、右脚依次做弓步跳，5 拍右臂前下举，左臂上举，6 拍胸前屈臂交叉，7—8 动作拍同 5—6 拍动作，但方向相反。

手型成掌。

躯干第 5 拍时上体左转 90°，第 7 拍时上体右转 90°。

1—4 拍面向 8 点，5—8 拍面向 1 点。

第五个八拍至第八个八拍动作同第一个八拍至第四个八拍动作，但方向相反。

三、健美操欣赏

一套高质量的健美操表演,能给人们以丰富的视觉及听觉的享受,从运动员形体语言展现的优美姿态;抒情优美、热情奔放的不同音乐风格,无不给人以美的享受。当代大学生应从以下4个方面去欣赏。

(一)对运动美的欣赏

(1)健美操通过灵活、多变、整齐一律来折射美的力量。健美操所表现出的整齐一律、均衡调和、多样统一的形式美,与人们多年来在创造生活的活动中所形成的审美法则有着广泛的一致性。高超的难度技巧,独特新颖的编排,与众不同的音乐选配,充满活力、动力、趣味和快乐的外在表现,运动员与众不同的动作风格和身体语言所展现出来的成套动作让我们能够最真切、最充分、最直接地观看到运动员的才能、智慧、技巧、力量所产生的美感,从而萌发出无限的自豪感。健美操所有动作组合、难度及难度动作的准备、队形及音乐的节奏,都表现出灵活、多变、流畅、整齐的特点。托举和支撑、过渡动作或空中到地面及其相互转换动作,动态鲜明、造型奇特、复杂多变、出人意料,体现了现代青年人的生活乐趣和思维方式,表现了这一时代人们对真、善、美的重新认识,具有特殊的艺术感染力。

(2)健美操通过身体、形态、心灵三位一体来展示美的魅力。高超的难度技术的完美完成是欣赏健美操美的核心内容。运动员身体、形态、心灵三位一体熟练准确地完成各种动作,使健美操具有实质性内涵,真正拥有美感。而人们对动作美感的感知主要是从运动员所表现出的身体姿势、动作方向、力量、节奏、频率、幅度、速度的变化起伏跌宕中获得的。一套与众不同的、令人难忘的动作,就是将动作设计、表现力、音乐等因素完美地融合在一起时形成的。低劣的难度技术,平庸的设计水平,不符合音乐风格、节奏的动作,会使健美操失去美感和真实感。新颖的、与众不同的、不可预见的、大胆的动作设计,健美操组合的编排,过渡动作及不同队形的合理利用等因素完美地结合在一起,就是健美操的魅力所在。

(二)对人体美的欣赏

美感最先产生于对"轮廓"的良好印象,这里的"轮廓"就是人的外观形象。所以,人体是人最直接的审美对象,动作的敏捷与优美是人体端正和匀称发展的标志,它们无论在什么地方都会令人喜爱。社会和文化的发展使壮健的肌肉、匀称的体型、婀娜的身姿成为人们喜爱的审美对象,这一切正是健美操运动员拥有的,它们对人的视觉具有强烈的诱惑力。

（1）形体美。从美学角度出发，健美操运动员的身材匀称、比例合理、线条明显，外观上给人以青春活力和健康之美。

（2）姿态美。姿态美是指身体各部分的配合而呈现出来的外部形态的美。健美操是一项讲究形体优美感的运动项目，特别强调动作姿态协调优美。

（3）素质美。素质美主要指力量、速度、耐力、灵敏、柔韧等身体素质，是一种潜藏在人体内部的美，是体育美的内在力量。健美操运动员通过高超的难度技术，展示出他们的素质美。

健美操将姣好的容貌、健美的形体与自由奔放的姿态动作相结合，将人们的外在美和现代人的喜怒哀乐、兴趣志向、热烈情感淋漓尽致地展现出来，使观赏者产生精神感应，感受到朝气和活力。

（三）对音乐美的欣赏

音乐是一门抒发情感的艺术，可体现人类的丰富的情感内涵。优美、热烈、鼓舞人心的音乐风格能让人们过"耳"不忘，对成套动作起到突出艺术效果并给动作带来生命力的作用，也最能吸引人们的注意力。音乐是健美操运动的灵魂。健美操是在节奏鲜明、旋律优美的音乐伴奏下进行系列的伸展、屈伸、波浪摆动、跳跃等动作。由于性别差异和生理、心理特征不同，男、女运动员的动作特点又有不同。男性运动员的动作刚健朴实、豪放、力度感强，同时刚中有柔；女性运动员的动作则刚柔相济、动作优美、舒展大方，有感染力。健美操通过音乐、色彩、线条动作、环境等在强烈的韵律节奏中，把舒展奔放的舞姿与动作技术及独特新颖的编排巧妙地结合起来以体现高超的难度技巧、优美的姿态造型、健美的形体，从而展现出时代的气息和艺术魅力。

（四）对体育文化美的欣赏

（1）对运动员意志品质的欣赏。在健美操比赛中，运动员不仅要在技术、体力上进行较量，还要在意志品质、心理素质上进行较量。健美操中许多难度动作的完成是十分困难的，往往是超越极限的，是常人难以克服的。运动员必须有超常的意志力和顽强的拼搏精神才能获得成功，他们表现出的意志品质对观众也是一种美的感染和熏陶。

（2）对健美操运动员服装的欣赏。健美操比赛要求运动员按规定着装。运动员根据自己所要表现的内容设计自己的服装，既要不违背规定又要突出自己的个性。在比赛中，观众可以欣赏到各种各样新、奇、美的服装。而运动服的色彩和线条，就体现了当代人对服装的审美趣味。

（3）对体育场馆的建筑艺术风格的欣赏。体育场馆的建筑是一个时代、一个国家文化和艺术的象征,是一个国家的经济、科学技术和传统文化的结晶。因此,许多大型的体育场馆都有着独特的风格和结构,其外形千姿百态、器宇不凡,给人留下深刻的印象并使人得到丰富的艺术享受。

第二节　体育舞蹈

一、体育舞蹈概述

体育舞蹈又名国际标准交谊舞(International Style of Ballroom Dancing),简称国标舞,来源于各国的民间舞蹈,是在古老的民间舞基础上发展演变而成的。体育舞蹈的发展经历了原始舞蹈—公众舞—民间舞蹈—宫廷舞—社交舞—新旧国际标准交际舞等阶段。国际奥林匹克运动委员会于1995年4月给予交谊舞(体育舞蹈)以准承认资格,为体育舞蹈开辟了广阔的天地。体育舞蹈种类繁多,共有10种舞种,按照不同的风格和内容可以分为现代舞、拉丁舞和团体舞。现代舞包括华尔兹、探戈、狐步、快步和维也纳华尔兹;拉丁舞包括伦巴、桑巴、恰恰、斗牛舞和牛仔舞。团体舞是现代舞或拉丁舞的混合舞。

体育舞蹈的学习,先要了解相关概念,不断练习,用肢体表达概念,然后不断重复和演练,形成"肌肉记忆",使大脑和身体自动处理抽象观念和细微动作。要养成"肌肉记忆"的先决条件是必须了解正确的舞伴关系:第一,保持身体接触;第二,标准舞(除了探戈)均以身体摆荡产生移动;第三,反身动作是转动和旋转的主要动力,也是外侧舞伴身体姿势的原理;第四,倾斜主要用于平衡横向的倾斜;第五,体育舞蹈是在地板上的运动,要使足迹轻刷地面;第六,保持脚步正确定位,使脚步富有弹性。

二、体育舞蹈的基本步法

(一)摩登舞

(1)闭式舞姿:基本姿势为男女舞伴面向直立。男伴两脚并拢,挺胸立腰,收腹微挺臀,两膝盖自然放松。左手与女伴右手手掌心相握,虎口向上,前臂与大臂的夹角为135°左右,高度在女伴右耳峰。右手5指并拢,轻置于女伴右肩胛下端,前臂与大臂夹角75°左右。头部自然挺直,目光从女伴右肩方向看出。身体微向女伴右侧偏移约1/2的距离。女伴两脚并拢,膝关节放松,收腹提臀,紧腰,上体向后微倾。右手与男伴左手掌心对掌心相握,轻轻挂在男伴左手虎口上。左手放在男伴右肩处,用虎口轻轻掐住男伴三角肌前臂并附在男伴大臂上。头部微向左倾斜,目光从男伴右肩方向看出。

(2)散式舞姿:在闭式舞姿的基础上,男伴将头及上身略向左打开,女伴将头及上身向右打开,男女舞伴的头都同一方向看出(图15-17)。

图 15-17

(二)华尔兹

华尔兹前进直步(图15-18)动作做法见表15-1和表15-2。

图 15-18

表 15-1　男伴动作

步　数	节　拍	步　法	方　位	重心升降	转度
1	1	左脚前进	面向舞程线	结尾开始上升	不转
2	2	右脚前进	面向舞程线	连续上升	
3	3	左脚并于右脚旁	面向舞程线	连续上升,结尾下降	
4	1	右脚前进	面向舞程线	结尾开始上升	
5	2	左脚前进	面向舞程线	连续上升	
6	3	右脚并于左脚旁	面向舞程线	连续上升,结尾下降	

表 15-2　女伴动作

步　数	节　拍	步　法	方　位	重心升降	转度
1	1	右脚后腿	背向舞程线	结尾开始上升	
2	2	左脚后腿	背向舞程线	连续上升	
3	3	右脚并于左脚旁	背向舞程线	连续上升,结尾下降	
4	1	左脚后腿	背向舞程线	结尾开始上升	
5	2	右脚后腿	背向舞程线	连续上升	
6	3	左脚并于右脚旁	背向舞程线	连续上升,结尾下降	

(三)拉丁舞

拉丁舞舞姿男伴的左肩和女伴的右肩姿态为肘前上举,掌心相对,或更多地采用自由舞姿。

(四)伦巴舞

阿里曼娜(图 15-19)动作做法见表 15-3。

图 15-19

表 15-3　阿里曼娜动作(准备姿势:闭式舞姿)

小节	步数	节拍	动作要领	
			男伴	女伴
1	1	2	左脚前进一步	右脚后腿
	2	3	右脚后回一步,把舞伴引导到自己的身前	左脚向前一步
	3	4	左脚左横一步,手拉手举到头左上方	右脚前进一步到男伴身前成交叉步,面向五位方向。(图 15-19 左)

续表

小节	步数	节拍	动作要领	
			男伴	女伴
2	1	2	右脚后退一步,左手做"拉手顺绕圈"引导男伴向右后转身360°	左脚跨到右脚前,脚尖朝右(图 15-19 中)
	2	3	重心前移	右脚脚尖沿地面,顺时针方向划一小圆圈后脚尖朝右再右转 180°与男伴相对(图 15-19 右)
	3	4	右脚横一步	左脚旁点

三、体育舞蹈的欣赏

(一)服装

服饰是人的外在美的媒介,高雅的气质配以华丽的服饰是体育舞蹈的另一特点。摩登舞源于欧洲,故摩登舞在服饰上则要求男士身着黑色燕尾服,女士身着华丽的晚礼服长裙,脚穿相应软底高跟鞋,以显示男士深沉、高贵的绅士风度,女士娴静、高雅的气质。在拉丁舞的服饰中,男士身着紧身衣裤,易于体现动作身体线条的优美;女士穿着露背露腿的草裙式短裙,能够充分展示身体凹凸有致的曲线,表现女士的婀娜多姿与柔美灵巧。

(二)音乐

摩登舞又称现代舞,具有典雅、细腻严谨的风格,舞姿飘逸、自然,舞蹈的音乐也颇具特点。华尔兹又称为圆舞,具有庄重典雅、华丽多彩的风格。华尔兹音乐为 3/4 拍,第一拍是重拍。华尔兹音乐的速度较慢,一般每小节 28~30 分钟。探戈舞动作刚劲锐利,欲进又退、欲退还前,舞步动静快慢错落有致。探戈舞音乐为 2/4 拍,一般每小节 30~34 分钟,以切分音为主,有附点和停顿,舞步节奏分别为 S 和 Q,S 占一拍,Q 占半拍。狐步舞的舞步轻柔、圆滑、流畅,方位多变且不并步,动作呈现出降中有升、升中有降的特点。快步舞的舞步洒脱自由,饱含动力感和表现力。快步舞音乐为 4/4 拍,每小节约 50 分钟,基本节奏是慢慢快快(SSQQ)和慢快快慢(SQQS)。维也纳华尔兹动作舒展大方,连绵起伏,舞步轻快流畅,旋转性强。维也纳华尔兹音乐为 3/4 拍,每小节约 60 分钟。

拉丁舞音乐较多使用爵士韵律,常伴有半拍和 1/4 拍的节奏出现,使舞步顿挫、跳跃。

伦巴舞的音乐缠绵、浪漫。伦巴舞音乐为 4/4 拍,4 拍走 3 步,每小节约 27 分钟。桑巴舞起源于巴西,音乐为 2/4 拍,每小节 48~52 分钟,以第二拍为重拍。恰恰起源于墨西哥,音乐风格颇有趣,为 4/4 拍,每小节 28~31 分钟。斗牛舞主要模仿西班牙斗牛士动作。斗牛舞音乐是具有西班牙风格的进行曲,为 2/4 拍,每小节约 60 分钟,一拍跳一步。牛仔舞节奏快速,动作粗犷。牛仔舞音乐为 4/4 拍,每小节 44 分钟,舞曲欢快有跃动感。

第三节 艺术体操

一、艺术体操概述

艺术体操(Rhythmic Gymnastics)是由运动员徒手或手持轻器械,配合音乐及身体动作的一项女子运动项目。艺术体操起源于 19 世纪末 20 世纪初的欧洲,是一种新兴的体育项目,于 1984 年第 23 届奥林匹克运动会被列为奥运会正式比赛项目。我国从 20 世纪 50 年代开始从苏联引进艺术体操,并得到了较快发展。艺术体操动作内容繁多、风格各异,但各种动作均有优美性和艺术性的特征,并充分地展现出协调、韵律、柔美、优雅等女性健美气质,非常符合女性的心理和生理特点。

二、艺术体操的分类

艺术体操按照不同的目的任务可以分为一般性艺术体操和竞技性艺术体操。

(一)一般性艺术体操

它以发展柔韧、协调、灵巧等身体素质,增进健康,培养练习者良好的身体姿态,使其获得健美的体魄为任务。一般性艺术体操包括徒手练习和持轻器械练习。徒手练习包括各类基本动作组合及成套练习,手持的器械也多种多样,除了绳、圈、球、棒、带,还有纱巾、旗帜、棍棒、铃鼓和扇子等。一般性艺术体操可进行集体表演,也可作为普及性的比赛内容,以基础动作为主要内容,不受场地和器械设备的限制,且对身体素质的要求不高。

（二）竞技性艺术体操

它是在一般性艺术体操基础上，通过更精确的动作技术和高度的艺术性，在规定的时间内，表现身体与器械的完美结合、音乐与动作的完美配合，以取得运动成绩为主要目的的一种集体和个人的比赛。国际体操联合会规定：在正式比赛中，比赛项目只有绳、圈、球、棒、带5种器械可以进行比赛；比赛规则有时间、场地、人数的限制；在自选动作中，还有对动作数量、动作难度、动作类型的规定，有专门的竞赛规则，裁判员根据规则要求对运动员成套动作的编排和完成情况分别给予评分。

三、艺术体操的基本动作

艺术体操是由身体动作结合器械动作完成的。艺术体操的基本动作包括徒手动作和器械动作。

（一）徒手动作

徒手动作是艺术体操的基础，只有正确、熟练地掌握各种徒手动作，才能使成套动作完成得准确、优美、高质量。其基本要求如下：

（1）站立姿势：头正直，目视前方，两肩下沉，背部挺直，收腹立腰，臀部和两腿肌肉收紧。

（2）手形：基本形状是手指并拢、自然伸长，拇指与中指向里合。

（3）手臂状态：手指、手腕、肘稍放松，使整个手臂从肩至手指尖形成一条柔和的弧线。

徒手动作是掌握各类身体动作的基础，通过徒手动作的练习可以培养正确的身体姿态，发展柔软、灵敏、速度、力量等身体素质，增强动作的协调性、节奏感和表现力，为学习器械动作打下坚实的基础。

身体动作包括各种走、跑、摆动、绕环、波浪、跳跃、平衡、转体、舞步等基本动作，同时也吸收芭蕾舞、民族舞及现代舞中的一些动作和训练方法。徒手练习时通常编排各种性质的组合或成套动作进行练习。

1.柔软步

由两脚站立开始，左脚脚面和膝盖绷直，整个腿向外向前伸出，落脚时由足尖过渡到全脚掌着地，同时身体重心前移，挺胸、收腹、立腰。两腿交替前进，两臂自然前后摆动。

2.足尖步

由两脚提踵立开始，左脚脚面和膝盖绷直向前伸出，由足尖过渡到全脚掌着地，同时身体重心前移,接着换右脚向前。两腿依次进行,两手叉腰,重心平稳,足尖步步幅比柔软步小（图 15-20）。

图 15-20

3.手臂波浪

以肩带动肘、腕、指各关节向上移动并依次弯曲至伸直,形成依次连贯的波浪形动作（图 15-21）。

图 15-21

4.躯干波浪

身体向前做波浪形动作,从上体后屈、臂上举开始,由膝、髋、腰、胸、颈各关节依次向前屈至低头、含胸使背部成弓形,同时手臂经后下绕至前下方（图 15-22）。

图 15-22

(二)器械动作

运动员在完成身体动作的同时必须手持器械,而不同的器械又都有各自的特点,因此所展现出来的风格迥异。器械与身体构成统一的运动整体,器械是身体的延长,运动员在完成各种身体动作的同时,应充分合理运用器械,以体现出器械的运动特性与身体动作的协调一致的配合。

1.绳操

绳细长而柔软,变化丰富,具有弧形、螺形、蛇形及许多不规则的形状。握绳时可单手或双手,也可持其两端、一端或中端。绳的基本技术有摆动、绕环、转动、绕"8"字,过绳小跳或大跳,还可用绳对躯体和四肢进行缠绕,同时利用绳头的反弹动作,改变接绳的方法等。在套路中,绳形变化应保持清晰的图形,接绳及时、准确,动作之间的转换和连接应自然、连贯、协调、松弛。

双手持绳体侧绕"8"字动作:双手持绳由前举开始,沿身体的左侧经下向后绕至前举,然后在右侧经下向后绕至前举(图 15-23)。

图 15-23

2.球操

球具有滚动、反弹等特性。球操的基本动作除摆动、绕环、绕"8"字、抛接外,还有拍球、弹球、滚球等。

单手向外螺形绕"8"字动作:右手正托球下举,左臂侧平举,右臂经前向外过头直臂水平绕大圆至侧下举反托球,同时两腿下蹲,含胸,接着屈肘经后向内绕小圆至侧举,两腿随之升直起立,抬头挺胸,左臂侧平举不动(图 15-24)。

图 15-24

3.圈操

圈的横断面可以是圆形、椭圆形、方形等,但圈形必须是圆形。握圈要松,但过渡动作时要握紧。圈操的基本技术动作有转动、滚动、抛接、穿圈、跳圈、摆动和绕环等。

4.棒操

棒操需要一对棒,是艺术体操中唯一使用双器械的项目。棒操的基本动作除了摆动、绕环、抛、小五花、敲击,还有与身体协调配合的动作,如利用棒从胸前滚动到肘关节时向上弹棒,以改变抛棒的形式。

5.棍操

棍操的动作特点:持棍时,用手持棍,将棍端抵于掌心,食指伸直贴于棍上,其余的4个手指握住棍端。棍操的基本动作有摆动、绕环、绕"8"字、蛇形、螺形等。

(三)艺术体操的音乐

音乐是艺术体操密不可分的组成部分,让观众在欣赏运动员高超技术的同时也感受到音乐的魅力。竞技艺术体操成套动作的时间:集体项目为2分~2分30秒,个人项目为1分~2分30秒。在规定的时间内,运动员要把身体技术全面地表现出来,使成套动作有起伏变化,且要与音乐完美配合。

(四)艺术体操比赛欣赏

1.集体项目欣赏

集体项目由5名运动员组成,包括相同器械和不同器械的动作各一套。集体项目的特点是需要每个运动员具有团队精神,团结协作地顺利完成每个动作组合。集体项目的动作数量与组合明显多于个人项目,空间利用、器械交换、队形变化及同种器械和不同种器械项目所表现的器械特点与风格,使集体项目具有丰富的技术内涵和观赏性。

2.个人项目欣赏

艺术体操是一个表演性项目,运动员的容貌、气质、体型、服装及器械和色彩的搭配都会影响裁判的评判和观众的欣赏。

3.艺术体操服装和器械欣赏

在比赛场上,吸引观众眼球的除了运动员精湛的动作技术,还有就是运动员的服装和器械。20世纪90年代末,艺术体操比赛规则除了对服装方面如胸沟、肩胛骨、腹股沟部位的遮露,背心的宽度及肉色布料做了规定,对款式没有限制。因此,在观看比赛时,我们能看到运动员穿着不同款式的体操服装,以及选择根据器械和比赛场地地毯颜色搭配的不同服装图案、色彩,将运动员装扮得美丽动人。

第十六章　休闲运动

第一节　极限飞盘运动

一、极限飞盘运动概述

极限飞盘既指一项运动，又指这项运动使用的器具。当指运动的时候，英文为"Ultimate"，盘友们之所以会翻译成"极限飞盘"，取其极限与终极的原意，台湾称为飞盘争夺赛，香港称为终极飞盘。当指运动器具的时候，英文名为"Ultimate Disc"。极限飞盘运动是一项严格要求无身体碰撞的团队竞技运动，融合了橄榄球、足球和篮球等运动特点。正式比赛时主要为七人制，没有裁判，男女混合。这项运动受到大学生和白领阶层的热捧，近年来开始在中国流行。

二、极限飞盘运动的起源与发展

飞盘运动起源于美国。有些学生玩耍时会将 Frisbie Pie 的碟状金属包装盒抛向空中，并使其旋转，在空中平稳飞行。由于这些包装盒是金属的，为了避免使人受伤，抛的人会大叫一声"Frisbie!"以提醒准备接的人。慢慢地，这种活动变成了一项运动，被命名为"Frisbie"。1948 年，美国人弗瑞德·莫瑞森制作出了世界上第一个塑料飞盘。随后，这种塑料飞盘在欧美各国开始流行。

1968 年，在哥伦比亚高中（美国新泽西州的梅普尔伍德市）就读的 Joel Silver 向校学生会提出了以飞盘进行美式足球运动的想法（这也是国际公认的极限飞盘运动的起源），并起名为 Frisbee Ultimate。这项融合了美式足球的飞盘新玩法，广受各年龄段学生的喜爱。

1969 年，该校成立了校队并固定在一块公园的场地开展活动。当时的规则非常随意，没有边界，只选用电线杆或者用衣服堆砌作为得分区的标志。

1970 年，Joel Silver 联合 Buzzy Hellring 和 Jon Hines 制定了第一版、第二版的规则。1970 年 11 月 7 日，哥伦比亚高中发起了第一场校际比赛，他们以 43∶10 的绝对优势赢了密尔本高中。

1972 年 11 月 6 日，罗格斯大学和普林斯顿大学举办了美国首届高校极限飞盘比赛，罗格斯大学以 29∶27 的优势获得了冠军。有趣的是，103 年前这两所学校举行了美国首届校际橄榄球比赛，罗格斯大学也是以两分的微弱优势赢得了比赛。

1975 年 4 月 25 日，8 所高校在耶鲁大学举办了首届美国大学极限飞盘联赛。最终，罗格斯大学以 28∶24 战胜伦斯勒理工学院获得冠军。1976 年，耶鲁大学联赛的规模进一步扩大，并更名为美国极限飞盘锦标赛，罗格斯大学再次赢得比赛。

三、飞盘技术

（一）反手掷盘

侧对目标，双脚打开与肩同宽，然后手掌贴盘缘，拇指在上，食指顺着盘缘，尾三指置于盘沟，之后手腕微弯、直线助摆将飞盘扔出去。

第一步：握盘。4 个手指扣在盘缘内侧，大拇指扣在飞盘正面凸起的纹路上，使飞盘与地面保持平行状态。

第二步：跨步。出盘前，右脚迈至斜前方，身体重心放在右脚。

第三步：掷盘。肩部对准想要掷准的方向，转动身体，大臂带动小臂在水平位置旋转手腕出盘。

（二）正手传盘

正手传盘时，5 指伸直，食指和中指并拢，用中指抵住飞盘的内缘，无名指和小指并拢，紧贴在飞盘底部外侧协同中指，食指从内向外夹紧飞盘，大拇指压在飞盘顶部的线槽上。

正手传盘的握盘方法还有另外一种变化,即食指与中指分开。该方法可以利用与中指分开的食指更好地支撑飞盘,增加握盘的稳定性,是初学者可用来过渡的一个握盘动作。

(三)掷射

掷射也叫扬手投掷法,握盘的方法完全与反手掷盘颠倒,将拇指放在盘沟,食指贴于盘缘,尾三指置于盘面,然后在头部上方用腕力从后往前掷出。

(四)投射

投射又叫拇指推掷法,用拇指顶住盘沟,其余 4 个手指微握盘缘,从腰际下方往上掷出。

(五)颠倒盘

颠倒盘的握法是以盘缘顶住虎口,中指和食指拨着盘沟,出手时飞盘在头上方约与地面成 45°角,再往前往上掷出。

(六)接盘技术

1.抬腿接

飞盘大约在大腿高度,就可以使用抬腿接,侧对目标,右手腕过左大腿(左手腕过右大腿)接飞盘。

2.背后接

飞盘大约在腰部的高度时,右手绕到左腰际接住飞盘,

3.追接

飞过来的飞盘超过自己的身体时,抓住飞盘的后缘。

4.指接

以食指或中指迎接飞盘底部,接时须看准飞盘的旋转中心,顶住飞盘后可接着做绕盘或旋盘动作。

5.碰接

如果是反手(顺时针)来的盘,以左手碰盘,再以右手接盘;如果是正手(反时针)来的盘,以右手碰盘,再以左手接盘。总之,碰盘的手要高于接盘的手,就可顺利接到盘。飞盘的接法有 3 种:

第一种:夹盘。双手十指分开,在盘飞来的一瞬间将盘夹在两手中间。

第二种:摘盘。接头顶盘,4个手指在上,将盘扣下来。

第三种:捞盘。接腹部以下位置的盘,大拇指在上,其余4个手指在下,将盘捞起。

四、简易规则

极限飞盘比赛分为两队共14人参加,以飞盘传递为竞技内容,比赛以15分为一局。

极限飞盘是一种两队间7VS7的比赛,平时比赛人数弹性较大,可以是5VS5、6VS6、7VS7,且男女比例也可按两队情况决定。在场地的两端都画有长线,长线外侧的地方叫得分区(就像橄榄球的达阵区)。当进攻方队员在得分区接到飞盘(或者跑动中)时就算得分。

极限飞盘的场地和足球场差不多,以矩形草坪场地最为理想,每边都有分区。没有条件的话,也可以在普通的塑胶场地和水泥场地进行。

在中国最流行的极限飞盘比赛是一种不允许身体接触、男女混合的比赛。每支队伍在场上都有7名队员,比赛开始的时候,队员都站在得分线后,一支队伍防守,另一支队伍进攻。

比赛时,每个人防守一个进攻队员,跟着他们跑,想办法阻止进攻队员接住飞盘。在得分前,攻防转换可以一直进行。一旦得分,整个过程重新开始,两队站在得分区的端线处,刚刚得分的一方把盘掷向另外一方。比赛中没有裁判,依靠的是诚信,靠实力取胜。

极限飞盘比赛十大简易规则:

(1)场地:得分区18米,争夺区64米,长100米、宽37米的矩形场地。

(2)开盘:每分开始前,双方队员在各自防守的得分区排成一行,先由防守方将飞盘投向进攻方,进攻方在接盘后展开进攻。

(3)得分:若进攻方在对方防守得分区内接到队友的传递或截获对方的飞盘,即获得1分。

(4)进攻:可向任何方向传递飞盘给队友,不允许执盘跑动,持盘者限10秒内投盘出手。

(5)失误:飞盘若没不能成功地传递给队友(如出界、被对方截接、被对方挡下),则视为失误,然后双方攻防转换。

(6)换人:仅在得分后允许更换队员,或队员受伤时准许双方皆更换相同人数的队员。

(7)无身体接触:队员间不应有任何身体接触,也不允许故意阻挡对方队员的跑动,身体接触即为犯规。

(8)犯规:若因移动而造成与对方队员间的身体接触即算犯规,犯规所造成的失误应判为成功。

（9）自判：比赛不设裁判，场上队员自行裁决犯规、出界和失误，互相文明地讨论与解决争议。

（10）比赛精神：鼓励激烈对抗，但须建立在互相尊重、遵守规则和享受乐趣的基础上。

第二节 毽球

一、毽球运动概述

踢毽子，是我国一项流传很广、有着悠久历史的民族体育活动。踢毽子与蹴鞠同宗、同源，是蹴鞠的一个分支。据历史文献和出土文物证明，踢毽子形成于我国汉代，盛行于六朝、隋、唐。踢毽子是从顽童们模仿女巫跳大神、踢鬼的动作开始的。顽童们拣来一把鸡毛，扎成象征"鬼"的头发的一束，踢过来、踢过去地取乐。大人们觉得这种玩法新鲜有趣，既能活动肢体，又能驱鬼辟邪，就帮着顽童们把鸡毛在铜钱眼上固定下来，也跟着踢。这种玩法很快流传开来，逐渐发展成为一项久盛不衰的群众性健身活动。

现代毽球运动是一项集健身、娱乐、竞技和观赏于一体的民族传统体育项目，有着悠久的历史，是中华民族传统体育宝库中的一颗璀璨明珠。

毽球运动自1984年被批准列入全国少数民族传统体育运动会正式比赛项目以来，在全国各地蓬勃开展起来，已被列入亚洲室内运动会、全国体育大会、全国农民运动会等的正式比赛项目。1987年，中国毽球协会成立，每年都举办全国毽球锦标赛、全国职工毽球赛、全国中学生毽球赛三大赛事。由于原国家体育运动委员会的大力倡导和扶持，毽球运动已在全国普遍开展，成为全民健身活动中的热门项目。毽球这项在踢毽子基础上发展起来的新兴运动，既保留了民族体育的娱乐性、灵活性，又增加了现代体育的竞争性、对抗性，显得更为有趣和刺激。所以，毽球一经诞生，不仅受国人深深喜爱，也在国外体育界引发了浓烈的兴趣。欧、亚两洲的许多国家纷纷开展了毽球运动。中国毽球队曾出访日本、泰国、越南、德国、荷兰、匈牙利等国，把毽球运动传向世界各地。越来越多的国家和地区参加了中国举办的国际毽球邀请赛。

二、毽球的基本技术

(一)准备姿势

准备姿势,是运动员在场上未接球时身体的一种等待状态,保持良好的姿势,是使身体能随时在瞬间由静变动、由被动状态变主动状态的关键。准备姿势一般分两种:

(1)左右开立站势,即左、右脚平行站立。这种站势使运动员能从静止状态快速转向左右移动状态,尤其用在比赛中防守对方攻球落在中、前场时。

(2)前后开立站势,即左、右脚前后开立。这种站势使运动员能从静止状态快速转向前后移动状态,较多应用在比赛过程中的接发球和后排防守当中。注意后脚跟离地,身体重心要向前移,随时保持静中带动的状态。

(二)踢球技术

1.盘踢

用脚内侧互换踢毽,膝关节向外张,大腿向外转动,稍有上摆,幅度不要过大,髋关节和膝关节放松,小腿向上摆,踢毽时踝关节发力。踢起的毽子一般不超过下颏。

练习方法:

人的左脚通常没有右脚灵活,没有踢过毽子的人,右脚也能踢一两次,所以,练习时以左脚先开始为宜,即先用左脚踢起 1 次,要求垂直,用手接住,右脚再踢 1 次用手接住,较熟练后,连续踢。左、右脚都可连续踢后,改为左、右两脚各踢 1 次接住、各踢 2 次接住、各踢 3 次接住、各踢 4 次接住……灵活熟练后就不用再接,踢的次数越多越好。

2.磕踢

用两腿膝盖互换将毽子磕起(撞起),髋关节、膝关节放松,小腿自然下垂,膝关节发力,将毽子磕起,大腿不要外张或内扣,踢起的毽子一般不超过下颏。

练习方法:

练习时,用手抛起不超过下颌的毽子,用膝盖磕起(撞起),然后用手接住,同盘踢的练习方法一样,形成一磕一接,熟练后不用手抛毽,改用盘踢,形成一磕一盘,协调后两膝互换,踢的次数越多越好。

3.拐踢

用两足外侧互换踢毽,大腿放松,小腿发力向体后斜上方摆动,勾脚尖,踢毽时大腿不得摆到体前,小腿向体后斜上方摆动不要过高,毽子和脚外侧相碰的一刹那,踢毽脚的内侧离地面一般不超过 30 厘米,踢起的毽子高度随意。

练习方法:

练习时,可像盘踢的一踢一接的方法。为了避免动作出错,练习时踢毽脚一侧可向墙或树木等,身体与墙或树木的距离约与体宽相同,如果踢毽脚踢时碰到墙或树木便是错误动作。

4.绷踢

有的地方叫作"绷尖",是用两脚尖外三趾部分互换踢毽,单脚踢毽也可以。绷踢能踢起即将落地的毽子,毽子因踝关节发力一绷而起,所以叫"绷踢"。其动作要领是大腿向前抬起,和身体成 150°~160° 的夹角,小腿向前摆动,髋关节、膝关节放松,踝关节发力,在踢毽子的一瞬间,脚尖外三趾向上猛地用力将毽勾起。踢起的毽子高度随意,但应避免忽高忽低,为以后的花样踢法打下基础。

练习方法:

练习时,可采用盘踢的一踢一接的方法,但在刚开始练习时要踢得低一些,一般不超过腰部,再低一些更好,这样能踢的次数多一些。为了避免动作出错,练习时踢毽脚可面向墙或树木,身体与墙或树木的距离约与体宽相同,如练习时踢毽脚碰到了墙或树木便是错误动作,其原因是膝关节没有放松,大腿抬得过高。

三、毽球运动比赛规则

(一)场地

比赛场地采用羽毛球场双打场地,长 11.88 米,宽 6.1 米。场地上空 6 米以内(从地面开始计算)和场地四周 2 米以内不得有障碍物。

(二)毽球

必须使用比赛指定用球。

(三)比赛队员的组成

3 人制的比赛,至少由 5 人组成,上场队员 3 人,替补队员 2 人。比赛前,各队应该将参赛队员(包括替补队员)的姓名、号码登记在记分表上,未登记的队员不得参赛。

（四）队员的场上位置

（1）团体赛的双方队员必须站在本方场区内。站在靠近球网的2名队员从左至右分别为3号位和2号位队员，靠后的队员为1号位队员。上场队员的位置必须与登记的轮转顺序（顺时针）相符合。

（2）团体赛之外的各项比赛，队员都站在本方场区内。

（3）发球时的位置。团体赛的发球一方，2号位队员、3号位队员站在发球队的前方，彼此相距不得少于2米。球发出以后，双方队员可在本方场区内任意交换位置。

（五）教练员和队长

（1）当比赛成死球时，教练员和队长有权要求暂停或换人。在暂停时间内，教练员可以进行场外指导，但不得进入场区。

（2）在比赛进行中，场上队长有权向裁判提出询问或要求解释，但必须服从裁判的最终判决。

（六）比赛局数和场区选择

（1）比赛采用3局2胜，每球得分制。

（2）比赛前选择场区或发球权。第一局结束后，双方交换场区和发球权。

（七）暂停

（1）当比赛成死球时，教练员或队长可以向裁判要求暂停。

（2）在每局比赛中，每队可以要求两次暂停，每次暂停时间不得超过30秒。

（3）若某队在一局中请求第三次暂停，则应判该队失发球权或对方得1分。

（八）换人

（1）当比赛成死球时，教练员或队长可以向裁判要求换人。换人时，场外人员不得向队员进行指导，场内队员不得离开场地。

（2）每队每一局比赛中换人不得超过3人次。

（3）替补队员在上场前，应在记录台附近作好准备，换人时间不得超过15秒，否则判该队一次暂停。如该队在该局已暂停过两次，则判该队失发球权或对方得1分。

（4）教练员或队长要求换人时，应向裁判员报告下场和上场队员的号码。

（5）比赛中因故被取消比赛资格的队员，不能继续参加该场比赛，可由替补队员替代。

如该队在该局已换人 3 人次,或场外无人替换时,则判为负局。

(九) 局间间歇

在一局比赛结束、下局比赛开始前,中间最多可有 2 分钟时间供两队交换场地、换人和记录员登记号码,双方教练员在不影响上述工作的情况下,可以进行场外指导。

(十) 发球

(1)发球队员须站在本方发球区内,举起毽球向裁判示意,裁判允许后,方可把球发向对方场区,使比赛进行。发球队员必须在发球区发球,当球发出以后才能进入场区。发球时,2 号位队员和 3 号位队员不得有任何掩护动作,否则,判由对方发球。

(2)发球失误,发生下列情况之一时,即判为发球失误:

①发球时,发球队员踏及端线或发球区线及其延长线。

②球未过网、触网或触及标志杆。

③球从网下穿过。

④球从标志杆及其延长高度以外过网。

⑤球触及任何障碍物,或在进入对方场区前触及本队队员。

⑥球落在界外。

⑦发球延误时间超过 5 秒。

⑧裁判鸣哨后球坠落在地上。

(3)当发球失误时,应判失发球权,由对方发球。

(4)重发球,发生下列情况之一时,须重发球:

①在比赛进行中,球挂在网上(最后一次击球挂网除外)。

②在比赛进行中,毽毛和毽垫在飞行时脱离。

③在裁判鸣哨之前发球。

④在比赛进行中,其他人或物品进入场区。

(5)发球次序错误。当球发出后,裁判发现该队发球次序错误,则判该队失发球权,并恢复正确位置。如犯规队已得分,应取消该队因该次发球次序错误所得的分数。

(十一) 轮转顺序

(1)某队取得发球权时,应先按顺时针方向轮转一个位置,然后由轮转到 1 号位队员发球。

(2)新的一局开始前,可以变换本队队员的轮转顺序,并填好位置表交给记录员。

（十二）比赛进行中的击球与附加动作

（1）每队在将球踢入对方场区前，在本方场区最多只能有 3 人次共击球 4 次。

（2）每个队员可以连续击球两次。

（3）不得用手、臂触球。但防守队员在手臂下垂不离开躯干的前提下，拦网时手球不判违例。

（4）球不得明显地停留在队员身体的任何部位。

以上 4 条均为违例，判由对方发球并得 1 分。

（十三）网上球

在比赛进行中，球触及两标志杆以内的球网为好球，球触及标志杆为失误。

（十四）触网

（1）在比赛进行中，队员身体的任何部位触及两标志杆以内的球网，均为触网违例。

（2）队员击球后，触及标志杆或标志杆以外的球网、网柱、网绳或其他物体，不判违例。

（十五）进入对方场区和空间

（1）过网击球为犯规。

（2）在比赛进行中，队员身体的任何部位不得进入对方场区的空间。

（3）队员若用头攻球时，必须在限制线以外，但落地时两脚可落在限制线以内。防守队员在限制区内，头部无意识触球过网不判违例。

（4）在比赛进行中，除脚以外，队员身体的任何部位不得触及中线，脚不得完全越过中线。

（十六）死球与中断比赛

（1）球触地及违例为死球。

（2）中断比赛：其他人或物品进入比赛场区；更换损坏的器材；运动员发生意外事故等。发生以上情况，裁判应鸣哨，中断比赛和恢复比赛。

（十七）计胜方法

各项比赛先得 15 分的队为胜一局，如比分是 14 平时，比赛应继续进行，直至某队领先 2 分，方为胜一局。某局出现 14 平时，则实行轮换发球法，即先由有球权一方发球，无论是否得分,之后均由对方发球,依次类推,直至某队领先2分,结束比赛。

(十八) 判定和申诉

(1)在一场比赛中,正裁判的判定是最终判决。

(2)只有场上队长可以对裁判的判罚当场提出询问或要求解释,正裁判应及时予以解释。

开始比赛前,裁判鸣长哨,双方运动员均应站在后场地线场外,裁判示意后,双方运动员到网前进行握手。之后,双方开始比赛,比赛结束后同样再进行一次握手。比赛中应遵循友谊第一,比赛第二的原则。

参考文献

［1］罗兴华.科学健身新概念［M］.广州：花城出版社,2003.

［2］孟宪君.大众流行健身项目理论与实践［M］.北京：高等教育出版社,2003.

［3］刘红委,牛殿庆.21世纪大学生心理健康与成才教育［M］.北京：中国商业出版社,2005.

［4］黄希庭.心理学与人生［M］.广州：暨南大学出版社,2005.

［5］刘定一.现代大学体育［M］.北京：北京体育大学出版社,2013.

［6］黄晨曦.体育欣赏［M］.南京：东南大学出版社,2005.

［7］陈吉棣.运动营养学［M］.北京：北京医科大学出版社,2002.

［8］常生.大学体育健康教程［M］.北京：高等教育出版社,2017.

［9］陈富强,洪涛,王旭东.大学体育与健康［M］.北京：高等教育出版社,2018.

［10］郝光安,冯青山.大学体育教程［M］.北京：人民体育出版社,2012.